中國的历史

壹

从神话到历史 中华的摇篮

陳舜臣 著
郑民钦 译

海峡出版发行集团
THE STRAITS PUBLISHING & DISTRIBUTING GROUP
福建人民出版社

图书在版编目（CIP）数据

中国的历史．第1卷/（日）陈舜臣著；郑民钦译．—福州：福建人民出版社，2013.12（2019.3重印）

（陈舜臣作品系列）

ISBN 978-7-211-06299-7

Ⅰ．①中… Ⅱ．①陈… ②郑… Ⅲ．①中国历史—普及读物 Ⅳ．①K209

中国版本图书馆CIP数据核字（2011）第059033号

著作权合同登记图字：13-2010-021号

中国的历史（第1卷）

作　　者：（日）陈舜臣

译　　者：郑民钦

责任编辑：潘静超

出版发行：福建人民出版社

地　　址：福州市东水路76号　　邮政编码：350001

网　　址：http://www.fjpph.com

电子邮箱：fjpph7211@126.com

经　　销：福建新华发行（集团）有限责任公司

印　　刷：河北华商印刷有限公司

开　　本：787×1092　1/16

印　　张：20

字　　数：230千字

版　　次：2013年12月第1版

印　　次：2019年3月第2次印刷

书　　号：ISBN 978-7-211-06299-7

定　　价：49.00元

译　序

这几年，陈舜臣先生在我国声名鹊起，他的著作，主要是推理小说、历史小说、随笔被大量译介，使得我国读者比较全面地接触、了解这位著名的华裔日本作家的作品。平心而论，陈舜臣的作品走进我国读者的视野来得晚了点。他在日本可以说是一位家喻户晓的文学大师，他以推理小说开始自己的文学生涯，一部《花叶死亡之日》（《枯草の根》）荣获江户川乱步奖，奠定了在日本文坛上的推理小说家的地位。1967年开始创作以中国历史为题材的小说。从此一发不可收拾，先后有《鸦片战争》、《小说十八史略》、《甲午战争》、《秘本三国志》、《太平天国》、《耶律楚材》、《秦始皇》、《郑成功》、《成吉思汗》、《诸葛孔明》、《曹操》等名作问世。他的历史小说具有独特的风格，有意识地将推理手法运用其中，历史与推理的紧密结合更增加了可读性和情趣性，这在日本小说界独树一帜，使他成为与司马辽太郎并驾齐驱的当代最重要的历史小说家。司马辽太郎以日本历史为素材，陈舜臣则以中国历史为题材，许许多多的日本人正是通过他的作品了解中国的历史，从这个意义上说，他在中日文化交流中架起了一座桥梁。

陈舜臣的历史小说几乎在我国都已出版，唯有篇幅最长的、非小说的《中国的历史》尚未译介，此次福建人民出版社推出以飨读者，实乃幸事。

陈舜臣的《中国的历史》是一部中国通史，以时间为轴，自神话时代写到近代。他与史学家的写史方法有所不同，以影响时代进程的事件或人物为中心展开。

《中国的历史》是史书，不是小说，结构严谨，没有虚构、戏说的成分。他的历史小说尽管也是以史实为基础，但既然是小说，其细节描写难免有虚构的成分，这是本书与历史小说最大的不同之处。所以本书没有太多的细节描写，想象合理，推理合乎逻辑，是史实的努力再现。

陈舜臣是日籍华人，使得他具有与国内学者、作家不同的认知，但更多地站在中国人的视角看待历史，同时也参考一些日本史料进行论证，比较客观公正。他对待历史的态度，正如他在回答《东方早报》书面采访时所说的那样："每个作家都有自己的历史观"，"尊重史料和史实是我一贯的原则。我始终认为作家必须尊重历史，但允许作者去想象。"

正因为如此，他对史料采取中立的态度，没有先入为主的主观性，没有随波逐流、人云亦云的弊病，他所讲述的事件都有史可查，绝不杜撰，但又不盲信史料，往往比较不同史学家的记载、论述，经过条分缕析，得出自己的历史判断，在不少历史事件以及历史人物的评价上都提出独到的观点。例如写三国的曹操、刘备，唐朝的李世民，南宋的贾似道，甲午战争等，都在不同程度上摆脱历史观的惯势影响，较少局限，克服感情上的碰撞与矛盾，根据史料尽可能地去展现当时的真实历史。

他没有以史学家自称，的确他不是史学家，他是作家，所以他提出自己的历史观的时候，没有那种常见的显示着权威性的甚至强加于人的面孔，而是一种温和的姿态。对他的观点自然可以有不同的见解，这也期待着读者的见智见仁的探讨。

尽管不是小说，但严肃的史书同样离不开立足于史实的推理，这种推理其实就是一种严肃的考证行为。他说："我依照自己的方法来理解这些相同的基本史料，并且按照自己的方法去解释、推理。"他的推理十分审慎，对隐藏于表象后面的真相的想象尽量做到合情合理，期待对历史真实的还原。

作为客观存在的历史事实，只有一个真相。但这不影响对史实进行不同的观察和评判，而且随着时间的推移，认识历史的主观意识也会发生变化，每个人解读历史的权利都不应该被剥夺，每个人都具有对历史的话语权。

陈舜臣作为作家写作的史书，没有学者式的枯燥，讲述历史事件，语言平实无华，通俗易懂，严谨缜密，把握分寸，雅俗共赏，又不失艺术性，写得风生水起，生动活泼。语言的平实，不等于肤浅，中国数千年的历史，在他的几乎没有任何装饰性、极致到平淡凝练的对文字具有超强驾驭力的笔下，呈现出时代发展趋势的长河奔腾，脉络清晰，可以比较完整地宏观地把握历史变迁的全貌，同时在细节上栩栩如生，有血有肉的人物形象跃然纸上，这就避免了把鲜活的历史变成干巴巴的纪年表。

《中国的历史》自然是以日本读者为对象，但也适合我国读者。原因有两点：一点是作者具有独特的历史观，其学术性不亚于史学家的正论；另一点是以作家的笔触撰写史书，具有更大的可读性。而且作者的目光经常关注基本被正史所忽视的底层民众对历史进程所产生的作用，对民众创造历史文化、推动生产力乃至整个社会的发展给予应有的客观的评价，这是难能可贵的。

作者以独特的文字表现其历史观，为体现原貌，我在翻译时尽量体现作品的原有风格，保留作者的用语，语言力求规范平实。

陈舜臣的创作极其重视史实，视史实为生命。今天翻译这部出版于1990年的《中国的历史》，唯一感到遗憾的是未能利用其后我国的考古发现以及研究成果，不然，很多问题的论述将更加明确，也必将大大丰富充实本书的内容。例如，本书对良渚文化的阐述比较简略，如果利用良渚古城遗址的发现，也许会对中国的朝代断代产生新的想法。再如本书谈到北匈奴的呼衍王，只说到班超的幼子班勇于“永建元年，在平定车师国之后，一鼓作气趁势击败北匈奴的呼衍王”。如果作者能看到在东天山北麓发现的古代游牧文化的聚落东黑沟遗址，从其中出土的《镇海碑》的“惟汉永和二年八月，敦煌太守云中裴岑将郡兵三千人，诛呼衍王等，斩馘部众，克敌全师，除西域之灾，蠲四郡之害，边境艾安，振威到此。立海祠以表万世”这段话，对呼衍王的结局就有明确的结论。当然，我这样的遗憾是难以避免的，不应该是对作者的苛求，这也正是说明历史不断需要改正、更新的必要。

透过《中国的历史》，可以感觉到作者积淀数十年的对传统史学的深厚功底，处处闪烁着敏锐智慧的光芒，透彻深邃的洞察力和恢宏辽阔的大视野把读者带进中国历史气势磅礴的时代进程里，感受中国传统文化无比深远的情韵。因此，他的史书具有普及性的意义，读者可以从这部书中明确中华文明在世界文化中的定位，所谓以史为镜可以知兴衰，获得诸多思想的警示，对构建政治文明的未来社会具有精神的启迪。

陈舜臣文学已经超越国界，走向世界，对异质文化的包容使他超越民族、宗教、语言、风俗、意识形态等障壁，在国际文化的大视野中审视、考察中国历史。他说："希望通过写作更多地跨越国界去思考，很多事情应该朝着无国界的方向去融合。"我认为，这就是陈舜臣文学创作思想的终极目的。

郑民钦

自　序

这是一部中国通史，讲述的是从上古时期到民国之间数千年的历史。这部作品的写作时间是从1980年到1983年，在这期间，我还写了一部关于中国历史的作品《小说十八史略》。相对于《小说十八史略》断代史般的简明风格，《中国的历史》则更加全面和完善，篇章之间也更有传承，从叙事的节奏和角度来说，《中国的历史》有自己独特的地方。对我而言，从事写作要么是历史小说的角度，要么是历史记述的角度，这两种写作方式，伴随我一生。可以说，相较于《小说十八史略》的文学化、通俗化体裁，《中国的历史》是从历史记述的角度来写作的。这是我规模最大的一部作品，包括了我对中国历史的认知，也代表了我个人的历史观。

《中国的历史》这部作品，还有一个特殊的含义，就是它涵盖了我对华人世界读者的感情。我从事写作以来，从未间断过对中国历史的探索，但多数都是以单个事件或者人物为载体。这部作品则超越了以往诸多作品的界限，从而给予中国的历史一个全方位的解读。我想，在当初创作此书之际，我的一个出发点，就是希望给广大的华人世界读者传播尽量多的中国文化，让他们能够从多个角度去认识多彩灿烂的五千年中华文明。

我还希望通过这部作品向中国历史界的学者致敬。中国的历史学家注重感觉，偏重于借古喻今，他们的创作更多着眼现代性。而我的创作，虽然尽量起用一种“中国式”的思维，但究之根本，却还是从日本读者的角度去阐述历史，它代表了我个人的历史判断，也代表了日本普通读者对历史的一种认知。我的叙事角度可能和中国的一些历史学家有所不同，但它却为中国历史的叙述提供了另外一条伸展的道路，这条可能性道路正逐渐明朗，从而给予我的历史写作一种十分难得的体验。对此我深感欣慰。

在日本，很多读者都是通过我的文字才了解到一水之隔的中国以及她深沉悠远的历史，所以我希望能够借助这样一部作品，给他们带来客观和全面的中国历史。这是我的愿望，也是我的本能。我也希望这部作品能给中国的读者带来全新的历史文化体验，我想让他们知道，在中国以外，还有许多像我这样的作者关心着中国历史，并试图让这片土地曾经发生的故事传播到五湖四海。

这是本书首次在中国大陆翻译并得以出版。多年前，我的挚友冯牧先生对《中国的历史》中国版本的出版寄予厚望。多年后的今天，此书中文版终于如冯牧先生所愿，得以出版。于我而言，这既是好消息，更是给冯牧先生的最好告慰。

当《中国的历史》即将付梓之际，我要感谢此书的出版方——福建人民出版社，以及译者郑民钦先生。出版社和译者的地域背景对我而言，又有一层特别的意义：我的祖籍是福建泉州，而译者也是福州人，所以这部作品能够在我祖籍所在地出版，真是一件非常让人欣慰的事情。

陈舜臣

2013年9月

目录

从神话到历史

三皇五帝

我曾经一边行走在旧金山中华街的坡道上，一边思考：刚才所听到的故事将如何在那个社会传播呢？那样的故事会传播下去吗？更重要的是，那个社会会一直存在下去吗？

这是一位第二代华裔老人对我讲述的故事：关于他的父亲随祖父移居美国的经过。他的故乡广东省花县是太平天国领导人的出生地，因此居住在叛逆者首领之地的居民都受到清朝廷严厉的镇压。由于无法忍受这种压迫，人们便开始出国谋生。

这位老人的儿子、四十多岁的第三代华人对这个故事似乎还有些兴趣，但当时也在场的下一代的青少年，据我观察，对祖父讲述的故事却毫不关心。他们大概连“太平天国”的基本知识都没有。

不言而喻，对于已经成为美国国民的年轻华人来说，华盛顿、林肯的故事比太平天国更感觉亲切。即使他们还记得曾经听说过的太平天国的故事，但对其发生的年代以及重要人物等，恐怕都记忆模糊了吧。尽管他们家族中的近祖和这一起发生在19世纪50年代的重大事件有着密切的关系，但在他们心中，太平天国仍然是遥远时代的遥远世界里的事情，对其记忆无疑会越来越淡薄，很快会消失得无影无踪。

美国修建横穿大陆的太平洋铁路的时候，移居美国的中国人急剧增加。因为美国人认识到，作为这项前所未有的艰巨工程的建设者，中国人比当时美国所能招募到的其他国家的劳动力具有更强的适应性。华人劳工为此付出了巨大的牺牲。在美籍华人社会中，这种记忆极其鲜明深刻。

当年修建太平洋铁路的华工的后裔，其中的成功者所集结的同乡、亲属的后裔，在美籍华人中大概占相当大的部分。他们传递给子孙后代的故事中，讲述修建横穿大陆的太平洋铁路的叙事诗要比太平天国战争的残余片断更加生动，更有激情。因为这些故事就发生在他们现在所居住的美国这块土地上。

后来，中国的留学生来到美国，也有的定居下来。虽然人数不是很多，但他们也会给后代讲述他们自己的故事。美籍华人中，有哪几位学者获得了诺贝尔奖。这些光辉耀眼的天才是华人社会的骄傲，他们的故事大概也会久远地流传下去。

不管什么行业，成功者的背后总有失败者。失败者的故事作为警诫后人的教材也会流传下去，但往往会被抽象化为“懈怠懒惰、干坏事的人就是这样的结果”，而失去其固有的姓名。也有的失败者的名字被人长久记住，那他一定是一个具有独特个性、经历的人物。

美国的华人社会的历史，充其量不过百余年。但历史毕竟是历史。正因为历史短暂，当被记忆的时候，就能看见所谓历史的原型。

某个行业中的华人后裔多，从这个意义上说具有强势的华人后裔，引起他们强烈关注的那些事情就成为主要的记录对象。有权记录并保存历史的是多数派或者胜利者。少数派或者失败者的历史很少被记录下来，或者不能正确地得以记录。人们思考历史的时候，对于那些缺少记录或记录不实的历史，必须采取寻找、挖掘史实的态度。

在记录手段十分发达的今天，即使是少数派，只要愿意，就可以强行留下自己的历史记录。除了文字，还可以利用录音或者影像。但如果无视保存，那只会埋没历史，最终无异于没有记录。然而，后代的人只要想发掘，就有可能发现其痕迹。

几百年后，还有谁能挖掘出那位旧金山的第二代华裔老人所讲述的故事呢？

一般地说，神话是远离神话生存时代之后的记录。

记录是一种整理，所以在整理的过程中无论如何都会变形。我们首先必须考虑为什么有必要记录神话及其时代背景，尤其是政治形势。

例如《古事记》[①]、《日本书纪》[②]中记录的日本神话，据说就是为了阐述皇室以及国家的起源所构成的。津田左右吉将其断定为完成于8世纪初的“虚构的神话”，在战前引起争论，他也被驱逐出大学校门。记录的时期就是认为有必要阐述国家起源的时代。

因为神话的构成具有明确的目的，其体系自然保持首尾相当的一致性。被记录下来以后，虽然政权所在地变来变去，但总是皇室圈内的事情，无须对阐述建国的神话加以修改。从地区上说，也没有同时存在第二个、第三个政权的可能性。

相比之下，中国的神话缺少首尾的一贯性，同类的神话多有重复，有的不过是片断的拼接。中国的神话缺少完整的体系。

中国地域辽阔，早年曾经政权并立，大概都有各自的建国神话吧。但是，这些地方政权盛衰兴亡反复无常，神话也随之消失遗忘。由于某种原因没有消失的那部分，有的就可能留存下来。

神话具有反映历史的一面，但绝非全面反映，是所谓的片断性反映。神话是在某种意图的支配下虚构出来的，所以从神话中寻觅历史可以说是一件困难的工作。与之相比，考古学上的发现则是极其具体的历史本身的痕迹。然而，痕迹终归是痕迹，以此重构全部历史绝非易事。

尽管是虚构的神话，但产生虚构的必要性这个事实本身会成为解读历史的重要钥匙。例如，日本的神话被记录下来，应该是在国家的统一在一定程度上已经相当稳固，并觉得必须予以加强的时代。当时已经进入8世纪，所以神话虚构工作具有很高的组织性。

中国的神话不是日本式的国家神话，但这并不意味着中国没有国家神话。如上所述，国家神话应该是非常之多，而国家神话与这个国家的

---

① 《古事记》：日本现存最古老的史书，共三卷，712年成书。作者太安万侣。——译注

② 《日本书纪》：日本最早的敕撰史书。模仿中国的《汉书》《后汉书》形式，三十卷，720年成书。舍人亲王等撰写，以汉文、编年体方式记述日本神代至持统天皇的历史。——译注

命运休戚与共。

中国成为一个统一的国家，是在诸子百家的时代之后，神话已经被吸收进诸子百家的著作里。他们的著作是阐述自己的思想，并展示说服力，并非以论述国家起源为目的。中国的神话中，国家神话的色彩很淡薄。诸子百家的著作文字平铺直叙，其中所引用的神话往往失去生气，已经“化石化”的评论未必夸大其词。

同样是使用神话，《楚辞》等文学作品中引用的神话故事至今依然鲜活生动。

神话不等于历史。

中国的历史自古以来都认为始于三皇五帝，但司马迁的《史记》起始于《五帝本纪》。他舍去了三皇，大概因为他不认为三皇是史实。

所谓五帝，即黄帝、帝颛顼、帝喾、尧、舜。司马迁从黄帝开始论述，但在《五帝本纪》的结尾这样写道：

> 学者多称五帝，尚矣。然《尚书》独载尧以来；而百家言黄帝，其文不雅驯，荐绅先生难言之。

甚至在公元前2世纪司马迁那个时代，有地位、有学问的人都不谈黄帝。有关黄帝的著述非常之多，其中过于荒唐无稽之事也非常多，不能将其全部视为史实。

令人注意的是，司马迁没有盲目附和当时知识分子的态度而轻视黄帝。他写道：

> 予观《春秋》、《国语》，其发明《五帝德》、《帝系姓》章矣，顾弟弗深考，其所表见皆不虚。

《五帝德》是《孔子家语》中的一篇，《帝系姓》是《大戴礼》中的一篇，其中都记述有黄帝之事，但当时的儒家学者不认为二者为正统的经典，未加以传播研究。

然而，司马迁明确指出，像《春秋》《国语》这样最正统的经典著作中也引用或参考上述两篇的记述，批判儒家学者之所以漠视《五帝德》《帝系姓》这两篇文章，是因为他们缺少深入思考的缘故。如果深入思考的话，大概就会发现其中的内容未必全部虚构。司马迁相信这一点，他以这样两句话作为《五帝本纪》的结束语：

择其言尤雅者，故著为本纪书首。

尽管荒唐无稽的记述很多，但经过严格的筛选，将那些认为稳妥可靠的内容置于《史记》卷首。

司马迁将黄帝置于神话和历史之间，大概是想赋予历史的“半市民权”吧。

从黄帝这个名字来看，具有浓厚的五行说的味道。认为古代史上实有黄帝其人大概比认为神武天皇是真实人物的人要少。黄帝只是传说中的人物，但其中包含着不止一个古代帝王的影子。大概司马迁从这个意义上赋予黄帝历史世界的半市民权吧。即使神武天皇并非真实人物，大和王朝的祖先里也存在过含带有神武天皇影子的人物，这一点总不能否定吧。

五帝之后，是夏、殷两代王朝。史书上如此记述，但先前也有人认为这两代王朝也是神话。

司马迁在《史记》中列出殷王朝的帝王家谱，但人们大抵视之为神话时代的虚构。即使认为殷王朝的存在是历史事实的人，也不曾相信司马迁所写的殷王朝帝王家谱。但是，1899年以后，随着占卜用甲骨文的出土，以及后来的殷墟发掘，《史记》中所记述的殷王朝各个国王在历史上都确有其人，得以证实。

进入20世纪以后，殷王朝才从神话跨入历史。

日本曾有怀疑一切、否定一切的被称为“抹杀博士”的学者，中国也有此类学者，称为“疑古派”。从做学问这一点来说，可以予以肯定。

司马迁所处的时代甚至也不相信黄帝实有其人，但是他认为关于黄帝的传说并非完全虚构，而将其置于《史记》的卷首。从司马迁不盲从的态度看，也可以说他是一个疑古派。

五帝之前的三皇，司马迁也不认为是历史人物，在《史记》中避而不谈。现在的《史记》记述始于《三皇本纪》，但这并非司马迁所撰，而是唐朝司马贞的补笔。司马贞尽管和司马迁有同姓之缘，但这个补充显得多余。

司马贞将庖羲、女娲、神农定为三皇，并介绍另有一说指天皇、地皇、人皇。庖羲大概就是伏羲，但三皇还有其他说法，有的以祝融或者燧人甚至黄帝代替女娲。说法如此之多，这也是神话时代的特点。

人们习惯于说三皇五帝，我认为还是出于时间的顺序。大概司马迁认为五帝比三皇更接近历史。然而，我怀疑那些所谓古代的诸神其实都是新神。

大家十分熟悉的诸神已经密密麻麻地充斥于那个时代，根本没有新神的插足之地。即使硬塞进去，也会发现原来是另类，被孤立起来。于是没有办法，只好把新神安插在不太为人所知的更加久远的古代。反正那是正如《古事记》所说的“成群海蜇轻轻漂游”的混沌初开的时代，所以可以随心所欲地让其混进更加久远的古代。

将新神安放在久远的古代里，疑古派的顾颉刚（1893—1980年）主张称为“加上说”。日本江户时代的富永仲基（1715—1746年）也创立同样的学说。

不仅新神，其他地方的诸神也在寻求插足之地。那些非主流的诸神往往在久远的古代获得了立足之地。

五帝和三皇，与其说是新旧区别，我以为不如说是主流和非主流的区别。

三皇中的神农，在日本的知名度最高。正如其名，神农是农业之神，据说发明了农具铁锨、锄头，并将使用方法教给大家。他还尝百草，寻觅医药，所以也是医药之神。司马贞说，神农还制造五弦瑟，教人们进行市场交易。他既是音乐之神，也是商业之神。

日本的药店也祭祀神农。大阪医药批发街道修町将神农作为守护神。以前的汉方医生，将冬至这一天称为神农祭，设宴款待亲朋好友。

庙会时节摆摊的小商贩也祭祀神农，听说小摊贩的老板家里多挂着绘有神农图像的挂轴。民间艺人表演与音乐关系密切，占卜的、卖药的在庙会上都十分活跃。最重要的是神农教大家开设市场进行交易。他是庶民百姓小摊小贩的守护神，这个中国的神在日本被人们亲切地称为“神农样”。

神农是一个老实的神。据《史记·五帝本纪》记载，他的后裔在阪泉与黄帝大战，败失天下。败神之祖，尽管在日本被亲切地称为“神农样”，恐怕也不能叫主流派吧。

《史记》的列传开篇便是非暴力主义者伯夷和叔齐的传记。他们力谏周武王勿以武力伐纣，未被采纳。周取天下后，他们又坚拒仕周，隐于首阳山，采薇而食，最终饿死。临死前吟唱的那首歌十分著名，其辞曰：

登彼西山兮，
采其薇矣。
以暴易暴兮，
不知其非矣。
神农虞夏，
忽焉没兮。
吾适安归矣。
吁嗟徂兮，
命之衰矣。

司马迁以两个圣人为例，哀叹如今已经没有这样的圣人了。伯夷和叔齐最尊崇的圣人是神农。虞的圣人是舜，夏的圣人是禹。舜是一个崇尚和平的统治者，禹是治水成功的圣人，他们都没有浓厚的暴力色彩。神农原本如此，坚决主张非暴力主义的伯夷和叔齐自然将神农作为自己心灵支柱的第一位圣人。

或许伯夷和叔齐所属的部落将神农奉为自己的神，也说不定以微妙的方式登上历史舞台的伯夷和叔齐有可能是与神农同一系列的神。

《史记》中说伯夷和叔齐是孤竹君之子。似乎有这样一种说法："孤"与"狐"同音，"竹"与"属"互通，孤竹就是狐族。那么，这个部落就是以狐狸作为自己的图腾。

日本的农业之神稻荷以狐狸作为使者。中国的民间故事说禹结婚的时候出现狐狸。顾颉刚对此的解释，将男女交合与狐狸联系在一起。男女交合关系到人类繁衍，由祈祷农业丰收联想到了狐狸。

传说伯夷和叔齐隐居的首阳山里居住着"犬狸狐尾"神，见于 4 世纪初期从战国魏王墓中发掘出来的《汲冢琐语》。这本书现散佚不存，但很多地方被人引用，所以相当部分的内容可以复原。

如果伯夷和叔齐是让狐狸作为使者的农业之神，那的确和神农是同一个系列，与日本的稻荷信仰也有关系。日本的稻荷信仰与山城国的渡来人豪族秦氏深有关系，信仰本身可能也是渡来的。稻荷信仰后来与真言密教相结合。南方熊楠（1867—1941 年）认为稻荷的狐狸就是密教的荼枳尼天所乘坐的野兽。神农也好，稻荷也好，温和敦厚的神都会超越国境与人们亲切相处。

我坐在中国新疆维吾尔自治区吐鲁番县招待所的葡萄架下，开始撰写这本书。吐鲁番盆地的海拔高度为 -154 米，如同研钵的底部，夏季自然是酷暑炎热。接连几天气温都超过 40°C，但在半地下式的房间里或者葡萄架下，多少可以躲避酷暑。这里几乎不下雨，一年到头空气干燥，热气中没有丝毫潮湿的感觉。在这样的气候环境下，从地下发掘出来的文物都保存得极好。

距吐鲁番县城西面大约 48 公里的地方，分布着 7 世纪前半叶灭亡的高昌国的贵族墓地，称为阿斯塔那。20 世纪初期开始，这里进行考古性的发掘。奥莱尔·斯坦因发掘的文物被搬到英国和印度，在博物馆里展出；大谷探险队也把这里的出土文物运回日本。

斯坦因发掘的文物中有一幅著名的彩色绢画。这是一块覆盖棺木的绢布，上面画有两个人面龙身图。这两个人便是伏羲和女娲，已经成为定论。

与其说是人面龙身，不如说上半身是人、下半身是蛇形也许更加准确。如果是龙的话，就应该有长着利爪的脚，但这幅画上没有。这两个人（或者说两条蛇）的下半身互相缠绕在一起。

中国学者黄文弼从吐鲁番盆地的古墓中也发掘出同样图像的彩色绢画。我在乌鲁木齐博物馆看到其复制品。

如果他们就是伏羲和女娲的话，从形态上看，无疑是夫妻神。

但是，司马贞在《三皇本纪》中没有这么写，只是说两神都是蛇身人首，女娲继伏羲即位后，未改伏羲时代的制度，只发明了笙簧这种乐器。

伏羲之后女娲即位，这种写法令人感觉有时代差距，但是从女娲几乎不改制度这一点来看，似有一些夫妻神的因素。

吐鲁番彩色绢画上的伏羲和女娲手里握着规、矩，就是圆规和角尺，用于设计制作东西的工具，所以这两个神大概是创造之神吧。《楚辞》的《天问》采取发问的形式，对神话发出一个又一个的疑问。其中有这样一句：

女娲有体，孰制匠之？

女娲是造物主，传说她揉捏黄土造人。那么，这个造物主女娲虽然是蛇身人首，她毕竟有“身体”。这个“身体”又是谁造的呢？古人自然也会发出这样的疑问。

民间传说女娲补天。《淮南子》的《览冥训》这样记述：

往古之时，四极废，九州裂，天不兼覆，地不周载，火爁焱而不灭，水浩洋而不息，猛兽食颛民，鸷鸟攫老弱。于是女娲炼五色石以补苍天，断鳌足以立四极，杀黑龙以济冀州，积芦灰以止淫水。

女娲通过自己艰苦卓绝的努力，将丧失秩序的世界恢复原貌。说是修补，其实与开天辟地有相似之处。

唐朝诗人李贺（790—816 年）形容箜篌名家李凭弹奏箜篌是“女娲炼石补天处，石破天惊逗秋雨”。

李凭弹奏箜篌技艺高超，美不胜收，连女娲都听得入迷，刚刚修补的天又裂开，秋雨从中倾泻而下。如此丰富的想象力正是李贺奇妙的表现手法。女娲“炼石补天”的故事在唐朝就为人熟知。主角不是勇武的男神，而是女神，正是这则神话的魅力所在。

造物主理应是最高的神，但如前所述，与五帝相比，三皇似乎在主流之外。三皇之非主流究竟是什么意思呢？

一言以蔽之，三皇不是“中原”的神。

“中原”这个词，有点难懂，但可以理解为视自己为文明之中心，并认为这种文明具有普遍性的人们所居住的地区。“中原”这个词的语感令人感觉是地域的位置，但不拘泥于地域的含义更容易理解。

闻一多（1899—1946 年）这位学者，既是诗人，又是古典文学研究家。留美回国后，在母校清华大学执教。抗战期间，在疏散到云南的各地高校合并而成的西南联大的文学系任主任。抗战胜利后参加民盟，最后倒在右翼恐怖分子的枪下。闻一多写有一篇相当长的论文《伏羲考》，考证伏羲和女娲是苗族的祖先。

居住在中国西南部的苗族和瑶族中，有关伏羲、女娲的传说尤其多。这对于当时居住在云南昆明附近的闻一多来说，大概是一个十分感兴趣的课题。《伏羲考》的大部分内容是 1942 年在昆明写就的。

有关苗族的历史传承，不同地区会有所不同，但大致内容几乎都是这样的：

1. 一对兄妹（或姐弟）的父亲与雷公大战。

2. 雷公以洪水进攻。

3. 洪水毁灭了人类，只剩下上述的兄妹二人。

4. 于是兄妹结为夫妇，繁衍人类。

可以说，这是世界各地都流传的洪水故事之一。那么，在苗族的洪水传说中，相当于“诺亚方舟”的几乎都是“葫芦”。葫芦中空，可浮在水面，恰似方舟。也有文章提出，小部分民间故事中不是使用葫芦，而是鼓。

伏羲有时也写为庖羲。司马贞说，伏羲养家畜，在庖厨烹调以祭祀神和祖先，所以称为庖羲。这个解释相当牵强附会。“庖”的意思是把东西包裹起来，具有“伟大”的含义。包裹东西烧烤，“庖”也成为烹调用语，但作为神的名字，我认为解释为“伟大”似较妥当。

“牺（羲）”是祭祀神或祖先之灵的“牺牲”供品。正如日本在举行喜庆仪式的时候，原则上都需要“连头带尾的鱼”，必须是完整的东西。古代也有把人作为牺牲供品的，但经过仔细检查，发现例如生有痔疮的人，这样的人就有缺陷，不能作为祭品。“牺”具有“没有缺陷的、完整的”含义，所以将“伟大而完美无缺”的东西称为“庖牺”。

闻一多认为“庖牺”与匏瓜有关。还有人认为，“娲”如“涡”“窝”“锅”等那样，中间是空洞，象征着女性的阴部。闻一多指出，“娲”与“瓜”同音，女娲有时也写为“娲”，所以自然只能是“匏瓜”。按照闻一多的考证，伏羲和女娲归根结底就是匏瓜——即瓢葫芦，“名有二，而意实一”。

陆羽在《茶经》中记述茶道使用的勺子为“檥”，是将瓠剖开制成的。现在还可以看到将葫芦剖开两半的勺子。“檥”和“牺”同音，更令人觉得伏羲就是葫芦的化身。

司马贞说，女娲号“女希”，伏羲有时也写为“伏希”（《路史后纪》）。如此看来，伏羲、女娲同一神的说法愈发明显，觉得他们不过是同样神格的男性和女性。

我之所以不厌其烦地介绍这些考证，就是希望读者理解对神话可以有各种读法和不同的解释方法。

伏羲、女娲是苗族的祖神，这一点基本确定无疑。天破，女娲炼五色石补天的故事，总觉得像是战败以后的处理工作。

四极废、九州裂的景象令人想到战争。在传说中，洪水毁灭人类，仅存兄妹二人。这场大洪水也是因为和雷公打仗才造成的。还是因为战争，使得生存者所剩无几，感觉传说反映的是大败战的记忆。

《史记》的《五帝本纪》记载，三苗居住在江淮、荆州之地。地处黄河与长江之间，所谓的中原周边地带。三苗在尧的时代，被赶到三危山；在舜的时代，再被驱逐到更远的地方。苗族现在主要居住在贵州省和云南省，即中国的西南部，离所谓的中原十分遥远。闻一多担任主任的西南联大文学系当时在云南省蒙自县，现在是苗族自治县和彝族自治州所在地区。不言而喻，古代的驱逐，实际上就是败退。

从中原的眼光来看，伏羲和女娲自然就是非主流。

由洪水造成巨大混乱的这场战争究竟是怎么回事呢？苗族的传说中，大多把雷公作为敌人。

司马贞说，共工欲夺取女娲的天下，发动叛乱，祝融将其平定。

共工被描绘成人面蛇身朱发，他的手下相柳也是人面九首蛇身，其形象十分凶恶丑陋。神话中的共工不是一个好神，例如《神异经》说他"顽愚"，另外《周语》也说他"害天下"。

中原世界似乎对共工颇为憎恨，每次出场，他总是坏蛋。不管什么年代，需要坏蛋的时候，就把他拉出来。

女娲之后，是神农氏的天下，历八代共五百三十年，黄帝兴。到黄帝的孙子颛顼的时代，共工与其争帝，失败。

不仅如此，共工在尧的时代就被诛杀于幽州，在舜的时代被流放到幽州，在禹的时代又被驱逐到远方。

无论何时，共工的出场总是一个遭受惩治的对象。虽说是神话中的神，但在近千年的时间里，一直让他出场，未免过于固执。我想，这大概反映出信仰共工为祖神的部族与中原政权不断冲突的事实吧。

同样，征讨共工的祝融也经常出现。祝融也是状如蛇或龙的神。"融"字有"虫"，表现为蛇或龙。

如果共工是调动洪水的水神，那么祝融大概就是火神。《淮南子》《山海经》中出现钟山之神"烛"或"烛龙"这个名字。烛龙就是祝融，这个说法比较可靠。

水火之战，一定激烈，人类因此蒙受巨大的苦难。失败的一方便承担责任，被批为"害天下"。

神话只是反映历史的一斑，这个历史也许十分短暂，但在编造神话的时候，对其进行相当的扩大延伸。

例如伏羲和女娲原本是一对夫妻神，却被延伸为伏羲之后女娲即位这样的系谱。应该说，虽然是非主流的神，由于“加上说”而被抛掷到太古时代的三皇还算是幸运的，还有像共工这样长期漂流在神话之海里的神。

大概因为三皇比较温和老实，不被认可进入系谱。狂暴作乱的则被视为漂泊之神。其实这样的神才性格鲜明，使我们感兴趣。

共工被祝融打败以后，怒不可遏，用脑袋撞击不周山。大概他是破罐子破摔吧。然而，不周山有天柱，被他撞折了，于是系挂大地的绳子断了，天向西北方向倾斜。

中国的地形是西北部高，所有的江河都往东南方向流。这是神话传说对中国地形的解释。

漂泊之神，除共工外，大概羿也可以算一个。羿的行为不像神，倒像人，与日本的素戋鸣尊有相似之处。

羿是射箭能手，大概被狩猎民族奉为神，或许也是被周围其他民族所铭记的、狩猎民族的杰出首领。

据《淮南子》记载，尧时，天上同时出现十个太阳，烧焦五谷，干枯草木，民众无以为食，出现各种各样的怪兽。

尧命羿解决这个难题，羿射落九个太阳，或杀死或捕获怪兽，天地恢复正常，民众兴高采烈。

万民皆喜，置尧以为天子。

尧起用了羿，自己才被拥戴为天子。就是说，羿是尧的大功臣。

《春秋左传》讲述的是另一个羿的故事，时代也不是尧，而是夏。

夏朝国力开始衰退的时候，有穷国一个名叫后羿的人从鉏（地名）来到穷石（夏朝国都附近），统治夏朝人民，取夏朝而代之。但是，他不问民政，凭借自己善射，终日在原野狩猎，荒淫无道，摒弃贤臣武罗、伯因，重用佞臣寒浞为宰相。

寒浞内行媚，外施贿，愚弄民众，让主君后羿一心沉溺于狩猎，其目的自然是想篡国。后羿狩猎归来之时，为寒浞部下所杀。寒浞烹煮后羿，命后羿的儿子食其肉。其子不忍食父亲之肉，结果活活饿死。寒浞还霸占后羿的妻妾，生子浇。

浇灭夏朝重臣斟灌、斟寻两氏，但夏朝的旧臣伯靡集结夏朝的残部重整旗鼓，消灭寒浞，拥立少康。少康为帝相之子，他攻打浇，消灭有穷国，复兴夏王朝。

据《史记·夏本纪》记载，夏朝的太康沉迷于狩猎，被后羿流放。太康是少康的祖父的哥哥。虽然比不上共工，但羿在尧的时候，在夏朝的太康、少康的时候，似乎都是一个无视时代的角色，自然只能是漂泊的神。

古代的射箭能手还有一个逢蒙，与羿齐名。《淮南子》里有这样一句话：

> 终日之言，必有圣之事；百发之中，必有羿、逢蒙之巧。

这句话意思是说“臭枪手也有碰巧击中的时候”。一天到晚，滔滔不绝，偶尔也会蹦出一句名言；射箭百次，偶尔也会射出技巧有如后羿、逢蒙的一箭。

据说逢蒙的射箭技术师从后羿，他学到所有的技术后，就认为这世上比自己优秀的射手只有师傅后羿一人，只要杀死师傅，自己就能成为天下第一的射手。于是，逢蒙杀死了后羿。

这件事记载于《孟子》。孟子认为，后羿收敢于杀师的逢蒙为徒，他也有过错。

但是，其他史料未见逢蒙杀羿的记载。不论是《淮南子》还是《庄子》、《吴越春秋》等，都将二人并列为射箭能手，却未涉及逢蒙杀师。俗话说“杀羿者是逢蒙”，就是“被自家养的狗咬了（恩将仇报）”或者“叛徒出在自家人”的意思。

《春秋左传》说羿被自己亲手提拔为宰相的寒浞杀死，这无疑是典型的恩将仇报。

逢蒙是寒浞的部下，因此就有可能解释为逢蒙奉主人之命杀死师傅。但这种解释实在不合情理。神话本来就是不合情理的。

因为存在有亲信背叛的原型，于是就会编撰出几种不同版本的故事。这样的思路才合乎情理。

射落九日，镇服各种怪兽的羿犹如完成十二项伟业的赫拉克勒斯。不过，同样是英雄，羿是被出卖的英雄，为自己的大臣以及弟子所杀。妻妾被寒浞霸占，但如果将此视为妻妾的背叛，那就太悲惨了。

《楚辞》的《天问》说羿的妻子名叫纯狐，但《淮南子》说名叫姮娥。

屈原的《天问》采取向天发问的形式是表达自己对宇宙的怀疑。

后汉的王逸（2世纪的人）这样阐述《天问》诞生的过程：屈原被放逐后，看到楚先王庙堂中的壁画，并在上面题写诗赋。

我们现在自然看不到那些壁画，只能通过他的诗歌想象那壁画上画的是什么。首先介绍《天问》中羿的出场：

羿焉弹日，
乌焉解羽？

羿为什么要射落太阳呢？为什么乌鸦“扑棱扑棱”地拍打着翅膀掉下来呢？

中国传说太阳里居住着三足乌。《淮南子》说“日中有踆乌，而月中有蟾蜍”。“踆乌”似乎就是三足乌鸦。

印度也同样将太阳视为鸟。现代印地语的“Patang”，既有鸟的意思，还有太阳的意思。另外还有风筝的意思，却似乎作为黑天神的异名。黑天神被认为是太阳神毗湿奴的化身。

鸟有各种各样的鸟，中国神话为什么将乌鸦与太阳联系在一起呢？有太阳黑子的解释，也有乌鸦习性的说法。乌鸦早晨飞出去，傍晚回巢，白天看不见它们的踪影，于是想象它们飞到太阳里去了吧。

王逸在注释《天问》时引用《淮南子》中这样的句子：

尧命羿仰射十日，中其九日。日中九乌皆死，堕其羽翼，故留其一日也。

然而，现在我们所看到的《淮南子》不是这样记述，只是说"上射十日而下杀猰貐"，没有说射中九日、九只乌鸦坠落之事。中国的古代文献资料，在宋朝普及印刷术之前，一直靠笔写流传。笔写很麻烦。纸的发明在公元 100 年左右，如成语"洛阳纸贵"所言，纸发明以后也并非容易得到。木简、竹简的时代持续很长，那个时候的笔写肯定更加麻烦。今天可以放在衣服口袋里的袖珍书，如果写在木简上，会装满一辆牛车。

笔抄的时候，有时会无意中漏写，有时也会故意不写。一本正经的儒家学者认为内容平和或者有意思的部分，都有可能略去不抄。

仅仅"射十日"三个字，实在平淡无味。原先的版本有"中其九日。日中九乌皆死，堕其羽翼"的描写，这么有意思的内容漏而不抄，太不像话了。

中国的神话，就记录下来的所见而言，除了内容片断外，还有人们常说的不生动。笔抄时的省略也许是一个原因。

回到《天问》的羿的话题上来吧。

帝降夷羿，
革孽夏民。
胡射夫河伯，
而妻彼雒嫔？[①]

当时，夏的首领不顾民政，各种灾难频仍。《淮南子》中出现的各种怪兽的名字大概是各地横行肆虐的盗贼匪徒。可以想象，整个社会处于无序状态，再加上严重的旱灾，天上同时出现十个太阳，就是干旱的根源。

① 雒嫔：即古代神话传说中的洛神宓妃。——译注

上帝见此，打算拯救夏的民众脱离苦难，于是降下夷羿，告诉他进行革命。夷羿射落九个太阳，解决了干旱问题，同时镇服怪兽，基本有了社会秩序。但是，夷羿把事情做过头了。

他箭射河伯。河伯是河神，但这里也许是暗示握有河神祭祀权的部落。河水泛滥成灾是河神的责任，因此也有可能对他进行讨伐。如果光是讨伐还说得过去，问题是夷羿将洛水女神洛嫔娶为妻子。

洛嫔是河伯的妻子。夷羿射河伯，夺其妻。这是不能允许的。

王逸的注释很有意思，他说河伯变成白龙的模样在河边游玩，羿射中其左眼。河伯立刻上天，向天帝告状。天帝斥责道："因为你变成白龙的模样，羿才射你的。他没有罪。"

洛嫔也叫宓妃。屈原在《离骚》中说宓妃仗着她的美貌，骄傲自大，每天寻欢作乐，不懂礼貌。

后来，魏的曹植（192—232 年）作《洛神赋》，幻想与宓妃交情，使得这个神女更加有名。此文也收入（昭明）《文选》。描写一个与人世间的男子分别时"抗罗袂以掩涕"的纯情的理想女性的形象。

曹植是曹操的儿子，魏文帝曹丕的弟弟。他暗恋嫂子甄后。但甄后触怒了文帝，黄初二年（221 年）被赐死。《洛神赋》作于她死后的第二年。

甄后原为袁熙（袁绍的次子）的妻子，因战败为曹丕所夺。据说曹操也听说甄后美貌，想得到她，但城陷之时，长子曹丕先于曹操进城，便掠为己有。甄后被赐死，是因为曹丕听信了妒火中烧的郭后的谗言。

人们阅读《洛神赋》，大概会从宓妃想象红颜薄命的甄后吧。丈夫战败，自己成为敌人之妻，甄后的命运与夫河伯被射、自己成为羿之妻的宓妃十分相似。

然而，《淮南子》记述了后羿妻子的背叛。其名字不是宓妃，也不是纯狐，而是姮娥，也写作"嫦娥"。

羿请不死之药于西王母，姮娥窃以奔月。

羿去昆仑山向西王母请求长生不死之药。

神本来是不会死的，但好像羿被开除了神籍，不知道什么原因。也许是他夺走河伯之妻这件事在神的社会里产生不好的影响吧。还有一种说法，他射落的九个太阳都是天帝的儿子，所以天帝很讨厌他。

被开除神籍的羿就成为凡人。凡人是要死的。他原先一直在神的社会里，所以无法忍受死。怎么才能使自己成为不死之身呢？他便去昆仑山，请求持有长生不死之药的西王母分一点给自己。

“就这点给你吧。”西王母送给这个老朋友一点长生不死之药。但是，羿的妻子姮娥把这药偷走，逃到月宫里去。羿的心情十分沮丧、消沉。

这个背叛十分残酷。羿性情刚烈，在镇服怪兽中显示出无所畏惧的强大力量，原本是一条率直刚强的好汉。妻子的背叛对他是渗透骨髓的打击。

妻子姮娥一定也有自己的理由，大概觉得对敢于夺取河伯之妻洛嫔（宓妃）的丈夫没有必要尽夫妻的情分。

莫非神的社会也是男尊女卑，姮娥的行为似乎未被认可。据说逃到月宫里的姮娥变成一只蟾蜍。于是，此后人们就传说月宫里有一只蟾蜍。

虽说这是神的社会，但是，神话传播者——人的意志在神话中得到强烈的反映。夺取有夫之妇的轻浮男人羿的行为是不应该宽容的，妻子的背叛是对他的惩罚。不过，姮娥彻底背叛丈夫也是不可允许的行为。

羿的故事在相当程度上是人的故事。他不像三皇那样蛇身人首或者人身牛首，虽然没有具体记述他的容貌，但和人没什么两样吧。他希望得到长生不死药，所以并非三皇那样的神，无疑是人的同类。

开除神籍这个故事，不就是暗示羿处在神话与历史的交界线吗？

从本质上说，羿的故事还是神话，但总觉得含带历史的味道。

羿又称为后羿。“后”表示君主，所以他原本是一个地方的首领吧。羿也叫夷羿，感觉是夷族的一个首领。夷，一般指中原——黄河中游以东的地区。

那么，羿的故事似乎发生在东方，但射日的故事至今还在苗族地区流传。

夷，日语发音为“EBISU”，如“攘夷”“夷狄”，其意表示外国。中国现在也是如此，但在太古，虽然蕴含远离文明中心的语气，却并不视为外国。

《孟子·离娄篇》中有这样一段话：

舜生于诸冯，迁于负夏，卒于鸣条，东夷之人也。文王生于岐周，卒于毕郢，西夷之人也。地之相去也，千有余里；世之相后也，千有余岁。得志行乎中国，若合符节。先圣后圣，其揆一也。

诸冯、负夏、鸣条等似为东方偏远之地的地名。孟子断言舜是东夷之人。一般认为，舜无其人，但他自古就是中国人心目中理想的圣君。说这个圣君是东夷人，可见夷没有外国的意思，更没有歧视性的语气。

周文王也是圣君，岐周、毕郢似在西方边境，所以孟子称他为西夷之人。

舜和周文王地理相去甚远，时代也相距一千多年，但他们志得意满，在中国进行完全相同的伟业。这里所说的“中国”，是“国之中”——文明中心，即国都的意思。

虽然孟子称为西夷，但习惯上“夷”一般还是多指东方。传统叫法是东夷、西戎、南蛮、北狄。

1832年，英国商船阿美士德号不顾禁令，擅自闯进上海港的时候，与当地的地方长官交换过文书。英方强调开放通商口岸的好处，地方长官则主张对外贸易只限于广州，要他们立即离开。阿美士德号上有一个精通汉语的牧师郭士立，他曾将《圣经》译成中文。当时地方长官的文书上使用“夷商”一词，阿美士德号认为“夷是歧视性用语”，提出严重抗议。对此，上海的地方长官予以反驳，以“孟子也说舜是东夷之人”为例，表示“夷”未必就是歧视性用语。

实际上，19世纪，“夷”已经变成了歧视性用语。最后上海的地方长官只好退让，将“夷商”改为“该商”，才算了结。不过，这个地方长官也知道“夷”在古代不是歧视性用语。

傅斯年（1896—1950 年）提出著名的“夷夏东西说”。他激情洋溢，五四运动时是北京大学的学生，是五四运动的核心人物之一，后去欧洲攻读历史，回国后曾任大学教授、研究所所长。国民党政权逃往台湾后，他任台湾大学校长。当时大陆各地有不少大学生跑到台湾，要求无条件进入台湾大学读书，但遭到傅斯年的拒绝，他坚持必须通过考试录取。

傅斯年外号“大炮”，时常有令人吃惊的举动。提出“夷夏东西说”也是如此。“大炮”含带吹牛的意思。如此说来，孙中山（1866—1925 年）也曾被称为“孙大炮”。推翻清王朝、建立共和国的主张，当时有人觉得他是吹牛皮吧。然而，清王朝确实被推翻，诞生了共和制的国家。那么，傅斯年的学说又是怎样的呢？

他认为，黄河流域的确是中国文化的摇篮，但并非一个地方，东西部都诞生不同的文化。

瑞典考古学家安德生于 1921 年秋在河南省渑池县仰韶村发掘新石器时代的遗址，出土了彩陶。从此以后，这个时期的文化就被称为仰韶文化。

1930 年至 1931 年，历史语言研究所在山东省历城县龙山镇发掘调查城子崖遗址，确定存在有以黑陶为特征的文化，称为龙山文化。

历城县靠近济南市。济南市的一个旅游观光项目就是看黄河。从黄河的长度来看，这一带可以说是下游。河南省渑池县位于洛阳市与三门峡之间。东面的龙山和西面的仰韶虽然都在黄河流域，但东西相距六百公里。

“夷夏东西说”把这两种文化视为夷族和夏族各自不同的文化。他认为，黄河流域的古代史是通过这两族的接触而展开的。先前的历史研究方法是机械性地追寻三皇、五帝、夏、殷、周的纵向系谱，而“夷夏东西说”将其扩展到横向研究。应该说，这个学说对历史研究的方法论做出了很大的功绩。但是，这个学说令人感觉也陷入彩陶是夏族、黑陶是夷族这样的新机械主义。

后来，随着遗址发掘的增加，史料的日益丰富，考古学也不断进步。傅斯年的“夷夏东西说”文章发表在 1935 年《庆祝蔡元培先生六十五岁论文集》里。后来通过对庙底沟、半坡等重要遗址的发掘，经过详细的调查研究，推翻了仰韶和龙山是不同文化的认识，确认二者是基本类似的文化。

龙山文化继承仰韶文化，具有同样的文化基础，由于受到某种影响，变成继承性发展的形式。

那么，是什么影响导致仰韶生活模式转变成龙山模式呢？仰韶人也懂得农耕，莫非是这个划时代的技术革命传播的结果吗？这个技术革命的发生地也许就是黄河流域以东——叫作“夷”的那块土地。

中国幅员辽阔，自然各地都会萌生富有地方特色的文化。这些地区性文化互相影响、互相融合，从而产生新的文化，并进而互相影响更加广阔的地域。剑桥大学考古学家郑德坤（1907—2001年）认为，新石器时代初期以前，中国形成南北两大文化，然后在黄河中部流域互相融合。北方是干燥地带的细石器文化，南方是森林地带的砾剥片文化。两种文化共存、互融，“奏响了新时代的序曲”。至于它们的源流，郑德坤说自己也尚不清楚。这个新文化就是仰韶文化，龙山文化是其后续，最后被兴起于殷王朝的小屯文化所取代。郑德坤的结论是：“中国历史时代文化的兴起，是黄河流域数千年文化融合的结果。”

我并非拘泥于“夷夏东西说”，虽然许多部落在各地割据，并产生更大的部落集团，但并没有孤立到拒绝不同文化的融合。经过数千年的准备积累，奠定了形成均一的文化传统的基础。只要具有更加舒适的生活模式，判断自己处在同样的基础上，应该就会毫不犹豫地采纳吸收。由于吸收的方式不同，也许有的甚至改变了自己原先文化的本质。

无论如何，仰韶文化揭开了历史时代的序幕，这是极其重要的。

继安德生之后，夏鼐（1910—1985年）对仰韶遗址进行了发掘调查，结果发现不仅有彩陶，还有黑陶、灰陶等，仰韶文化实质上是一种混合文化，应该归入龙山文化系列。为文化命名提供地名的该地遗迹实际上无法成为该文化的代表地。

大概安德生被精美的彩陶发现晃得眼花缭乱，没有看到别的东西。没看到的东西可以说不存在，不感兴趣的东西也就看不到，可以说这也是人之常情吧。

简直是令人难以置信的真实，听说学问博大精深的东方学学者劳费尔（1874—1934年）曾经认为中国不存在石器时代。他之所以这么认为，是因为当时没有人发表挖掘发现石器时代文物的调查报告。

中国人具有文明至上主义的一面，轻视未开化状态，认为使用石器的是野蛮人，不愿意承认他们是自己的祖先。即使发现了石器时代的证据，也许还会视而不见。于是，对出土文物中的青铜器等如获至宝，却对石器不屑一顾，所以没有发表有关挖掘发现石器时代文物的调查报告，结果让头脑敏锐的饱学之才大伤脑筋。

安德生之所以去仰韶，是因为他的助手刘长山从那个村里得到石斧。仰韶因彩陶而出名，安德生感觉到“中国也有石器时代”，于是决定发掘调查石器时代的遗址。但是，与石器一起出土的还有彩陶。他说自己开始也很苦恼，其实这样的例子在中亚和东南欧都有过，只是当时安德生不知道。

安德生成为在中国发现石器时代遗迹的第一人。十年后，他在 *Children of the Yelloe Earth* 一书中这样写道：

……非常明确的仰韶时期是石器时代末期乃至金属时代初期的文化，可以说，完全没有发现纯粹的新石器时代的遗迹。

当然，后来接连发现比仰韶古老的新石器时代遗址。但是，应该记住，在很长时间里，人们怀疑中国是否存在石器时代。

彩陶的发现让安德生迷惑不解，同时也对他产生极大的魅力。因为这些彩陶与安诺（中亚）的陶器十分相像，他考虑是西方传过来的。如果是从中亚或东欧传过来，就应该经过天山南路进入甘肃。为了探寻这条“彩陶之路”，他到甘肃进行调查，并且有相当大的收获。他研究收集到的彩陶，还进行编年的分类。然而，遗憾的是，他的研究成果现在已被全盘推翻。

因为1952年发现、1954年至1957年五次发掘调查了半坡等众多仰韶时期的遗址，考古学还发明了碳放射性同位素测定这个“新武器”，可以容易准确测定年代。研究的结果表明，甘肃的彩陶不是从西方传过来，而是从东方传过去的，从而粉碎了安德生博士的推定。

根据碳放射性同位素测定，半坡遗址距今6080年（±110 年）至5600年（±105年）之间。与之相比，甘肃遗址中最早的曹家嘴距今4540年（±100年），最晚的青岗岔距今4030年（±100年）。同样是仰韶文化，半坡比甘肃早一千多年。

现在已经确定，甘肃——黄河上游是仰韶文化的边缘地区，大概仰韶文化在黄河中游的根据地受到龙山文化的挤压，便往西迁移。

但是，安德生从西方寻求彩陶源流的心情也是可以理解的。在前后脉络浑然不清的情况下，自然会想到天山南路和草原之路这两条通道。青铜器的情况也是如此。殷朝突然出现制作精美的青铜器。由于几乎没有发掘出稚拙阶段的青铜器，人们考虑也许是从什么地方传过来如此高水平的器物，这种想法是合情合理的。由于是制作技术，少数人过来就可以了，未必需要大批的人涌进来。

中国的东面是大海，大海彼岸没有古代文明世界，所以自然会推测源流在西方。尤其是欧美学者，强烈认为底格里斯河、幼发拉底河下游的冲积平原是文明的发祥地。另外，寻找文明传播的途径是一项令人激动的愉快的工作。感动于传播古代文明的先人，对其传播方式进行推理充满愉快。

主张中国的古代文化源于底格里斯河、幼发拉底河流域，并予以证明，是一种巨大的浪漫吧。虽然有一些貌似证据的碎片，但还是无法证明中国文化的大部分源于西方。生于法国的英国东方学学者拉古贝里（1845—1894 年）主张中国人本身也是从巴比伦迁移过去的。他认为女娲补天也和巴比伦的彩虹民间故事有关，自然会联系到《圣经·创世纪》中洪水过后神以彩虹立约的故事。

拉古贝里毕竟是19世纪的人，不知道北京猿人化石以及此后的考古新发现，所以作为美索不达米亚中心论者也不足为怪。甚至发现北京猿人化石周口店遗址的安德生也显示出向西方寻求彩陶源流的意图。

殷墟发掘以后，就确定了殷王朝存在的史实。现在，三皇五帝自不待言，然而，夏王朝是否真实存在过尚无法确定。

由于殷墟发现于河南省安阳市小屯村，所以考古学上称为小屯文化。

从遗址层来说，仰韶文化层上面是龙山文化层，再上面是小屯文化。既然已经明确小屯就是殷朝，那么它的下层龙山就应该是夏王朝时期。然而，在殷墟发现殷朝的王墓，发现并解读甲骨文，但还不是龙山文化层，所以不能简单地断言是夏王朝的文物，充其量只能说是殷王朝以前时代的东西。

名为“夏”的王朝是否真实存在另当别论，通过龙山文化的遗迹可以知道史书上所说的夏时代的一斑。那么，龙山文化下层的仰韶文化又是什么样的呢？如果机械性地对应史书的记述，那就应该是五帝时代。

也可以说是三皇五帝时代吧。因为如前所述，三皇属于非主流，被抛掷到另外的时代。

史载五帝始于黄帝，后来的四帝都和黄帝有血缘关系。虽然可信度很差，但历史是这样写的。想一想黄帝族这个部族就容易理解。其始祖是黄帝，统率部族的首领自然从部族内选出。

那个时代，如何通过与大自然的搏斗生存下去是最重要的问题。因为还是具有原始性的氏族共同体，没有私有财产，首领也不是世袭制，名副其实地推举有能力的人担任首领。

他们居住在黄河流域，最大的苦恼就是治水。善于治水的人自然被选为首领。

因为也会和其他部族发生纠纷，所以首领还必须是军队指挥员。

虽然史书上有名有姓的五帝是否实有其人还有争议，但可以认为，在其氏族的历史中有过几个优秀的首领。

首屈一指的黄帝是中国人的始祖。后世的中国人会经常说“我们是黄帝的子孙……”

神话中的黄帝形象不清晰。屈原的《天问》也没有涉及黄帝。

强烈感觉黄帝的形象与其说是世代流传，不如说是人为塑造。说他是始祖，恐怕就是如此。制定日历，播种百谷草木，很多东西由他始创，就被冠以始祖。尽管说他发明了很多东西，但黄帝的形象其实并不特别显眼，司马迁也叹息说“百家言黄帝，其文不雅驯”。

从黄帝这个名字来看，没有很大的个性。五行说就是把日常生活的素材分列五类，其顺序为木、火、土、金、水。土在中央。轩辕以土德得天下，便以土的黄颜色作为其名。喜欢看相扑的大概都知道，土俵[1]的东、西、南、北四面流苏的颜色各为青、白、赤、黑。五行说除了四个方向，还加上中央，以黄为其色。黄是大地的颜色，母亲河是黄河，神圣的始祖就必须是黄帝。如此解释，就容易理解，但缺少个性。伏羲、女娲，或者羿、祝融、共工等，甚至阐释他们名字的由来都很困难，但也因此更具有神话性。黄帝这个名字，与其说是神话的世界，不如说是经书的世界。

可以说，黄帝的业绩，令人瞩目的只有两场战争：一场是在阪泉之野与神农氏后裔的战争，另一场是在涿鹿之野与蚩尤的战争。

《史记》记载这两次战争。仰韶文化时代，部族之间也发生过激烈的对抗。如前所述，漂泊之神共工就经常和黄帝的后裔作战，而且每战必败。黄帝氏族统治天下的时候，未必太平稳定，还存在有神农氏、蚩尤氏、共工氏等强大的部族。这在神话中都有所暗示。

蚩尤也是一个令人关注的神。从他名字中有“虫”来看，可能是蛇或龙。他阻碍黄帝统治天下，大概和日本的对抗神武天皇的长髓彦差不多。《书经·吕刑》说：

蚩尤惟始作乱，延及于平民。

将蚩尤定为在世间作乱的第一人。因为蚩尤作乱，连一般民众也都仿效干坏事，所以必须制定刑罚。其意思大概是说，只要没有蚩尤，这世上就没有干坏事的人。

蚩尤是九黎之君。《礼记》注释说蚩尤是三苗。那么，九黎和三苗

① 土俵：日本的相扑竞技台。——译注

是一样的吗？

黎是“黑”的意思。黎和苗即使不一样，也都是居住在南方、与黄帝部族相对立的部族。之所以冠以“九”“三”的数字，大概因为部族的结构成分复杂的缘故吧。可以想象，蚩尤集结黎族的九派力量与黄帝作战。

涿鹿之战时，蚩尤布起漫天大雾，困扰黄帝军队。这可以说是烟幕战。黄帝军队在大雾中迷失方向，但他们制造出指南车，得以辨别方向。一般认为这就是罗盘的发明。蚩尤战败被杀。

战败之后，九黎依然继续和黄帝对抗，他们中有的人成为黄帝的俘虏，被称为“黎民”。黎民是“俘虏”的意思，后来一般平民也称为黎民。这与秦的“黔首”一样，因为脑袋是黑的。但也有人认为，平民不戴冠，露出黑头发，所以这么称呼。拉古贝里认为，巴比伦一般也称庶民为“黑头”，所以黎民、黔首的表达方式是西方的观念。

九黎原先和神农氏，即炎帝族对抗，炎帝族感觉战况不妙，便向黄帝族求援。黄帝族打败九黎后，与炎帝族的同盟关系破裂，双方在阪泉之野三次大战，最后黄帝族取得胜利。

蚩尤被视为不祥之神，以他的名字命名的星星——蚩尤旗也被视为战乱前兆的凶星。说到凶，黎族也被加上“凶”字，称为“凶黎”。甚至有人认为，九黎是凶黎衍变而成的。

这样的评价、命名，是胜利者的所作所为。失败者的辩解——他们的神话传播力变得极其微弱。

不知道神话在多大程度上反映历史，但有关黄帝的神话至少可以确定当时的部族斗争十分激烈。

距今五千乃至六千年的时代，通过仰韶遗址可以窥见些许当时人们的生活景象。最具代表性的无疑就是半坡遗址。

半坡遗址发现于 1952 年。最近这类地下遗址似乎多是在工程建设时发现的。半坡遗址也是在建造西安第二发电厂时发现的。由于是重要的遗址，发电厂的建造计划变更，移往别处。中国科学院考古研究所对半坡遗址进行发掘调查。

现在，遗址上面修建起一座扇状的建筑物，成为博物馆。进入博物馆参观，可以直接在原始遗迹上行走。这比参观摆放在陈列柜里的出土文物更具扣人心弦的力量。

半坡遗址的面积约七万平方米，位于西安市东面浐河东岸约八百米，地面高于河床九米。

居住区面积约三万平方米，引人注目的是中间部分是一处公共集会的场地，面积约一百六十平方米。居住区长期使用，分前期、后期两层，最多的时候住房有二百多间，估计居住人口为五百至六百人。

居住区环绕着上部宽约六至八米的壕沟，无疑是防御所用。壕沟外面，所谓的郊区有公墓和几处窑址。埋葬在公墓里的都是成年人，小孩子的遗体则装入瓮棺，埋在居住区内。

中国科学院考古研究所发表了详细的发掘半坡遗址的报告，其内容非常规范优秀。

我们对什么人居住在这里很感兴趣。据说对五十一具成年男性遗骨检测的结果表明，他们平均身高约为一点七米。对头盖骨进行检测，其结果很有意思：这里的居民属于蒙古人种，与现代的蒙古人种进行比较，发现最接近华南人和印度尼西亚人，与华北人也相近，与西藏 B 型、蒙古人、阿拉斯加的爱斯基摩人[①]毫无类似之处。这是与现代各类型蒙古人种比较的结果，但如果与当时，即新石器时代的各类型蒙古人种进行比较，应该更类似印度支那人，而并非邻近的甘肃人、河南人。

西安现在属于中国的西北地区，但是新石器时代的西安——半坡的居民，其骨骼与现代的南方人更相似。

那么，这里就有一个证据似乎可以对胜利者所传播的神话解释提出异议。

蚩尤率九黎作乱，黄帝讨伐败之。但是，攻进作乱的九黎居民居住区的也许并非黄帝族的军队，这不是没有可能的。如果九黎被赶出原先的居住地向南迁移，就可以解释三皇五帝时代的半坡人为何具有现代南

① 爱斯基摩人：即因纽特人。——译注

方人的特点。

半坡人似乎基本上是农民，小米为主食，磨成粉，或蒸或煮。此外还发现栗子、榛子、松子等果实。他们也饲养猪、狗等家畜，狩猎活动相当频繁，同时还留下将动物骨头分开吸其骨髓的痕迹。出土的钓钩、网坠表明他们在附近的江河从事渔业活动。

还出土有纺轮，听说已经确认织物和草席上印有纹饰。半坡人是了不起的艺术家。陶器和彩陶上也施以纹饰。总体上说，前期是动物纹，后期是几何纹。

半坡陶器的纹饰中，引人注目的是多有鱼纹。前期多写实，后期的鱼或连接或分开，作为装饰，开创出新的主题图案。

还有人面鱼纹，都是人面鱼身。人面上戴着三角形的东西，是宝冠吗？圆形的脸上，面颊和额头上有三角形纹饰，额头的三角形也许是眉毛。两只耳朵的部位伸出来枝叶状的东西。这些人有的好像睁着眼睛，有的眼睛闭着呈一字型。

1977年，为庆祝名古屋市博物馆开馆，举办了中华人民共和国出土文物展。精挑细选的一百件文物按时间顺序陈列展出，第一件文物就是彩陶人面鱼纹钵。图录上英文名为“Basin with human mask and fish design”。这是离半坡一百五十公里的陕西省临潼县姜寨遗址出土的。

姜寨遗址和半坡一样，都是仰韶文化，地处河东高地的位置也很相似。1972年至1974年发掘，总面积五万平方米，比半坡小一圈。

上面说过，小孩死后，遗体装入瓮棺埋葬，当时一般使用开有洞口的陶盆，再盖上盖子。这个人面鱼纹钵的底部有一个小洞，据说出土的时候瓮棺口已被封住。

从出土的状况来看，人面鱼纹似乎不仅仅是装饰，还有什么含义。部族的幼小孩子死后，大概回到祖神那里去吧。钵里所描绘的纹饰，是一种引路的作用吗？说不定就是祖神本身。

不论是半坡人还是姜寨人，也许都是鱼图腾的部族。鳞介动物，鱼可以联系到龙。在龙图腾的部族分支里，是否包含鱼图腾呢？

因治水失败受到惩罚的鲧，他的名字是鱼字旁，应该是和鱼有着深厚渊源的神。鲧的儿子禹治水成功，成为夏王朝的始祖。《庄子》说：

禹偏枯。

《山海经》说：

有鱼偏枯，名曰鱼妇。

据此，就有人提出禹是鱼形神的观点，但这似乎有点牵强附会。庄子记载恶徒盗跖骂孔子的话：

世之所高，莫若黄帝，黄帝尚不能全德，而战涿鹿之野，流血百里。尧不慈，舜不孝，禹偏枯，汤放其主，武王伐纣，文王拘羑里，此六子者，世之所高也。孰论之，皆以利惑其真，而强反其情性，其行乃甚可羞也。

盗跖恶狠狠骂道：孔子那个时代，世人皆视黄帝为至高无上，即使如此，黄帝还是无法以德驯服蚩尤，在涿鹿之野大战，血流成河，惨不忍睹。接着，盗跖历数世人尊为圣人的六个人，一一予以否定，指出他们都是为私利私欲而忘记真情，背叛自己的自然本性：尧杀长子丹朱，不能说他仁慈；舜驱逐父亲，不能说他孝顺；禹偏枯；殷汤流放自己的君主；周武王攻杀殷纣王；文王成为囚徒。按照这个思路，“禹是一条鱼”的说法实在过于唐突。偏枯大概就是半身不遂。禹热心治水，劳累过度，终于半身不遂。过分劳累工作违背了人的本性，这样的说法大概是妥当的。

鱼无手足，摇摇晃晃地游着，其状如半身不遂，以“偏枯”表现鱼的形状还是可以的，但说偏枯即鱼，则缺乏说服力。

感觉尧舜作为理想的圣人是人为制造出来的。

尧禅让帝位于舜，舜禅让于禹。这种禅让，被视为政权交替的理想方式。虽然树立了理想模式，但在禹之后，帝位变成世袭，从此实质上的禅让一次也没有。尽管有过强迫性的禅让，那只不过是做样子。

由于开始了世袭制度，所以就有必要把禅让作为理想化的模式吧。

世袭可以增加私有财产，所以是必要的。以前的氏族共同体内的生活不需要私有财产。从半坡遗址可以看出，居住区的中间有一个集会场地，一般事情都可以在那里解决。应该不会有难以解决的问题，除了洪水、干旱等自然灾害以及和其他部族打仗外，大概没有什么问题。

主持祭祀，通知人们播种期和收割期，是帝王的主要工作。从黄帝神话中可以知道一点情况，部族是一种地区性的联合，部族联合的首领称为帝王，而各地的首领就是诸侯。

和其他部族发生战争，需要建设强大的军队；另外，兴修大规模的水利工程，也需要众多的劳力，所以部族的联合是必要的。

大首领可以集中并指挥强大的力量。具有如此强大力量的大首领无疑先开始拥有私有财产。

在人是主要生产力的时代，人口的急剧增加会迅速发展生产。人口急剧增加的一种方法就是通过战争俘虏进行补充。

涿鹿之战和阪泉之战以后，属于蚩尤的九黎民众大量被俘，在黄帝统治的部族联合体中服劳役。

按照共同体的生活习惯，战俘原先为整个共同体所共有，但由于俘虏是战争的胜利品，于是就有人认为，共同体内也不应该人人权利平等。

参加战争的人和没有参加战争的人、参战的人中立功的人和没有立功的人之间，在对于俘虏的权利上就产生差异。这就形成了贫富差距。

共同体内的一切东西都属于整体、不属于特定个人的观念终于分崩离析，这是共同体固有模式的瓦解。换言之，这是一个新时代的开始。

一个新时代不是能轻而易举替代旧时代的，自然是渐变的过程。往往思想跟不上现实的变化。也许他们承认现实的代价是想给旧时代的终结镶上光环。这是人之常情。

尧和舜就是被这样的人精心塑造起来的。

这些人未必仅仅是当时的人们，也许更主要的是后世的人们。“那个时候是那个样子的，现在这个样子恐怕不行吧”——大概很多人回顾历史的时候对现实感觉不满。为了平息这种不满，在世袭制度的前面必须放置理想的圣人，以获得心理上的平衡。

疑古派的顾颉刚怀疑尧舜是很自然的。

《诗经》根本没有言及尧舜。《书经》中的《尧典》《舜典》《皋陶谟》是后人所加，不算数，其他部分一次也没有提到尧舜。

我们听到的有关尧舜的事迹是，尧命鲧治水，鲧治水失败，于是舜推荐禹，大获成功。因为尧把帝位禅让给舜，禹就成为他们的家臣。

《诗经》《书经》都出现禹的名字，尤其是《诗经》，出现九次，但就是没有说到他是尧舜的家臣。

既是圣人的家臣，又受到推荐，这在禹的人生中应该是光辉耀眼的经历，谁都希望说出来让别人知道吧。然而，说到禹，却不提尧舜，这越发令人感到奇怪。

即使尧舜不是实有其人，而是后人塑造的理想形象，我们也不能简单地将他们一笔勾销，不加重视。因为之所以要塑造他们，一定会有相应的历史背景，跃动着古人强烈的心愿。

尧是帝喾之子放勋，出身正统，家门高贵。《史记》赞美尧“其仁如天，其知如神。就之如日，望之如云。富而不骄，贵而不舒”。

把各种业绩都归功于尧，他成为圣人的最大一件业绩就是没有让自己的儿子丹朱继承王位。

尧问重臣放齐在继承人问题上有何想法，放齐回答说：“嗣子丹朱很开明。”尧说：“不行。他很顽凶，不用。”这里的“顽”，似乎是说不能遵守德义之经；“凶”指的是好诉讼。

另一个重臣驩兜推荐共工。尧认为共工人格有问题，也不同意。接着，重臣四岳推荐鲧。鲧曾有一次违背尧的命令，尧对他也不满意，但四岳说：“先试一试，如果不行，不让他做就是了。”于是让鲧去治水，但是他治水九年未有业绩。

此时尧在位已七十年，无论如何必须尽快决定继承人。他说：“不论是贵族、亲戚、疏远者、隐匿者都可以，希望你们从各个阶层来推荐。”

既然是这样的条件，于是大家公推舜。舜虽然属于同一个部族，但绝不是贵戚。他的父亲是盲人，而且“顽”，母亲刁钻刻薄，弟弟傲慢，但是舜很有孝心，使家庭平和。

尧为了考验舜，就将自己的两个女儿嫁给他，她们尽妇道，所以尧知道舜绝非凡人。经过三年的考验，尧认为舜很合格，就让他管理政治。舜不愿接受，感觉心里不安，但最后还是接受了尧的请求。

在尧为帝、舜执政的时期，他们做了这样的事：

流共工于幽陵，以变北狄；
放驩兜于崇山，以变南蛮；
迁三苗于三危[1]，以变西戎；
殛鲧于羽山，以变东夷。

于是，中国开始产生北狄、南蛮、西戎、东夷的“四夷观”。

虽然是编造的故事，却很重要。这表明从中原人看来居住在边境地区的狄、蛮、戎、夷等各部族其实并不是原住民，而是从中原被驱赶到四周边境去的。这与尧舜是否实有其人无关，这个故事真实地反映了强大的部族从中原周边迁移到偏远地区的历史事实。不知道这则故事产生于什么年代，但对于当时的人们来说，应该是常识。

塑造圣王，其实有一个就够了，为什么要塑造尧舜一对圣王呢？其实，真正的圣王是舜，尧是为推出舜所必要的存在。

氏族共同体时代，能够带领大家治水并指挥战争的优秀人才被选为首领。进入私有制财产时代以后，首领自然成为世袭。世袭制产生许多矛盾，于是人们怀念过去的好时代。

有德之人，即优秀人才就应该领导部族，这种想法在世袭制时代依然存在于人们的心底。尤其是儒家，这种想法更强烈。

圣人尧舜不是儒家编造出来的。在孔子之前，就已经流传尧舜圣王

① 迁三苗于三危：三苗为上古传说中的部落。三危为上古传说中的地名。——译注

的故事。《论语》中赞美尧舜的话不多，散见各处，而且都只是冠以“大哉”之类的颂词，几乎没有言及他们的具体伟业。

儒家兴起之前，尧舜存在于故事传说之中，后来大概是具有儒家思想的人把他们推出来。“政权不应该私有化”——有这种想法的人认为至少需要两个理想的圣王。

一个圣王是尧。他谱系正统，却无视血统，挑选继承人时完全任人唯贤。

另一个就是被尧圣王挑选为继承人的舜。他出身贫寒，却人才优秀，果然不负期望，建树伟业。

没有尧舜这一对圣王，故事就不完整。但无论故事多么完整，既然是编造的，难免出现破绽。古代就有人指出这个破绽。

众所周知，典出于《韩非子》这部战国时代书籍的“矛盾”一词使用至今。这个词语出自楚国武器商人卖矛和盾的故事。他卖盾的时候说：“我的盾非常坚硬，什么东西也刺不进去。”他卖矛的时候却说：“我的矛非常锋利，什么东西都能刺得进去。”于是有人问他：“拿你的矛刺你的盾，又会如何？”商人无言以对，十分尴尬。

这则幽默的故事非常有名。“矛盾”这个词语在两千多年后的今天依然在日常生活中使用。然而，《韩非子》中的这则故事其实不过是引述。

韩非子的真正用心在于尧舜。尧舜皆圣王，舜仕于尧，长期摄政。舜为尧的大臣时，解决了农民的土地纷争、渔民的渔场纠纷以及工匠的产品粗制滥造等问题。

但是，儒家讲述这些事情，宣扬德治主义。有人问儒家道：“方此时也，尧安在？”儒家回答说：“尧为天子。”于是“有人”这样反驳道：

圣人明察在上位，将使天下无奸也。今耕渔不争，陶器不窳，舜又何德而化？舜之救败也，则是尧有失也。贤舜，则去尧之明察；圣尧，则去舜之德化：不可两得也。

韩非子并非讲述寓言“矛与盾”，其本意在于驳斥儒家对“尧与舜”

的赞美。

舜的故事是民间传说。他的父亲是盲人，生母早亡，继母入家门后，生有异母弟。舜受他们的欺负虐待，但依然孝顺父母，关心弟弟，于是舜有德的名声广为传播，尧帝将自己的两个女儿嫁给他。这可以说是男版的灰姑娘的故事。

后妈虐待继子之事自古有之，被虐待的继子自然受到大家的同情，于是就有人编造出继子苦尽甜来、终获幸福的故事。在编造舜的圣王形象的时候，也许就吸收了这类民间故事。

还有这样的故事：舜爬到屋顶干活的时候，父亲在下面放火，舜双手各抓着一顶斗笠，像鸟的翅膀一样飞翔着平安跳下来。还有一次，父亲让舜挖井，舜预感到危险，便在井壁凿开一条暗道。父亲果然从井口往下填土，要杀死舜。舜从暗道逃出去，得以幸免。

舜不同于尧，不是黄帝族人，而是出身微贱的庶人。要反对大首领家族垄断帝位的世袭制，出身微贱的圣人是最有力的武器。

前面引述的《庄子》中盗跖骂孔子的话，其中说"尧不慈，舜不孝"，解释为尧杀长子丹朱，舜驱逐父亲。然而，《史记》等其他史料未记述此事。

尧的儿子丹朱没有被杀，而是被封为诸侯。山西省东南面的高平县有一座丹朱岭，据说就是丹朱的领地。丹朱岭北面有长子县，该地名也说是源于尧的长子受封之地。

至于舜驱逐其父的事情，据《史记》记载，舜践帝位后，立即载天子旗，拜见其父瞽叟，对他十分恭顺尊敬，尽自己做儿子的本分。

尧舜的故事在尚未经过儒家理想主义者的加工，还保留着浓厚的民间故事氛围的阶段，也许会包含杀子、逐父的内容。淳朴的民间故事，对如此严厉虐待儿子的人，一般多少都会有报仇的情节，否则，听故事的人也不答应。

《史记》里对尧舜的记述，应该是删除了有损他们圣人形象的内容。《楚辞·天问》对舜提出这样的疑问：

舜闵在家，
父何以鳏？
尧不姚告，
二女何亲？

舜受到继母以及异母弟的虐待，在家里孤苦伤心，而他的父亲为什么对他没有温暖呢？尧把自己的两个女儿嫁给舜，为什么不把这件事告诉姚（舜家的姓，即指舜的父亲）呢？

婚嫁之时，告诉对方的父亲后才被认可，这是战国时期的风俗。太古时期，由于家族制度尚未确立，大概婚姻与家庭之间的关系很宽松吧？屈原是战国时期的人，对神话中的这个内容感到不解。孟子也对此困惑。其实，这是儒家所尊崇的圣王尧舜的形象。孟子思来想去，终于做出这样的结论：尧心里明白，如果和舜的父亲商量，肯定不会得到他的同意，没有法子，只好不告诉他。

舜服厥弟，
终然为害。
何肆犬豕，
而厥身不危败？

舜即使对异母弟也是委屈顺从，但是弟弟依然陷害他。那个弟弟如此肆无忌惮地干出猪狗不如的卑鄙之事，为什么舜能够免于遇害呢？

《天问》只问不答，让读者去回答。这个问题应该不难回答。因为舜是至圣之人。

《天问》说舜娶尧的两个女儿之前是单身，但《山海经》说舜已有妻子登比氏，并生有二女。无论是舜对待父亲的态度，还是有关他妻子的事情，之所以会出现不同的版本，大概就是因为舜是合成故事的主人公的缘故吧。

据说登比氏所生的两个女儿名叫宵明、烛光，一到夜间，她们的身体就会发光。被认为是月亮。

舜是月亮之父，也可以认为是太阳。那么，舜的父亲瞽叟盲目，可以解释为意味着黑暗。太阳生于黑暗，月亮生于太阳。

舜的故事说他与五帝之一的黄帝的曾孙帝喾很相似。虽然《史记》没有记载，但《山海经》说与帝俊的故事也很相似。据说帝俊的一个妻子名叫娥皇，这和舜的一个妻子（尧的女儿）同名。帝俊的后裔中，有一个名叫义均，擅长手工艺。舜有一个不肖之子，《史记》说他名叫商均。因为他封侯于商这个地方，所以叫商均，原名叫义均。

综合各种不同版本的故事统一成一种，黏结剂一旦脱落，内容有时就会四分五裂。

据《史记》记载，舜二十岁以孝闻名，三十岁被尧录用，五十岁任摄政，五十八岁时尧死，六十一岁践帝位。在位三十九年，南巡时崩于苍梧之野，葬于江南九疑。此处叫零陵。

据说此地是舜的那个恶棍异母弟象受封的有庳国，现在是位于湖南省南部，临近广西、广东的零陵地区。零陵地区有一个宁远县，东南部有九疑山，山有九峰，有九溪流出，因人们经常在山中迷路，所以叫九疑山。现在地图上称为九嶷山。

九峰中有一峰名叫舜源峰，流出的溪流名叫舜源水，在道县附近与潇水汇合。潇水在现在的零陵县附近流入湘江，滔滔江水奔向洞庭湖。

如果舜是在中原称帝，那么他出巡的地方十分遥远。现在的九嶷山南麓是江华瑶族自治县，是少数民族的居住地。五千年前，从中原被赶出来的九黎、三苗一定居住在这一带。

舜南巡狩，也许是率军远征。在有关舜的故事里，吸收有其他很多部族的传说，大概也有南方的故事。

《山海经》说南方荒野有一国名叫戜，是舜的后裔。那里土地肥沃，物产丰富，人们可以不耕而食，不织而衣。

舜是东夷之人，与南方也有密切的关系。

仰韶文化所产生的力量最多只能确保中原，而黄河流域的大首领就能够跨越长江，进入遥远的苍梧之地，简直不可思议。

如果舜和帝喾是同一人，那他就是殷的始祖。经过龙山文化进入小屯文化的殷朝，大概拥有相当辽阔的土地，具有征服其他部族的力量。要编造这样的殷朝始祖的故事，其中加入南方部族的要素是不足为怪的。

舜的两个妻子听到丈夫死于苍梧之野的消息，急忙赶往南方。她们悲痛欲绝，泪流不断。

湖南多竹，竹制品是当地的特产。其中有一种斑竹，竹子上有斑点或斑块，后来人们传说这是她们的泪水洒在上面形成的。

她们来到湘水，死于水中。有人说她们悲伤过度，投水而死；也有人说翻船淹死。姐姐娥皇称为湘君，妹妹女英称为湘夫人。屈原在《九歌》中描写巫呼唤她们的魂灵，互相应答的情景。

洞庭西望楚江分，水尽南天不见云。
日落长沙秋色远，不知何处吊湘君。

这是唐朝李白（701—762 年）游洞庭湖时作的一首七言绝句，收于《唐诗选》，也为日本读书人所熟悉。自古以来，文人墨客游湖南，都会怀念舜的这两个妻子。她们在当地作为水神受到祭祀。

尽管是传说中的人物，中原的大首领来到长江以南地区，这可以看出以中华文化为舞台的融合从太古时候就十分活跃。

生活在南方地区的三苗、九黎原先就居住在中原周围，他们作为主人公所创造的南方文化不可能与中原文化毫不相同。

长江流域也在各地发掘出新石器时代的遗迹。

例如湖北省的屈家岭文化。在长江的支流汉水流域，武当山、荆山、大别山等群山围绕的地区接连发现新石器时代的遗址。从位于河南与陕西交界处的地理位置来看，应该属于仰韶文化的地区性发展。

屈家岭文化的最大特征就是稻作农业的遗存。陶器也是重要的特征。出土有直径九十厘米的锅、脚高四十厘米的鼎、口径五十厘米以上的缸等，而且器壁很薄，仅有一至两毫米。

江苏省淮安的青莲岗遗址是仰韶与龙山的混合型文化，称为青莲岗文化。在南京市的北阴阳营、庙山等地，发掘出几处青莲岗文化遗址。陶器的钵的形状、黏土的含水量、彩色技术等都和仰韶文化相似，但也有的和龙山文化相似。

浙江省良渚镇发掘的遗址称为良渚文化。从地理位置来看，与青莲岗文化很相近。另外，陶器与山东省龙山文化的也多有类似。

四川省巫山大溪镇遗址称为大溪文化，在湖北省宜昌的杨家湾也发现同类型的遗址。但是，由于发掘的遗址还不是很多，大溪文化是将来研究的课题。

长江流域的各种文化中，最重要的是稻作农耕。是否真正水田种稻另当别论，如果这个地区在公元前两千年左右就开始稻作农耕，那么日本的稻作应该在这里寻找起源。

安德生在发掘仰韶村遗址的时候，发现破碎的陶器里残留着稻壳的痕迹，后来在斯德哥尔摩得到植物学家艾德曼和苏德贝的确认。

关于稻子的起源地，一直认为很有可能是东印度的低湿地带。《吠陀》的赞歌里出现稻子，所以人们认为在相当古老的时候，印度就有这种植物。《吠陀》诞生于公元前一千五百年，而仰韶更在它之前。

发现稻壳的仰韶附近的土地是否适合种植稻子成为一个争论的问题，安德生认为，现在不适合，四五千年前不是现在这样的环境。

也有学者认为，除印度东部外，阿萨姆至云南一带也是稻子的起源地。

碳放射性同位素对青莲岗文化和良渚文化测定表明，它们的年代在四千七百年至五千七百年前。可以考虑从阿萨姆、云南传入四川这条途径，但也不排除中国原本就有野生稻的可能。

无论如何，稻作无疑是从中国的江南地区传到日本的。

自然，稻作农耕的生活模式和习惯也随之一起传到了日本。

王朝的发端

三皇五帝时代结束的时候，日本还没有产生绳文式文化[1]。

先不论资料文献所记述的各个圣王是否真实存在，三皇五帝时代的确是氏族共同体的好时代。即使当上首领，也没有个人的实际利益，都要为大众殚精竭虑地工作，并不是一个有实利的位置。所以，首领的地位无须争夺，都是推举出来的，也就是被推上去的。从后世的眼光来看，很乌托邦吧。

后来，分配制度出现了差距。如前所述，例如战争俘虏成为劳动力以后，作战指挥员和立有战功的人自然会分得比别人多的战俘。不言而喻，大首领的所得最多。氏族共同体的基础就这样逐渐瓦解，进入世袭制时代。

当然，这不是突变，而是逐渐形成的。甚至在仰韶时期的遗址中也能看出一点贫富差距。这表现在墓葬的规模和随葬品的多少上。

后世的中国人，尤其是儒家，将乌托邦视为自己追求的理想目标，并命名为“大同”。大道之行，没有等级差别的安稳平和的社会。

在中国，主张改革的人，一定会在古代寻求自己的理想模式。复古等于改革，不仅政治如此，艺术领域也是如此。

清末改良主义者康有为（1858—1927 年）著《大同书》，主张渐

① 绳文式文化：日本新石器时代文化的代表，绳文式的名称是根据与石器同时出土的土器表面留有条纹而来的。其时代上起大约开始于距今六七千年前，延续四五千年。——译注

进式地回归太古的大同之世。大同是什么样的时代呢？《礼记·礼运篇》是这样描述的：

大道之行也，天下为公。选贤与能，讲信修睦，故人不独亲其亲，不独子其子，使老有所终，壮有所用，幼有所长，矜、寡、孤、独、废疾者，皆有所养。男有分，女有归。货恶其弃于地也，不必藏于己；力恶其不出于身也，不必为己。是故谋闭而不兴，盗窃乱贼而不作，故外户而不闭，是谓大同。

夏开始世袭制，在此之前的是大同之世。这样说明的话，施行大道，就会“天下为公”。以天下作为公器，就不会占为己有。选拔贤者，尊重并重用优秀人才，讲信义，和睦相处。因此，人们不仅仅要奉养自己的父母，对于别的老人，都要像对待自己的父母亲那样照顾他们。不能仅仅疼爱自己的子女，不论谁的孩子，都要像对待自己的孩子那样疼爱他们。要让老年人终其天年，壮年人各尽其能，矜、寡、孤、独、废疾人等，皆有所养。男子要有职业，女子可以及时婚嫁。以抛弃财货为恶，但不可据为己有，这是属于社会公有的东西。鄙视工作不肯尽心尽力的行为，但不能光为自己而干活。所以，人们不需要搞阴谋诡计，也没有小偷盗贼，家家无须关门闭户。这就是大同世界。

有人请孙中山题字，他经常写“天下为公”四个字。无疑，这是因为他脑子里一直牢记自己革命的目标就是实现《礼记》所描绘的大同世界。

传说中的三皇五帝时代是大同之世，此后就是《礼记》所说的小康之世。禹、汤（殷朝始祖）、周文王、武王、成王、周公这六人也还是圣人，却是小康之世的圣人。

小康之世，大道已经不存在，原始性的氏族共同体已经瓦解。“天下为公”变成了“天下为家”。

天下不再是天下人的天下，而是自己家的天下。大首领实行世袭制，他们的家族世世代代独霸天下。他们只是对自己的父母亲特别奉养，对自己的孩子特别疼爱，即使对别的老人及孩子也表示关怀，但绝对不会像对待家人那么好。

世及

“世”就是父传子，“及”就是兄传弟。当世及普遍存在的时候，就表示拥有必须守护的财产，于是修城郭、挖壕沟以固守。

这时，礼教和法律成为必要。制定出家族制度、阶级制度，规定必要的界限。

所有的努力都是为了个人利益，于是需要阴谋诡计，也需要战争。

世袭王朝夏的始祖是禹。

读《史记·夏本纪》，知道禹并没有建立世袭王朝的意思，他把天下禅让给辅佐自己的大臣益。但是，在为禹服丧三年之后，益把帝位让给禹的儿子启，自己隐居箕山。启是贤人，众望所归。

这不是按照长幼年序的世袭，启本人的确品德贤明、富有才华，完全有能力继承帝位。

禹是圣人，所以不想让他成为从大同之世变成小康之世的始作俑者。他也必须坚守禅让的传统，否则很不好办。

实际上没有夏禹这个称呼。启被称为夏启或夏后启，禹只称为帝禹或大禹。将禹和夏王朝联系起来是在战国以后。疑古派史学家中有人认为禹和夏王朝无关。

禹的形象光辉灿烂，并非因为他是王朝的始祖，而是他治水伟业大获成功，解除了广大民众的痛苦。禹作为洪水神话中的主人公，是一个非常特殊的存在。

世界各地都有关于洪水的神话，最著名的有诺亚方舟等。同样在中国，也有好像是苗族的伏羲、女娲的洪水神话。之所以说禹在洪水神话中具有特殊性，是因为他并没有乘坐方舟或者葫芦逃跑，而是征服治理了洪水。

宙斯的哥哥波塞冬是希腊神话中的海神，他有一个外号“摇晃大地者”。他制造地震，大地出现裂缝，裂缝作为排水沟，排走洪水。禹是劈开河道，将洪水分流排走。这与波塞冬神话的排水方式很相似。太古时代，人类面对大自然的肆虐，束手无策，从依靠人类自身的力量改造自然这一点来看，可以说是极具人性的神话。

禹是奉尧之命治水却九年未能成功的鲧的儿子。父亲鲧由于治水失败，被关在羽山。

舜命禹治水。对禹来说，这项事业无异于背水一战。《史记》记载道：

劳身焦思，居外十三年，过家门不敢入。

由于奋不顾身地顽强搏斗，终于获得治水成功。

鲧治水失败，似乎并非因为他无能。《山海经》和屈原诗歌中出现的鲧是一个勇敢刚直的人物。

屈原被楚怀王冷落疏远，哀叹自己命运不济，这也是因为他的性格高洁耿直。自述身世的《离骚》有这样的诗句：

女媭之婵媛兮，
申申其詈予。
曰“鲧婞直以亡身兮，
终然殀乎羽之野”。

女媭是姐姐的意思。婵媛是担心、担忧的意思。申申是反复的意思。屈原的姐姐满心忧虑，反复地责备屈原，说道：“鲧就是因为太刚直才毁了自己，最后年纪轻轻就死在羽山之野。”

从姐姐的这几句话中可以知道，战国时代，人们认为鲧生性刚直，不向帝尧妥协，所以才被杀死的。

《山海经》中的鲧，与盗火的普罗米修斯有相似之处。鲧也偷盗了天帝视为至宝的东西。普罗米修斯盗火给人间。鲧也是为人间才偷了天帝的宝物。

这个宝物叫作“息壤”。息壤是一块土，可以不断地生长，变成一座山，用以建筑堤坝。

鲧从天帝那里偷来这个息壤，用于治水。但是，天帝知道以后，收回息壤。于是，治水工程半途而废，世界又遭受洪水之害。如同普罗米修斯被缚于高加索山一样，鲧也被囚禁于羽山。普罗米修斯被赫拉克勒斯救出来，而可怜的鲧命殒羽山。

帝令祝融杀鲧于羽郊。

如前所述，祝融是漂泊之神，似指烛龙。《淮南子》说：

烛龙在雁门北，蔽于委羽之山，不见日，其神人面龙身而无足。

委羽之山大概就是羽山。鲧被幽禁于羽山，祝融是当地的土地神。

据说鲧被杀后，三年尸身不腐，天帝惊恐，用宝刀砍切其尸，生禹。也有传说鲧化为黄龙。《国语·晋语》说：

化为黄熊，以入于羽渊。

其注释云：这不是“熊”，而是读作“能”的一种水生动物。

大首领一声令下，开始治水工程。可以想象，肯定会有治水失败者。失败者就要承担责任，受到处罚，但也许被民众所同情。

《史记》说鲧“九年而水不息，功用不成”，但是鲧的确已经尽心尽力。

鲧偷盗天帝的宝物息壤，这也许说明他只是热衷于堆土筑堤。可是，堤坝筑得越高，水位也随之增高，一旦堤坝崩溃，灾难不堪设想，于是就出现天帝动怒的故事。

从上面引用的《离骚》诗句可以看出战国时代的屈原也对鲧心怀同

情。屈原认为鲧的性格与自己相似，都是刚直不阿的人，对他感觉亲切。《天问》也反映他的这种心情。

不任汩鸿，
师何以尚之？
佥曰“何忧”，
何不课而行之？

既然鲧没有治水的能力，为什么群臣还要推荐他？既然大家说一切都可以放心地交给他，那么他的失败群臣也有责任。屈原就是这样为鲧辩护。同时，屈原还委婉地责难被尊为圣君的尧：尧没有进行考核就直接任命鲧，尧难道就没有责任吗？

鸱龟曳衔，
鲧何听焉？
顺欲成功，
帝何刑焉？

对“鸱龟曳衔”这四个字，历来各种解释。鸱为鸱鸺、猫头鹰之类的鸟。鸱和龟衔曳而行，字面清楚，但对其含意众说纷纭。有的人解释为：鲧为什么允许鸱龟叼食因治水失败而被处死的自己的尸体呢？朱熹认为，鲧是按照鸱龟拖曳的图纸治水才导致失败的。

屈原还这样责难尧：鲧是有步骤分阶段地治水，尧为什么不等他完成就处死他呢？如果继续治理下去，也许就会成功的啊！

永遏在羽山，
夫何三年不施？
伯禹腹鲧，
夫何以变化？

将他囚禁于羽山三年，为什么这么长时间不处死他呢？《山海经》注释说，鲧死后三年尸身不腐。关于鲧被处死，也会有各种传说吧。这期间，禹进入鲧的肚子里，他为什么会成为与鲧不同的圣人呢？

“腹”（或愎）是生的意思。那么，“伯禹腹鲧”就是禹生鲧的意思。把“腹”解释为“被抱于腹中”，过于勉强。闻一多在《楚辞校补》中说，禹和鲧应该倒过来，“伯鲧腹禹”才是对的。

纂就前绪，
遂成考功。
何续初继业，
而厥谋不同？

禹承父业，终于完成了其父之功。同样的工作，为什么有的成功有的失败呢？难道是因为计划不一样吗？

也许屈原想说的是：如果鲧没有被处罚，而是继续他的工作，也许也会获得成功的啊！

鲧是鱼字旁，大概是鱼形神吧。他所生的禹的名字中有虫，大概是蛇身或龙身之神吧。

从鲧到禹的继承，没有任何不自然的感觉。屈原也提出“夫何以变化”的疑问。

禹是被称为大禹的大圣人，被尊为夏王朝的始祖，非常了不起。鲧是因治水失败被杀的神。其实让他继续做下去，也许会获得成功，但由于舜的建议，才被杀死。舜成为尧的继承人。假如鲧治水成功，也许他就是尧的继承人。如果以小人之心猜度的话，就会怀疑鲧是被竞争对手舜陷害而死的。被害于羽山的结局令人同情。于是，大概有人想到，将光辉耀眼的大禹以及此后夏王朝与悲剧人物的鲧联系起来，作为对他的一种弥补吧。

鲧是神话中的失败者。失败者的声音往往会被抹去。但是，同样遭受悲剧命运的人——例如屈原，就喊出清晰的声音。屈原一定为鲧放声呐喊。

我之所以长段引用屈原的诗歌，就是想听听太古历史中失败者的声音。

禹是洪水神，同时也有创世神的一面。他发明创造许多东西。不过，其中引人注目的发明，例如车、酒、井等技术，不是他的创造，而是那个时代的家臣的创意。奚仲是车、益是挖井、仪狄是酒的真正发明者。

行业分工的观念也在神话中体现出来。

舜的神话里也有挖井的故事，但一旦普及，就大大缓和了居住区的限制。原先只能居住在河边的人们也可以离开水边居住，这就在居住方面产生重大的革新。车子相当于人的好几倍劳动力，可以说是划时代的机械化。传说禹铸九鼎，这说明当时已经懂得利用金属的方法。

这些都说明生产力的飞跃发展。可以说，行业分工的观念是应时而生。

氏族共同体无法延续下去，“天下为公”转变为“天下为家”是大势所趋吧。

如果舜与鲧是竞争对手，大首领的地位就应该成为值得争夺的对象。

禹和尧、舜被视为儒家的圣王。但近代有的史家断定这三圣是实无其人的虚幻圣王。白鸟库吉[①]（1865—1942 年）断言三圣传说是加入三才思想后编造出来的。所谓三才思想，就是树立天、地、人三项，将一切东西按其属性归入其中的一项。“才”意味着“功能、作用”。

尧的事迹主要是授时观象。舜是孝顺父母，爱护弟弟，其妻贞洁。他仕于帝尧，能团结贤人，用人做到人尽其才，对失败者予以处分。舜的事迹主要体现在人事方面。禹的最大事迹自然是治水，他左手执准、绳，右手执规、矩，努力奋斗，终至半身不遂。他开拓九州，巡视天下，整治九山，疏通九川，如此看来，他始终属于“地”。

三王的确可以分别归类于天、地、人三才。于是有人认为三王是

① 白鸟库吉：日本东洋史史学家。近代东洋史学的创建者，开拓西域史学研究。代表作有《西域史研究》等。——译注

在三才思想的基础上虚构出来的。白鸟库吉的论点受到汉学家林泰辅[①]（1854—1922 年）的反驳，在明治、大正年间的学术界引起热烈的争论。白鸟博士对中国古代史的批判不仅仅是否定三王，甚至认为证明夏、殷存在的历史记录资料全部都是伪造，不承认是真实的历史。

认为殷的历史属于伪造，怀疑殷王朝实际存在的观点在当时占据主流。但是，从殷朝遗址经常发掘出土卜骨和卜甲，1932 年至 1934 年还发掘发现殷朝的宫殿宗庙和陵墓。研究表明，大量出土的甲骨上的刻辞与传世的史料——例如司马迁的《史记·殷本纪》上的记录十分一致。林泰辅立即对甲骨文开始热心的研究，而白鸟库吉显得不太关心，应该说是情绪性的反应吧。

于是，殷王朝的真实性得以证实，但夏王朝尚未得到确认。还没有发现类似王都、王陵的建筑，没有可证的实物，所以无法证明其真实性。但同时也不能证明夏王朝不曾存在。

从时期来说，龙山文化时期正是夏王朝时代。

1930 年至 1931 年在山东省历山县龙山镇发掘的新石器时代晚期的遗址对学术界产生巨大的震动。

根据出土的陶器特征，仰韶文化被称为彩陶文化，龙山文化被称为黑陶文化，但这样的名称在学术上不是很合适。龙山的黑陶，器壁总体呈漆黑色，表面经过研磨，泛着美丽光泽。也有茶色等粗糙的陶器，属于日常用品，光泽黑亮的应该是喜庆的日子使用。仰韶陶器没有使用辘轳，而龙山陶器已经使用辘轳，具有相当的烧制技术，也懂得氧化、还原的原理。

仰韶的彩陶喜欢描绘鱼等图案，但龙山黑陶的制作者似乎对表面装饰不太感兴趣，只是专心致志地制作具有稳定感的美丽形状。龙山黑陶的形状各式各样，多有仰韶时期少见的三足鼎。

有时间绘画，不如更细致地研磨。——这大概是龙山文化人们的审

① 林泰辅：日本明治时代的汉学家。主要从事殷墟出土甲骨文的研究。代表作有《周公及其时代》等。——译注

美意识吧。如果器物做工粗糙，画再好看的图案，也不管用。龙山人更注重实质性的东西，已经掌握可以将器壁做到薄如蛋壳的高超技术，也许陶工也开始专业化了。

农耕技术也应该比仰韶时期更加发达，龙山人更像农民。他们的生活方式发生变化，更多地依靠农耕、畜牧、狩猎、捕鱼等。农耕技术的提高，导致农耕在生活中比重的增加，狩猎民的习气也随之有所减少。总之，更加农民化了。

游牧民和狩猎民都喜欢鲜亮的装束，他们长期在野外过着流动的生活，不适宜质朴的打扮。生活越稳定，越农民化，就越追求实质性的东西。日本也这样，绳文人的装饰花里胡哨、杂乱无章，而弥生人制作的陶器清爽通畅，没有多余的装饰。

《礼记》说大同之世一变成小康之世，就要建城郭，挖沟池。

在龙山镇城子崖的遗址发现仰韶时期未曾见过的围墙。仰韶时期，村子四周挖有壕沟，主要目的似乎是为了防止野兽。要是人，砍根树木搭在上面就能过去。围墙自然也防野兽，但主要目的还是防止敌人的侵入。

城子崖的围墙宽为十三点八米，修建在深为一点五米的壕沟上。围墙由板筑夯土和石子构筑，现残存部分高约三米。

整个村子被围墙环绕着。可以说，龙山文化已经出现后世中国城郭都市的萌芽。

除围墙外，要说仰韶文化所没有的龙山文化的特色，那就是贝器。城子崖出土的主要是淡水贝壳，做成镰刀等农具，菜刀、锯子等工具，箭镞等武器以及身上的装饰品。还有的直接作为容器使用。

龙山的贝器使用到装饰品，说不定贝器或者未加工的贝壳还可以用于物资交换。装饰品就是可能用于交换的财产。因为已经进入了私有财产制的时代，自然会发生这样的交换。

“财”“货”“赐”“赠”“贵”“贡”“资”“买（買）”等有关财产的字多是贝字旁，这是贝壳作为通货时代的遗痕。可以说，龙山发现贝器，是相当重要的事情。

前面说过，应该是大同之世的仰韶时期，也在墓葬规制上发现一点差别。半坡遗址发现，本应装在瓮棺里埋葬的小孩，有的却葬在四方用木板围起来的矩形墓穴里，可以想象，这样的例外说明死去的孩子具有特殊的身份。

龙山遗址的墓穴里，遗骸一般都是仰躺，身体伸直，但也有背部朝上的。这些俯身葬者也许是奴隶。如果真是奴隶的话，与普通村民相比，其数量极少。

根据山东省宁阳县堡头的龙山型遗址发掘报告（1959 年），一百二十多座坟墓的规模有相当大的差别。大的长四米、宽三米，小的只能勉强容纳遗骸。

猪等动物骨头经常是随葬品，多的有十四个，小的只有一个。随葬品有各种容器、梳子、头簪、锯子、针等日用品，但还是以陶器为主。这些陶器的制作都使用辘轳，表面研磨，灰色最多，黑陶约占一成，白陶占 8%，彩陶占 6%。

墓穴里随葬品最多的达到一百六十件，最少的一件也没有。

还有少数夫妻合葬墓。原始型的氏族共同体解体以后，私有财产所形成的家庭观念终于明确起来。

龙山时期的村落不是孤立的，与邻村大致保持在目能所及的距离，一旦发生紧急情况，可以立即取得联系。

龙山文化遗址接连被发现，西自陕西，南至江苏，北到辽东半岛。时期上相当于夏王朝，但被认可的“夏墟”至今尚未发现。所以，夏王朝是否真实存在过，现在也无法证明。

夏曾数次迁都，如果发现夏墟的话，大概在洛阳附近吧。夏王朝最后的帝王桀定都洛阳。其始祖禹以嵩山一带为大本营，所以河南省登封县也有可能。禹的儿子启在钧台大宴诸侯，这是今天的登封县东南面的禹县。启放弃河南，将大夏转移到黄河以北的汾河流域，据说是山西省安邑县至夏县这块地方。不过，这仅仅是史料记录而已，夏王朝的存在本身都还无法确定，当然也就无从知道。不过，“夏墟”发现的可能性应该相当高。

有人认为，洛阳至郑州一带，即所谓中原正中间地区发现的殷朝遗址的下层文化层属于夏代。这指的是洛达庙和偃师二里头遗址。据发掘报告称，发现的虽然不是宫殿，却也好像是大宅邸遗迹。那时，贫富差距越发扩大。另外，小青铜工具的发现引人注目。

1976年，考古工作者在山西省夏县东下冯发现古城堡遗址，经碳放射性同位素测定，年代为三千六百三十五年前（±115年）。

《史记》根据《竹书纪年》记载，认为夏自禹至桀四百七十二年。除禹之外，十六帝十三代，时期在公元前21世纪至公元前16世纪。这样，东下冯城堡就在此期间。在东下冯，与青铜器一起还出土了少量的铸模。

这可以说向夏墟迈进了一步。

河南省登封县有一座山名叫嵩山，是中国的圣山之一。大概源于五行说吧，中国的圣山称为五岳，分别位于东西南北中，是天子为安定天下而巡幸祭祀的山岳。

东岳泰山（山东省）

西岳华山（陕西省）

南岳霍山（安徽省）

北岳恒山（山西省）

中岳嵩山（河南省）

不同典籍，会有一点出入，有的将衡山定为南岳或西岳。这五座是中国的圣山，如果环绕一周，基本上也就环绕古代中原政权的版图一周。

山高未必圣，重要的是其形状、位置以及与历史的关系等。五岳中最高的恒山也不过两千零一十七米，中岳嵩山最低，地图标识为一千四百四十米。

鲧称为崇伯，崇是嵩的意思，他大概曾是嵩山一带的首领吧。他的儿子禹与嵩山的关系自然也很深。

嵩山由太室山和少室山两部分组成，两山各有三十六峰。传说禹有两个妻子，年轻的住在少室山，年长的住在太室山。

据说禹的妻子是诸侯涂山氏的女儿。涂山在安徽省怀远县一带，蚌埠市偏西处，面临淮河。也有人认为涂山氏是浙江人，不过他是在忙于治水的时候结婚的，安徽人比较合理。禹是一个工作狂，据说结婚四天就出门去治水。他是在台桑之野度过新婚生活的。

但是，禹不小心让妻子看见了不该看的东西。禹在陡峭的山路上行走的时候，化成熊的模样奔跑。妻子一见，惊惧逃跑，化作一块石头。其实这时她已经怀孕。禹对着石头说道：

归我子！

于是石破生子，就是启。启的意思是“开启”。因为他开石而生，所以取此名。

这发生在嵩山脚下。

屈原在《天问》中这样吟咏道：

启棘宾商，
《九辩》《九歌》。
何勤子屠母，
而死分竟地？

禹的儿子、涂山氏所生的启精通礼乐。商是宫商，即音律。他排列宫商音律，创作出《九辩》《九歌》，让人们心情愉悦。如此勤奋勉学的孩子怎么会屠母而生，使母亲分剖而死呢？不论是圣人禹，还是礼乐的创始人启，他们的人生都并非一切如意。屈原命运悲惨，他是在感叹世间没有十全十美吧。

汉元封元年（前 110 年），武帝来此地，见“夏后启母石”。翌日，登嵩山，颁布诏书，增加太室祠领地，禁止砍伐这一带草木，以山下三百户为其封邑。

涂山氏应该是居住在太室山。此山多岩石，不是那种一整块巨大的岩石，而是像表面镶上碎石片那样的感觉。

中岳庙在太室山，是道教的道观，但也继承着古代的信仰吧。现在的建筑物当然是后代所建。明清两代所建居多，守护神库的四个铁人为宋朝之物，正门前面的石造翁仲（守门神）上有东汉元初五年（118 年）的纪年文字。

如果凝神端详，就会发现镶嵌在山表上的石片像一个人，感觉涂山氏变成石头的传说并非不可思议。

少室山山麓有一座孝文帝于北魏太和十九年（495 年）为印度僧跋陀修建的佛寺。因为地处“少室山麓丛林之地”，所以名为“少林寺”。修建后不久，达摩大师自印度来，在此寺面壁九年修行。虽是禅门发祥之地，这座寺院进行的身心修炼的武术现在大大提高了少林寺的知名度。

在中国，提到嵩山，大概相当于日本的飞鸟吧。这块土地为国家历史进入黎明时代提供了舞台。

中岳庙的大中门上书有“配天作镇”四个大字，左右分别有“宇宙”“具瞻”两字，“从这里可以清晰眺望宇宙”的意思吧。中原地区山很多，但这座嵩山，如同日本的天香久山一样，可登顶观国。

尽管尚未证明实有其国，但中国自古以来就坚信夏是中国的第一个王朝。

禹东巡，死于浙江省会稽。此地以“会稽之耻”而著称。越王勾践败于吴王夫差，被围困于会稽山，投降。他立志雪耻，最后终于报仇雪恨。春秋末期的这段历史广为人知。此乃禹安葬之地的传说反而不为人所知。据说禹来此地，召集诸侯，评功论赏。司马迁的《史记·夏本纪》最后介绍说，“会稽”地名缘于此。

禹死后，破石而生的启即帝位。夏这个国号取自禹最初封侯的地名。后来，全国性的政权也将始祖最初封侯的地名作为国号，成为惯例。商（殷）、周、秦、汉、魏、晋、隋、唐、宋，都遵从这个惯例。到蒙古政权，因为从来没有受封过，无法使用地名，只好挑选抽象性的好字眼“元”作为国号。元打破了夏以来的传统惯例。

启世袭帝位，并非一帆风顺。部族的有扈氏表示不服，对无视传统的世袭方式表示反对。既然要破除旧惯例，多多少少总会受到抵制的。

启使用强硬的手段突破第一道难关。反对世袭的有扈氏姓姒，与夏同姓，属于同一个系统的部族。既然是同族，大概觉得自己也有发言权吧。启进攻有扈氏，消灭之，降为牧奴。牧奴大概就是牧羊。战争俘虏作为奴隶是理所当然的。大家都知道，增加俘虏就是增加财富的可靠方法。

上面说过，那个时代的大首领类似于部族联合体的主席。黄帝族、神农（炎帝）族、异族等构成部族联合体。同样是黄帝族的姒姓即使有所不满，也不如不同系统的部族的不满那么强烈。

启能成功世袭帝位，大概因为他拥有强大的军事力量。他使用武力首先击倒了同族的有扈氏。

成为部族联合体的大首领实属不易，自己必须拥有强大的武装力量，但更重要的是个人的魅力。除了武力和魅力之外，还必须让大家觉得他有实力。财产的私有制已经产生，第三种力量就是经济力量。不言而喻，经济力量是武力的依靠，武力通过获得奴隶提高经济力量，二者相辅相成。

尽管世袭制这种新体制的时机已经成熟，但身体力行的第一人启必定是具备这些力量的强有力人物。

距今四千年以前的事情，而且那时还没有文字，我们只能依靠很少的、还无法保证其准确性的资料进行推测。有关夏的文字资料，是很晚以后的后代人写的。夏之后殷朝的历史记录，有殷墟出土的甲骨文，是绝对可靠的史料。殷墟的甲骨文没有记录夏王朝的事情，令人有点费解。

喜欢准确史实的人，其实没有必要拘泥于夏王朝、启这些名词，只要认为启是在殷王朝之前开创世袭制的人就行了。

《天问》说启编排音律，整理礼乐。另外，《山海经》《路史后纪》的注释说启还在大穆之野舞《九韶》，看来他很喜欢音乐歌舞。据注释家说，《九辩》《九歌》是禹（或夏）的音乐，《九韶》是舜的音乐。后来被屈原用作《楚辞》中的篇名。

音乐可以柔和心情，端正人心。尤其在原始性的荒凉时代，音乐更显得很重要。孔子也重视音乐。音乐的确是教化的一种手段，但也含有享乐的要素。启的儿子太康似乎继承了父亲享乐的一面。

启死后，太康即帝位。据《史记》说，他迷恋于狩猎，不问民事。

启破石而生，强制推行新体制，看来他是一个才能出众、力量刚强、不亚于父亲的勤奋家。屈原称赞他是“勤子”。他彻底镇压了有扈氏的反抗。但是，太康似乎缺少父亲和祖父那样的魄力。

启在位三十九年，七十八岁时去世。他在位不到四十年，刚刚诞生的新体制还不够牢固。由于继承人本事不大，自然会产生反复。

制造乱子的就是那个漂泊之神——羿，又称为夷羿，无疑是夷族的首领。夷族是部族大联合体中的重要成员，就认为具有向大首领伸手要求地位的权利。启当政的时候，紧握领导权，夷族未敢轻举妄动。等到无所作为的太康即位，夷族认为时机已到。

有人想象认为，启放弃嵩山一带的河南之地，迁都黄河以北，也是因为害怕夷族的反抗。

前面说过，羿是射箭能手，死于叛徒之手。被羿夺去天下的太康死后，其弟中康立，但未能夺回天下。此时敌人变成杀害羿后成为夷族首领的寒浞。中康之子相，待到相之子少康即位以后，才灭寒浞，复兴夏王朝。

羿奉尧之命镇服怪兽，射落九日，可是在四代以后的夏太康时代，又突然冒出来，简直令人难以置信。于是有人牵强附会地解释说，羿具有神话人物和历史人物的双重性格。

通过这个传说，可以知道世袭制在确立的过程中，曾遭到种种抵制，甚至有一段时间出现新体制就要崩溃的危机。

这好像是儒家喜欢的话题。这个故事里包含着这样的劝导：即使是世袭制，君主也必须勤勉努力，奋发图强。太康在一百多天里，把政治扔到脑后，沉迷于狩猎，所以才出现一时的亡国之虞。

推选出来的大首领一般都是非同凡响的人物，但世袭制度下，品格低下的人也有可能成为君主，又身处随心所欲、为所欲为的地位，所以对君主告诫就很有必要。

太康狩猎，出而不归，他的五个弟弟和母亲一起来到洛水以北等待他归来，作《五子之歌》。这首歌收录于《尚书》，乃后世儒家之作吧。

民惟邦本，本固邦宁。

这是主张民本主义。而且，还要求君主应该慎色，不可过度狩猎，不可酗酒，不可沉迷音乐，不可大规模兴建殿堂。

少康复兴夏王朝后，到第七代出现一个作恶多端的君主孔甲。

好方鬼神，事淫乱。夏后氏德衰，诸侯畔之。（《史记》）

他认为自己是神的化身。选举产生的大首领变成世袭以后，就会逐渐认为自己是神投胎降生的，甚至变本加厉地断定君主就是神。

暗君孔甲之子皋在位三年（一说十一年），其子发在位七年（还有十二年或十三年之说），都极其短暂，夏王朝开始跌入急剧灭亡的下坡路。

发之子桀，自古以来就是和殷的纣王并称的著名暴君。他们如同一对双胞胎，桀讨伐有施氏而得美女妺喜，纣也讨伐有苏氏而得美女妲己。有施和有苏，妺喜和妲己，连发音都很相似。他们对下一代王朝的创建者都采取先抓后放的做法也非常相似。桀召殷朝之汤，抓捕于夏台，后释放；纣囚禁西伯（周文王）于羑里，后赦免。就因为他们的所作所为过于相似，于是有人怀疑这是一分为二的故事，也就成为夏王朝不存在的根据之一。

近代史学家中，有人将殷与夏捆绑在一起，认为是虚构的王朝。但是，随着殷墟的发掘，殷朝存在的历史终于得到普遍的承认。法国的东方学学者，第二次世界大战后期被纳粹残酷杀害的马伯乐（1883—1945 年）在殷墟第一次发掘的前一年——1927 年著有《古代中国》一书，就认为殷是历史时期的开始。应该说，他的确具有一双敏锐的慧眼。

其实殷人称自己的国家为“商”，因为其始祖契封侯于河南省的商地。但是，公元前 13 世纪盘庚时代，迁都今河南省安阳的殷地。此后，至殷朝灭亡的二百七十多年间，一直在殷地，所以也称为“殷”。

现在中国一般称为“商”。甲骨文中有“商”字，没有“殷”字。如果商是自称、殷是他称的话，称为“商”应该是正确的。但是，自司马迁的《史记》记载以后，习惯上称为“殷”。日本也绝大多数称为

"殷"，所以本书也沿袭使用"殷"这个名称。

夏亡，殷取而代之，这是中原政权的更迭，但作为诸侯国来说，殷具有悠久的历史。据说殷的始祖契曾辅佐禹治水，立有功绩。

《史记·五帝本纪》记载，尧治世、舜摄政时，禹被任命为司空，契被任命为司徒。司空是负责国土、民政的大臣，司徒是负责文教的大臣。这样，夏和殷的始祖就是一个朝廷的同事。当然这不过是传说。

不过，有关契诞生的传说很有意思。

契的母亲名简狄，是有娀氏的女儿，也是帝喾的次妃。前面说过，帝喾是黄帝的曾孙，五帝之一，但也许和舜为同一人。

简狄等三人沐浴的时候，看见一只玄鸟生下蛋来。玄鸟就是燕子。简狄取鸟蛋吞食下去，于是怀孕，生下契。

殷部族大概以鸟为图腾吧。虽然各地都有卵生的传说，但以通古斯语族等东方民族居多，以此为据，有人认为殷起源于东方。

汤灭夏的桀，建立中原政权殷。从契算起，他是第十四代。殷作为诸侯国的地方政权时代，似乎也有过衰微和中兴的不同时期。

中兴之祖是上甲，就是《史记》中出现的微这个人，契之后第八代。

殷取得天下，就把自己诸侯国时代的传说流传下去。和殷同样的诸侯国应该还有很多，因为没有发展到夺取中原政权，他们的传说也就几乎全部湮灭。尤其是殷创造了文字，通过刻在甲骨上的文字将自己的历史记录保留下来。因为明确记录祭祀之事，因此也就知道中兴之祖名叫上甲。

甲骨就是龟甲和兽骨。用火灼烧龟甲以及动物的骨头，出现裂纹，以此占卜。龙山文化遗址就已经发现钻灼的兽骨，说明殷之前就进行灼骨占卜，可惜兽骨上未刻有文字。就是说，当时还没有文字。

占卜什么呢？——这是"贞问之辞"。

裂纹表示什么呢？——占卜的判断称为"爻辞"。

到了殷朝，就在甲骨上刻文字。其中还有记载占卜是否灵验的文字。这些统称为"卜辞"，是非常珍贵的资料。

虽说是兽骨，其实主要是牛骨，所以也称为龟甲牛骨。肩胛骨最多见，龟甲也是腹甲多于背甲。据推测，至今出土的甲骨约有十万片。不论完整的大片，还是零碎的小片，一件都算一片，的确是庞大的数量。

发现甲骨文的过程，可以说是很有意思的故事。

1899年，甲午战争结束五年之后，第二年（1900年）发生义和团运动。王懿荣做梦也没有想到自己的命运会发生如此大的转变。

国子监祭酒王懿荣（1845—1900年），生于山东省福山（今烟台市），原籍云南省。光绪六年（1880年）考中进士，进入仕途。甲午战争时，自愿请求奔赴山东威海卫参加保卫战，是一条热血汉子。1895年，被任命为国子监祭酒，但不久母亲去世，他辞官服丧。服丧毕，又复官。

国子监是最高学府，其首长称为祭酒。这个名称始于6世纪中叶的北齐。相当于国立大学校长，但全国仅此一所，所以其地位十分权威。

当时的大官员一般都有称为幕客的私人秘书班子。王懿荣家里也有几个幕客，因为主人的官职关系，幕客似乎都是做学问的人。其中一个名叫刘鹗（1857—1909年），江苏丹徒人，号铁云，在当时是一个与众不同的人。研读四书五经，科举及第，仕途当官，这是当时知识分子理想的人生道路。但是这个刘铁云，大概也受到他哥哥的影响，对西欧的新学问，尤其理科学问深感兴趣，努力研读数学和医学。他的经历十分丰富，先是在上海行医，后转为实业家，黄河决堤时又去河南，成为巡抚吴大澂（1835—1902年）的幕客，致力于水利事业。

吴大澂在甲午战争中一败涂地，备受责难。他原本是一个喜欢学问的文官，擅长金石学。这是一门研究青铜器、石碑等铭文的学问，必须通晓古文字，他的篆书很出色，是当时一流的书法名家。

刘铁云先是吴大澂的幕客，后来又成为王懿荣的幕客，与金石学深有缘分。王懿荣也是金石学的大家，刘铁云也就开始研究金石学。

王懿荣有老毛病疟疾，当时没有奎宁，人们相信龙骨是治疗疟疾的特效药。王家的下人去药店买回来龙骨，捣成粉给主人喝。不知是出于偶然还是好奇心，刘铁云拿起龙骨观看，发现上面刻有看似文字的图形。

刘铁云具有金石学的修养，感觉到这好像是比铸在青铜器上的古代文字——金文更古老的文字。他把这件事告诉王懿荣，于是两人开始研究。

以上就是发现甲骨的经过。

看似偶然，其实甲骨问世的时机已经成熟。刘铁云发现龙骨上刻有文字的那一年，即 1899 年，山东的古董商就收购到甲骨，赠送给当时的湖北巡抚端方（1861—1911 年）。端方对金石学也深感兴趣。

这个古董商收购甲骨大概几乎不花什么钱，送给喜欢珍奇古玩的大官："最近碰到这么个东西，觉得有意思。没见过的，说不定还是怪异的东西呢。"端方研究金石，他感觉这似乎不是怪异的东西。据说端方没有白要，以每字二两的价钱买了下来。山东的古董商自然满心高兴，便来到收购甲骨的河南北部，购买了大量刻有文字的甲骨。

北京的刘铁云也开始在各家药店大量购买甲骨片。龙骨这个名字听起来很可怕，其实只是一斤六文钱的便宜药材。

在"龙骨"的出土地河南省安阳县，它的价格猛涨，于是开始被大量挖掘。"龙骨"作为药材卖给药店的时候，没有瑕疵的价格较高，于是就将骨片上的文字削去。不过，这时的买家不再是药店，而是古董商。买家定价是一个字多少钱，这样无字的甲骨片就不值钱，于是反过来在没有文字的甲骨片上刻上文字。造假成为一种专门的行业，甚至出现可以以假乱真的著名刻字师。

刘铁云著有《铁云龟藏》一书，其中说龟板出土于河南省汤阴县。其实他是被古董商欺骗了。古董商担心如果把真实的产地告诉买家，买家就直接去产地购买，影响自己的生意，于是故意说别的地方。

这些甲骨其实是在河南省安阳县小屯村出土的。

甲骨问世的第二年——1900 年，发生了义和团运动。成立于山东省的排外性会党，一般都称为义和团。各地以演示拳术为手段，招募人员，成立团体，但在运动兴起之前，尚未形成统一的组织。清朝是少数民族的政权，对于民众成立各种团体神经过敏，严禁会党。但是，民众以演习拳法、礼拜玉皇大帝等各种借口组织团体。其基本骨干是运河航船上的水手。

义和团具有浓厚的排外和保存国粹的特点，掀起了反对基督教的运动。会党一有什么举动，就会遭到政府的镇压，但这次采取稍微不同的方式。西太后讨厌外国人，保守的皇族、官员中出现保护义和团排外运动的倾向。他们的如意算盘是利用义和团做自己不能公开做的事。

义和团气焰大盛，焚烧基督教教堂，杀教徒，破坏铁路、电线等外国的东西。1900 年 6 月，他们包围了外国居民集体避难的使馆区。清军也参加了这次包围行动。

8 月，八国联军登陆，占领北京。众所周知，结果是清朝屈服，签订了耻辱的《辛丑条约》。

西太后等清朝政府要员在八国联军逼近北京的时候就仓皇逃往西安避难。这时，国子监祭酒王懿荣被任命为团练大臣。团练就是民间训练的义勇军。王懿荣当时提出一般的商民比拳民（义和团团员）更可靠的意见，但是为时已晚。他带领义勇军守卫东便门，但朝廷要员已经出逃，守卫军没有斗志，溃逃而散。

王懿荣回到家里，知道无法苟全性命，决定自绝。他先是喝药，未死成，在墙上书“绝命词”，然后投井自尽。绝命词道：

主忧臣辱，主辱臣死。于止知其所止，此为近之。

其妻谢氏，还有寡居的儿媳妇张氏也随之自尽。

王懿荣将所有收入全部用于购买金石、甲骨以及支付幕客的薪水，不但没有遗产，还留下一堆债务。儿子王翰甫为清理债务，处理王懿荣所收集的东西，万幸的是，一千多片甲骨全部被先前的幕客刘铁云购买。

北京在八国联军占领之下出现难民潮。身在上海的刘铁云立即赶回北京，动用个人财产救济难民。

但是，这次救济的方式后来给刘铁云带来灾难。当时他一定为自己想出的好主意感到高兴。俄国军队占领的地区有太仓（粮仓），储藏有大量的政府稻米。因为俄国人不吃米，粮仓安然无恙。刘铁云便与俄国军队交涉，以极低的价钱全部买下，然后再卖给难民。

八年以后，刘铁云以私卖公粮之罪被判处流放新疆。翌年（1909 年）死于乌鲁木齐。

“刘铁云”这个名字，比起甲骨卜辞的发现者，或者义和团运动时期的侠义肝胆之人，他在中国近代文学史上更加有名。义和团事件发生以后，他开始发表连载小说《老残游记》，1907 年在上海出版发行。他通过老残这个人物的人生经历，批判官僚主义，指出贪官污吏固然不好，清官也会误国。清官为拯救民众，大概也不会动用公粮吧。这是五四文学改革运动（1919 年）之前就用白话文创作的优秀小说。鲁迅将这类小说取名为“谴责小说”，因为他们剜挖社会的病灶，抨击官僚主义，相当于日本的“社会派”小说吧。

刘铁云的《老残游记》也有日文译本（平凡社版《中国古典文学大系》第五十一卷），还有林语堂的英译本。在论述中国文学的时候，刘铁云是一个无法回避的重要作家。

和王懿荣、刘铁云几乎同时得到甲骨片的端方后来如何呢？他从湖北巡抚升为湖广总督，考察欧洲，试图通过立宪政治振兴清国。任两江总督后，1911 年，作为铁路督办进入四川，强行镇压革命运动，反被杀死。前任四川总督赵尔丰在发给北京的电文中说道：“端方这样的人来四川，只能导致四川人民背离中央而独立。”据说端方去四川之前，在电报中严厉要求赵尔丰彻底镇压四川人民，诛杀罪魁祸首。端方是满族，性格大概十分粗暴。

与发现甲骨文有关的这些人好像都是性格刚毅、脾气倔强。由于甲骨卜辞的发现，三千多年前的殷的历史终于重见天日。为此难道必须有人付出牺牲吗？

殷墟出土的卜辞记录了二百多年的历史。安阳县小屯村自殷王朝迁都至此以后，直至纣的时代灭亡的十二代二百七十多年间，都是王都。迁都之前的王都究竟在何处，至今尚未确定。我们通过卜辞所知道的殷是从推定为灭亡之年的公元前 1027 年上溯二百多年的时间。殷王朝的始祖汤取代夏在中原建立政权，大概还要在迁都安阳之前三百年左右吧。

夏殷的政权交替发生在古代，自然无法知道详情，只流传着充满神话色彩的故事。

传说夏和殷为同一祖先，但可能是系列不同的部族，生活模式也没有很大的差别。夏亡殷立以后，人们的生活并没有发生根本性的改变。

也许因为夏安坐天下，首领及其周围的领导腐化堕落，人们之间弥漫着颓废的思潮。而具有与夏同样基础的殷的生活圈里，就洋溢着清新的气氛，终于以强大的力量取而代之。与其说是断绝和改革，不如说更多的感觉是继承。

殷周交替经常被人们形容为“殷周革命”，发生巨大的变革。那不是继承，更多的感觉是断绝。相比之下，夏殷交替是在同一条社会发展线上发生的。

殷汤得到著名的大臣伊尹，从而取得天下，管理天下。名君和名相的珠联璧合，此后在中国历史上经常出现，可以说汤王和伊尹是第一对。

夏的始祖禹也有皋陶这样的合作者，但在舜帝时代，他们是同事。在继承人竞争中，禹获胜，位居第二的皋陶辅佐，二人并没有浓厚的君臣关系。

辅佐汤的名相伊尹是什么样的人呢？

《史记》说，伊尹从一开始就想仕于殷汤，因为没有门路，便成为有莘氏的媵臣。媵臣，就是女子出嫁的时候，从娘家带去的下人。其身份自然卑贱。但是，有莘氏的女儿是和汤结婚，伊尹也就能到汤的身边。因为他是媵臣，自然身背鼎、砧板等随行，在厨房里干活。伊尹的烹调技术很高，开始引起汤的注意。这样，伊尹就成为汤的亲信，劝汤实行王道。

> 负鼎俎，以滋味说汤，致于王道。

不过，《史记》叙述的是另一种版本的故事：伊尹是处士。正如未婚女子叫处女，未仕男子，即在野之人叫处士。因伊尹贤明，汤派人请他入朝。但伊尹没有立即答应，经五次迎请，方同意仕于汤。这样的故事情节很一般，没有什么意思。

《天问》有这样的诗句：

成汤东巡，
有莘爰极。
何乞彼小臣，
而吉妃是得？
水滨之木，
得彼小子。
夫何恶之，
媵有莘之妇？

夏尚未灭亡的时候，成汤东巡，到达有莘国。有莘在河南省陈留县附近。有人认为禹的母亲生于此地。

汤来到有莘，发现伊尹的才华，希望得到他。这里的小臣是针对大臣而言，大概是只担任卑微的职务。按照屈原这首诗的说法，汤得伊尹小臣在先，得有莘女子为妻在后。吉妃是“吉祥的妃子”之意。也许是伊尹劝汤娶有莘国的公主为妻吧。

《吕氏春秋》《列子》等记载，伊尹的母亲居于伊水之滨，怀孕之时，有神托梦告诉她，见臼浮水上，立即往东逃跑，不能回头。第二天，果然看见水面上浮着臼，她按照神的告示立即向东跑。跑了十里左右，她觉得差不多了，便回头看一眼。这一看，整个村子变成一片水泽，她也变成一棵“空桑”。

空桑就是中空的桑树。有莘国的女子来采桑叶，发现中空的树干里有一个婴儿，他就是伊尹。

这就是“水滨之木，得彼小子”的传说。

在有关洪水的传说中，葫芦里有一个人，他就是人类的始祖。不论是葫芦还是方舟，都是中空，人可以装在里面。空桑的故事依然是一种洪水传说。

这个不可思议的婴儿被献给了有莘国的君主。君主让庖人，即厨师养育这个孩子。伊尹自然成为烹调高手。

这个出生怪异的孩子大概被视为凶兆，没有受到优厚的待遇，而且当有莘氏的公主出嫁的时候，他又作为一件“嫁妆”，以半奴隶的身份来到殷。故事本来就是这样，如果不采取这种形式，大概伊尹到殷的理由就不正当。

出生异常的人应该具有异常的才能，反之，人们也许会想，具有异常才能的人不是异常出生的吧。

伊尹生于空桑，就不是凡人，或许他是洪水神。

按照神话学的解释，殷汤是太阳神的说法比较有说服力。“汤”和“阳”的音互通。另外，《天问》称太阳出来为“日出于旸谷”。

基本可以肯定，殷王朝的始祖汤的名字与太阳有关。

汤是殷王朝的始祖，但殷部族的始祖是契。契封于商地，至汤时代，迁都八次。虽然已是农耕时代，但依然停留在火田阶段，所以经常转移地方。每次迁都，部族成员的人数都会增加。到汤的时代，已经发展成为足以威胁中原政权的大部族。

但是，壮大起来的殷部族要取代殷王朝，还必须联合其他部族。娶有莘国的女儿为妻意味着殷的首领汤增加了一个同盟国。

按照神话解释，信奉太阳神的部族主要是和信奉洪水神的部族结成军事同盟。

殷以武力推翻了夏。立下头功的是伊尹，宣告胜利的还是伊尹。

关于汤和伊尹的合作，《绎史》记述这样的故事：暴君夏桀好女色，得岷山国的两个美女，宠爱无比。夏桀的宠妃本应是那个著名的妺喜，也许是年老色衰吧，或者岷山国的这两个美女比她更适合桀王的胃口。总之，妺喜醋海生波，先是怨恨岷山国的美女，不久转而憎恨抛弃自己的桀王。

《史记》说伊尹仕于汤后，曾一度赴夏，见夏残忍无道，愤而离开，回到汤身边。伊尹在夏的时候，与妺喜相识。妺喜为报复桀王，就里通伊尹，将属于国家机密的军队布置以及其他重要情报密报给殷。殷灭夏，如果妺喜的情报发挥了重大的作用，那么她虽身为夏的王妃，却也是殷的开国功臣。

这则故事编造得过于完美。《绎史》是清代编写的书，上述故事引用于《竹书纪年》。《竹书纪年》是3世纪晋代从战国时期的古墓出土的书，早已亡佚，后人伪作。所以，说妺喜里通实不可靠，在这里介绍只是作为一种调节情趣的逸闻。

汤对夏的桀王发动进攻的时候，发表了告民众书，收录在《尚书》里，题为“汤誓”。当时还没有文字，大概是口述，由类似日本的语部[1]这样的人记在脑子里，传承下去，后来写成文字。

从《汤誓》看，殷部族里似乎也有人反对汤远征伐夏，汤试图说服他们，表示并不是自己喜欢兴风作乱。

有夏多罪，天命殛之。

夏桀王暴虐无道，罪恶甚多，“天”命讨之。若不服从天，即上帝之命，自己则获罪，所以无论如何必须讨伐。《汤誓》中也有殷人反对派的声音：

今汝其曰：夏罪其如台？

夏桀王的罪行虽然很多，但受苦的是夏的人民，我们殷民不是无能为力吗？那是别人家的事，我们没有必要把重要的农事扔在一边去打仗吧！

由此看来，尽管当时是夏的天下，夏王的力量还没有影响到殷。各诸侯国虽然也认可夏的霸主地位，但都保持相当大的独立性。

如果夏的大本营在山西省安邑附近，那么就与殷的大本营——亳相距约四百公里。有人认为桀王时代的夏国都在洛阳附近，如果这样的话，他们的距离不过大约二百公里。

---

① 语部：日本古代以记忆口述有关宫廷及大家族的系谱和典故的部民。——译注

既然桀王的暴政没有影响到殷，其实可以置之不理，但是汤坚持兴兵讨伐，说明汤是一个积极主动进攻的人物。

汤告诉殷民这是一次“好机会”。

夏由于桀王的暴政，人心失和，赋税过重，人民为生存疲于奔命。夏的人民以太阳比喻桀王：

时日曷丧?

盼望他尽快没落。这个时候兴兵除暴，夏的人民绝不会帮助桀王的。

辅予一人，致天之罚。

汤呼吁殷人响应自己的号召，最后还威胁说：努力支持我的人会得到奖赏，违背者诛杀全家，决不宽恕。

受天命这个思想导致王权的绝对化。王是天的意志的代行者，所以无论做什么都是正确的。在原始氏族社会，首领都有才能，可以放心地把政治委托给他。世袭制以后，不一定每一代都是有本事的王，所以就必须把“天”搬出来，以掩饰自己的无能。

“受天命”“失去天命”——天被频繁地利用。

如果诸侯事实上相对独立，那么就可以通过各种形式的联合形成各种形式的势力范围。中央政权夏在力量强大的时候可以威慑压制地方诸侯，但在力量衰弱或者诸侯中出现欲图大业、积极进取的人物时，就会危及中央政权的维系。

评价也是很重要的。

汤的评价很高。有一天，汤外出，看见原野上四面张网捕捉鸟兽，还有人祈愿说：“愿天下四面八方皆入我网。”汤说：“啊，这样子天下鸟兽就没了。”然后撤掉三面的网，祈愿道：“想去左边的就去左边，想去右边的就去右边，不听从命令的就进入我的网里来吧！”诸侯听到这件事，都敬佩道：

汤德至矣，及禽兽。

汤是否果真是德高望重的首领，还是作秀演出，不得而知。但是，在必须做出决断的时候，诸侯进行判断的依据就是世间的评价。古今同然，宣传战是很重要的。

与夏关系密切的诸侯有韦、顾、昆吾，其他诸侯对夏已经失望，逐渐转向跟随殷，只有这三国依然顽固地站在夏一边。于是，汤将他们逐个消灭。

后来出现的秦始皇的祖先费昌也是这个时代的人。《史记·秦本纪》说：

费昌当夏桀之时，去夏归商，为汤御，以败桀于鸣条。

御是御者，当时是马拉战车进行作战，御者是最前线的战士。

夏桀王逃到鸣条，大败。鸣条这个地方，一说在山西省安邑县，一说在河南省郑州的东面。桀再败逃，在三嵕被捕，流放到南巢，大概现在的安徽省巢湖一带。不知道桀王是怎么死的，据说是抑郁而终。

在善后问题上，汤不同意迁夏社的意见。社是祭祀土地神的祠庙。他认为，可以灭亡一个国家，但不可废除他的祭祀权。

不仅土地神，连祖先神也不能触动。没有受到祭祀的祖先灵魂也许是严重的祸祟。

即使为了延续夏的祭祀，也不能彻底根除与夏的王统有关联的人。殷给予夏桀王的后裔以诸侯的地位，这与其说是宽容的措施，不如说因为害怕夏的祖先的冤魂作祟。古人对神灵的想法，有的是现在的我们难以想象的。祖先神不接受其子孙以外的其他人的祭祀，所以为了平息祸祟，就必须继续祭祀。祭祀的基础，需要该部族的领地。

如果把王朝视为国家，那么夏王朝的灭亡就是中国古代朝代中最早的亡国。诸侯国的兴亡有过不少，但其规模远小于中央政权，不能称为“亡国”。

夏的部族成为亡国之民，分到一点土地，在殷的统治下，过着遗民的艰辛日子。后来推翻殷朝的周，也沿袭前例，将殷的遗民迁往宋国，让他们继续祭祀自己的祖先。这时，周封夏的遗民于杞。杞在河南省开封市东南五十公里处，现在称为杞县，当时属于中原范畴。

夏的遗民作为弱小的诸侯，拥有自己的领地，但这是出于怜悯的施舍，经常遭到世人的白眼和嘲笑，有时还被编造成故事中愚蠢的主人公的角色。

“杞人忧天”这个成语现在日本也经常使用。故事见于《列子》，说杞国人担心天会塌下来，实在愚蠢透顶。现在这个成语用来形容那种多余的担心、自寻烦恼，不过当时似乎是人们嘲笑亡国之民杞人的故事。

殷的开国元勋伊尹是一个令人关注的人物。他的母亲回头看见洪水，自己变成空桑。伊尹生于空桑，所以可以说是洪水赐予的孩子，或者就是洪水神。《晏子春秋》这样描述伊尹的外貌：

黑短蓬头而髯，丰上兑下，偻身下声。

肤黑身短，蓬头垢面，胡子拉碴，脑袋上大下尖，佝偻驼背，声音低沉，简直一无是处。身份也是有莘氏的媵臣，在厨房里干活，毫无风采。这个描写的感觉如同宫廷里的奴隶。

《吕氏春秋》这样记述汤起用伊尹的情景：

汤得伊尹，祓之于庙，爝以爟火，衅以牺猳。

任命一个大臣，还要在宗庙里为他除灾祝福，焚烧苇子祛除厄难，燃起祭祀之火，杀牛为牺牲。这样的仪式不是过于隆重吗？

伊尹是重要人物，所以才这样做，但也有人认为，因为伊尹身份卑贱，才故意举行这样盛大的仪式，以祛除他身上的“不祥”之气。

殷灭夏，成为天下的主人。不久汤死，外丙即位。汤有太子太丁，但先于汤死。外丙是太丁的弟弟。外丙即位三年死去，之后其弟中壬即位四年也死去。

于是，伊尹立太丁之子太甲为帝。太甲是汤的长孙。从顺序来看，应该是顺理成章的继承，但外丙和中壬没有孩子吗？他们之间的关系相当复杂，从历史记录来看，没有发生继承帝位的战争。最引人注目的还是《史记》的记载：

伊尹乃立太丁之子太甲。

扶持太甲即位的是伊尹。伊尹显然是最具权力的人物。

不仅如此，汤的长孙太甲品德不好，愚笨无能，暴虐残忍，不遵循开国大帝制定的规矩，所以三年以后“伊尹放之桐宫”。

桐宫是地名，埋葬汤的地方。流放帝王长达三年，这期间由伊尹执掌政务。

被流放的帝王在桐宫深刻自我反省，悔过自新，表示改恶从善，于是伊尹接他回来，奉还大政。

反省后恢复帝位的太甲不久死去，其子沃丁即位。伊尹死于沃丁时代，葬于殷的国都亳。

对帝王又是流放又是复位，伊尹绝非等闲之辈，死后被供奉在殷的祖庙里。《吕氏春秋》说“祖伊尹”，殷人也将伊尹视同自己的祖先崇拜、祭祀。在氏族意识浓厚的时代，对没有血缘关系的人视同祖先一样祭祀，绝非寻常之事。这恐怕不仅仅因为是明君和名相的关系吧，无疑还有更加牢固的纽带联结在一起。殷人十分清楚，没有伊尹，殷不可能取得天下。殷将功臣供奉于祖庙，伊尹是开了先例，后来就经常这样做。不能因为后来也很多，就忘记了伊尹这个先例的重要作用。

按《吕氏春秋》的说法，伊尹是奉汤的命令进入夏当间谍的。但是，一旦仕于殷，又反水投夏，会被人怀疑。于是，就想出伊尹触怒汤而逃跑的办法。

恐其不信，汤由亲射伊尹。

恐怕别人不相信，汤还装出怒不可遏的样子，亲自射箭，要杀死伊尹。伊尹幸免一死，狼狈不堪地逃到夏。这出戏要演得天衣无缝。

伊尹进入夏以后，不仅仅收集情报，还要策反失去宠爱的妹喜。在掌握王朝的核心机密情报的同时，还要搅乱内部。当然，夏不是亡于伊尹的谍报活动和策反工作，而是本身体内埋藏着巨大的病灶。

伊尹在夏三年，回到亳以后，向汤详细汇报。这时已经知道夏王朝气数将尽。大概是对夏了如指掌的伊尹建议汤举兵伐夏。

汤与伊尹盟，以示必灭夏。

按《吕氏春秋》的这句话理解，汤与伊尹与其说是君臣关系，不如说更接近于盟友。伊尹之子伊陟也任宰相，帝王太戊曾说他“弗臣”。其意是功劳过大，无法以臣子视之。

大概伊尹不仅仅以智谋辅佐汤，连他的儿子伊陟都受到特殊优厚的待遇，这是不忘记对伊尹辅佐汤夺取天下的丰功伟绩表示感谢。历经数代帝王，到太戊时代，伊尹依然闪烁光芒。

支持伊尹的部族大概不少，通过汤的势力与伊尹的势力的合作，实现了灭夏和创立殷朝的大业。

《史记》详细记述汤之后殷朝的历代帝王，既有子承父位，也有弟承兄位。那个时代，兄弟之间的继承关系未必不正常。不久，殷发生帝位继承之争，国力逐渐衰弱。

诸侯是否朝觐是国力强弱的标志。诸侯不来国都晋见，就表明国力衰弱，统制力松弛。

汤建国二三百年后，殷衰弱，诸侯不再入朝晋见。照此下去，殷或灭亡或沦为诸侯国。

就在这时，出现一位中兴的明君，名叫盘庚。他是自汤算起的第十九代帝王，但因为其间多有兄弟继承，他应该是汤的十世孙。

殷从六世孙中丁时代开始衰弱。虽然国力衰退，但帝王及王公贵族仍然骄奢淫逸，享尽人间富贵。

盘庚断然决定迁都。

自汤至盘庚十世期间，殷五次迁都。

最早的国都亳，所在地众说纷纭。现在安徽省的北部、靠近河南省的地方有亳县，但其实不是此地，比较有说服力的是山东省西面、靠近河南省的曹县才是古代的亳。如果以洛阳作为中原的中心，曹县和亳县都偏东。据说盘庚的父亲南庚迁都奄，似在孔子的出生地山东省曲阜附近。

殷具有比较浓郁的东方色彩，如吞食玄鸟蛋生子，中国东北到朝鲜这片地区多有此类卵生传说。因此，甚至有人认为殷可能属于通古斯语族。

盘庚迁都到现在的河南省安阳县一带，离中原的中心相当偏远。虽说是河南省，却离河北省只有十几公里的地方，如果是从曲阜迁来，绝对是一次大规模的搬迁。

《史记》记载民众抱怨悲叹这次大搬迁的情况。谁也不愿意离开住惯了的土地，更何况新国都在靠近边境的地方。

盘庚对这次迁都寄予什么希望呢？

大概首先是要振作人心吧，当时整个国家已经弥漫着颓废的气氛，必须断然施行手术，一切都要重新开始。

新国都所在地是殷。汤创立的王朝国号为“商”，也称为“殷”，正是这个缘故。这个王朝此后又延续了二百多年，再也没有迁都过。

据说为了改变奢靡颓废的风气，大家全住在简陋的茅草房里，不过这是后人为颂扬盘庚而编造出来的。刚刚搬迁的时候，也许住过临时房屋，但盘庚具有远大的眼光，一定有计划地建设国都。所以，在长达两个半世纪的时间里，不再需要迁都。

正是由于那个中药“龙骨”，殷朝国都遗址才得以发现。药材商出于保守商业秘密，把“龙骨”的产地隐瞒起来。当知道这是珍贵的甲骨文后，研究者们开始拼命地调查出土的地方，终于了解到“龙骨”的产地在安阳县小屯村。

罗振玉（1866—1940 年）在《殷周贞卜文字考》著作中宣布了这个消息。

罗振玉是清末改良主义者，创办农学社和东文学社，为培养人才作出卓越的功绩，同时研究金石学，自成一家。

紫禁城的内阁文库里，明清两代的档案资料堆积如山。当他听说要准备烧毁时，极力主张保存的必要性，终于防止了这些历史资料被付之一炬。

当得知斯坦因、佩里奥从敦煌搬走数量庞大的文物后，又是罗振玉让人将敦煌的残存文物运到北京，保存起来。

客死新疆乌鲁木齐的刘铁云所保存的甲骨片，这时已经交给了罗振玉。1911 年，他派弟弟罗振常和妻弟范恒轩去安阳收购更多的文物。

但是，这一年爆发了辛亥革命。10 月 10 日，武昌起义，清朝顷刻之间土崩瓦解。罗振玉不是革命家，而且他还宣誓过效忠清朝。

清朝灭亡后，他成为遗民，亡命日本。在把敦煌的残存文物运抵北京的时候，他和从日本前来进行调查的内藤湖南、狩野直喜、小川琢治等成为好友，所以亡命京都。他在京都生活八年，并非一直待在日本，也曾短期回国扫墓。

不论是孙中山政权，还是北洋军阀政权，都没有追究这位饱学文人的责任。罗振玉完全是出于个人意愿而亡命。清朝末代皇帝溥仪被废黜后在天津居住，罗振玉回国后有一段时期还当过他的家庭教师。后来，他移居共和国政府无力顾及的旅顺。不久，日本在中国东北炮制了傀儡政权“满洲国”，溥仪任“满洲国皇帝”。这个溥仪先前的老师罗振玉也被叫去担任要职。

罗振玉晚年在旅顺过着学者的生活，但因为在日本统治下的“满洲国”担任“监察院长”等职务，中国对他的评价不好。但是，他在查明殷墟地点、开拓甲骨文研究领域以及保护、整理文物等方面作出了巨大的功绩。

罗振玉确定甲骨片在安阳县小屯村出土是 1910 年。但由于辛亥革命以及此后的长期混乱局势，现场调查直到很晚以后才开始。即使局势不混乱，在当时的情况下，想调查，恐怕也没有合适的人才吧。

在罗振玉确定甲骨片出土地点十八年以后的1928年，刚刚成立的中央研究院历史语言研究所派研究员去安阳进行预备性调查。当时中央研究院院长是曾任北京大学校长的蔡元培（1868—1940年），历史语言研究所所长是提出“夷夏东西说”的傅斯年。

被派去进行预备性调查的是董作宾（1895—1963年），年仅三十三岁，是一位朝气蓬勃的年轻学者。

对殷墟的发掘调查一直持续到1937年抗日战争全面爆发前夕。这期间，1930年曾一度中断。究其原因，简直是无聊透顶，牵扯到官僚主义的本位意识。

由于发生像敦煌那样贵重文物流失海外的严重情况，政府便通知各地严禁发掘文物遗址。可是中央政府直属的有关部门派人前往发掘调查。河南省对这种不和自己商量就来自己管辖的土地上发掘文物遗址的做法采取抵制的态度，便以政府下达的通知做挡箭牌，阻止发掘。

最后以河南省也派调查员参加为条件，在中断一年以后，恢复发掘调查。这中断的一年里，也不是一无所获。研究所考古班在山东省历城县城子崖发掘遗址。这是新石器时代的遗址，属于龙山文化，如前所述，发现了漂亮的蛋壳陶，也发现有卜骨片，当然没有卜辞。城子崖的发掘为考古班积累了宝贵的经验，在发掘殷墟的时候，发挥了很大作用。

发掘殷墟，原先的主要目的是收集甲骨片。甲骨文已经在相当程度上为先驱者们所解读，只有收集更多的卜辞，才能更加详细地了解古代的历史。可是在城子崖发掘经验的启发下，考古班的研究者们不仅对甲骨片，也对遗址本身予以关注。

恢复发掘以后，在殷墟发现巨大的陵墓，还确定了民居和宫庙的遗迹。巨大的陵墓里有精致的青铜器、玉器等随葬品。为此，手持武器的盗墓团伙出没活动，研究所考古班甚至感觉到有生命之虞。

在美国哈佛大学专攻考古学和人类学的梁思永回国后自然参加研究所考古班，不久担任队长领导发掘工作。他是著名的启蒙思想家、后来亡命日本的梁启超（1873—1929年）的儿子。殷墟陵墓的发掘主要是在梁思永的指导下进行的。

梁思永参加发掘之前，以董作宾和李济（1896—1979年）二人为中心进行调查。作为河南省政府的调查员参加的郭宝钧后来调到研究院。当时人才匮乏，大学刚刚毕业的青年俊才在梁思永的指导下努力工作。清华大学毕业的夏鼐、刚毕业于河南大学的刘燿等年轻人都是骨干。刘燿以尹达的笔名发表研究论文。

先前几乎都是外国人对中国进行考古发掘，例如安德生对仰韶遗址的发掘、在甘肃发现彩陶等。由于民族主义情绪的高涨，就不允许外国人在中国土地上进行垄断性的发掘。然而，周口店的发掘、西北中国科学考察团中，安德生、斯文·赫定仍然作为主要成员参加。

而就是在这个时期，殷墟的发掘则完全由中国学者单独进行。作为大规模的考古发掘，也许这是第一次。

然而，年轻学者们的壮举不得不中断下来。1937年7月7日，卢沟桥事变之后整个中原大地战火弥漫，岂止殷墟而已。

这一天，参加殷墟发掘的尹达在南京，刚刚誊清完《龙山文化与仰韶文化之分析》这篇充满激情的论文。这篇论文是对安德生观点的反驳，也是挑战。他写道：

> 仰韶村和齐家坪两遗址的正式报告，安特生说最近要印刷。我们看过很多材料后，希望他改变过去的意见。

他在结尾署上“一九三七年七月七日南京鸡鸣寺旁重写”。大概他还没有听到卢沟桥事变的消息，当时他不知道自己所写的这个日期具有什么样的意义。

这个时候，亡命日本十年、客居千叶县市川的郭沫若（1892—1978年）决心把妻子儿女留在日本，只身回到战火纷飞的祖国。他曾参加北伐，1927年为逃离白色恐怖而亡命日本。罗振玉亡命后，回国安然无恙，而郭沫若的头颅却有悬赏。

郭沫若被国民党逼迫亡命日本的时候，罗振玉已经结束在京都的亡命生活回国，在天津担任废帝溥仪的老师。其实郭沫若在日本留学的时候，罗振玉还居住在京都，不过两人无缘相见。有意思的是，他们都对甲骨文感兴趣。

罗振玉从金石学的角度关注甲骨文，郭沫若则运用唯物史观研究中国古代社会而关注甲骨文。郭沫若亡命日本期间，完成了《甲骨文研究》《殷周青铜器铭文研究》《卜辞通纂》等力作。他离开日本是发生卢沟桥事变的1937年的7月末，将古代社会的研究暂时搁置一旁。

当时董作宾也在南京，已经校对完与商务印书馆签约出版的《殷墟文字》甲编清样。因为要拓本甲骨片，还要照相、制版，比较烦琐。他也已经校对完自己写的序文，心想就等着出版了。

就在这个时候爆发了战争。商务印书馆的工厂在上海，由于日军的轰炸、占领，出版已经不可能。8月中旬，日军轰炸南京。保存在南京的殷墟出土的甲骨片就很危险，于是辗转长沙、桂林，运到昆明。尽管是坚硬的龟甲兽骨，但沉睡在地下三千多年，也已经相当脆了。不言而喻，搬运这些甲骨片是很危险的。预定编入甲编的都已经拍照，其余的就没有时间整理。

由于日军轰炸上海而无法出版的甲编原稿和拓本，两年后又和商务印书馆签约，决定在香港出版，图片重新拍照、制版。香港是英国殖民地，日军没有占领。

但是，1941年12月，日本对美、英宣战，香港迅即沦陷。其实在此之前，听说《殷墟文字》甲编已经出版，不知道卖了多少本，报纸上广告说定价一百二十元。研究所疏散到云南，战时的经费预算极其紧张，定价一百二十元，加上香港到昆明的运费三百元，根本无法支付。连作者也没能订购。后来，由于日军的进攻，这本书也变成“传说中的书籍”。

如果现在发现香港版的《殷墟文字》甲编，大概会是古董一样的价格。所幸的是，这本《殷墟文字》甲编终于在1948年出版。当时董作宾在芝加哥大学任客座教授，重写序言。与其说这十年前所写的序言已经过时，不如说他心里有话要说。他的序文中写道：“推迟十年出版，这是谁的责任呢？”

乙编从数量上说，是甲编的四倍，但搬运过程中多有毁损。甲骨片首先要用骨胶加固、粘接，然后整理编号。这些工作还没有完成，就面临着疏散。甲骨片无法承受在一千多公里凹凸不平的崎岖道路上的颠簸。乙编分三册出版，但与甲编相比，体系紊乱，有不少无法复原。董作宾在乙编序言中写道："本书在国家多难之时编撰，请予以谅解。"

他战前曾发表重要的研究论文《甲骨文断代研究例》，在战时艰难恶劣的条件下，依然坚持研究复原殷历，1945年出版了《殷历谱》十四卷。

中央研究院在战时迁至昆明，董作宾等参加发掘殷墟的研究员多数跟随前往，也有人离开研究院前往延安。发表文章反驳安德生观点的尹达也是其中一人。1939年他在延安蓝家坪完成了代表作《中国新石器时代》。

在殷的历史面纱被揭开的时候，发生过这样的浪漫。我在这里所说的"浪漫"，指的是它最严峻的含义。

盘庚迁都至殷灭亡的二百多年间，安阳县小屯村一直都是殷的国都。但是，殷墟没有发现盘庚时代的卜辞，出土的卜辞中，比盘庚晚一世代的武丁时代的东西最多。盘庚之后，他的两个弟弟——小辛和小乙即位，武丁是小乙之子。

盘庚、小辛、小乙三代基本是六十年。没有发现这六十年间的卜辞。与其说尚未发现，不如说原本就没有的可能性更大一些。有人认为，到武丁时代，才产生甲骨文字。

殷是灭亡于三千年前的王朝。从汤至纣共十七世代三十个王。《竹书纪年》说殷延续天下四百九十六年，而《三统历》说六百二十九年。

这是非常遥远的古代。

"世"这个字从"卅"，即三十衍变而来。上一辈人死后，下辈人自立、活动的时期平均是三十年。十七世的话，平均值就是五百一十年。但是，殷多有兄弟继承，三十个王中有十四个属于兄弟继承。加上长子和末子的年龄差，一世也许会超过三十年。

即使到司马迁的时代，也经过了一千多年。然后，《史记》把这太古时代三十个帝王的名字全部罗列出来，怪不得有人说是"虚构编造"的。

但是，卜辞出现了历代帝王的名字。殷的习俗十分尊重祭祀，所以有关祭祀的卜辞不少。祭祀之外的卜辞，也出现祖先的名字。例如牙痛的时候，就占卜说是因为父亲的亡灵在作祟。

卜辞中所出现的历代帝王名字与《史记》所编写的殷的王统系列几

乎完全一致。有两个帝王，《史记》没有记载即位，而卜辞记载即位。另外有三个人，《史记》记载为王，卜辞里却没有出现。并不是所有的卜辞都已经被发现，所以不能断言这三个人不是帝王。

以下是殷的王统示意图：

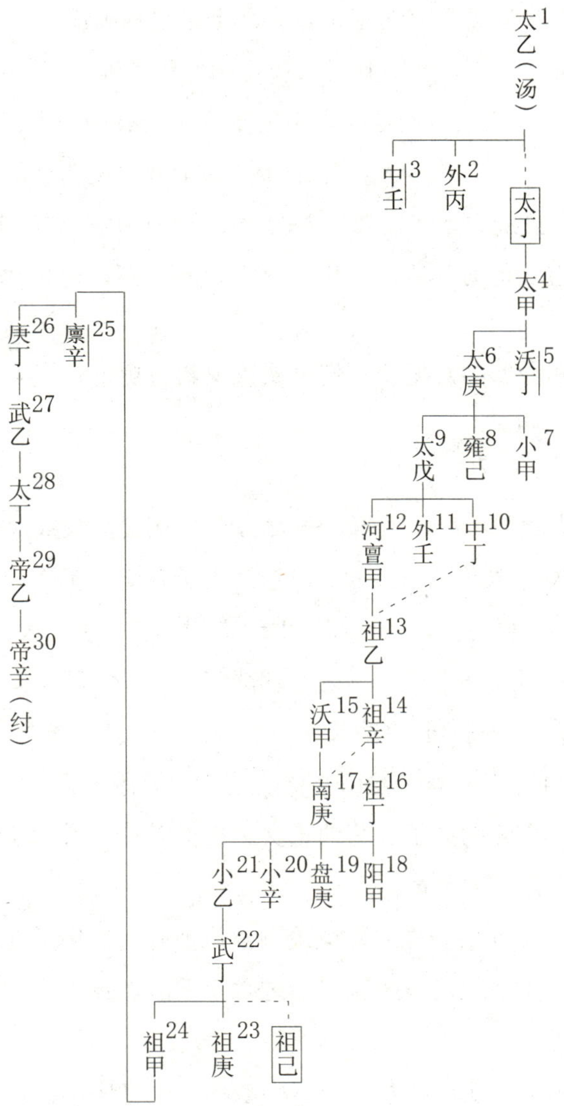

这个示意图是按照《史记》的记述绘制的。

与卜辞对照，只有三处应该订正：十五代的沃甲应为羌甲，二十六代的庚丁应为康丁，二十八代的太丁应为文丁。

示意图中用四方形框围的两个人在《史记》中遗漏记录为王，不过，已经写明太丁在即位前死去；祖己不是王，而是贤臣。《史记》记录有他们的名字。

画有旁线的三个王见于《史记》，卜辞上未得到确认。

按照卜辞的即位顺序，第八代是太戊，第九代是雍己。

《史记》说第十三代祖乙是河亶甲之子，而卜辞说是中丁之子。另外，《史记》说第十七代南庚是沃甲之子，而卜辞说是祖辛之子，和祖丁是兄弟。这些以虚线表示，需要插入的太丁和祖己也以虚线表示。

考虑到如此漫长的时间距离，出现这点误差，应该说是“几乎完全一致”。

卜辞的发现和殷墟的发掘使人们再次认识到《史记》的可信度，提高了《史记》的名声。

第二次世界大战结束后，中国爆发内战，最终国民党失败，逃到台湾。与卜辞、殷墟有关的学者也一分为二，李济去了台湾，董作宾也由美国去台湾。过去的队长梁思永以及夏鼐、尹达、胡厚宣等留在大陆。

中华人民共和国成立中国科学院，郭沫若任院长。科学院下设有考古研究所，所长夏鼐、副所长尹达长期搭档。

梁思永于 1954 年发表有关龙山文化的论文，但他在这一年去世。据说在病床上还审阅心爱的弟子尹达的论文。去世以后，科学院考古研究所出版了《梁思永考古论文集》。

1950 年，考古研究所一成立，就迫不及待地开始发掘殷墟的工作。研究所的第一项工作必须发掘殷墟。经过六十天的调查，终于成功地发掘了武官村的大墓。

在战前的发掘中，就已经发现十座大墓和一千多座小墓。人们推测大墓里大概埋葬着帝王或者王族中的重要人物。

然而发掘后不久就发生了战争，详细的考古报告一直没能写出来。还发生队长梁思永留在大陆，而发掘资料和笔记送到台湾的事件。

这种情况下的发掘工作，只能是在现场调查结束后重新回土填埋。战后的发掘工作，不仅要写出带有绘图的报告，还有制作模型等。

虽然殷的历代帝王名字都已经清楚，但是发掘出来的看似王陵的坟墓没有一座可以断定其主人的身份。出土武器最多的一〇〇四号墓据说是经常打仗的武丁之墓，但这也是推测。

一〇〇四号墓的墓室面积为三百二十平方米。殷墓的墓室有亚字形和方形两种，这是方形的。考古报告只提到面积，但可以推定为19米×17米。东西南北都有墓道，南墓道为正面，长三十米，呈缓坡，东、西、北的墓道皆为十米，深有十三米，所以除南墓道外，其他为陡坡的台阶。

墓室里有椁室，其中置有棺柩。但是，墓室底下掘有一坑，里面埋着狗以及牵着狗的武装士兵。

当时的人都害怕一种叫作“蛊”的东西。据说蛊是害人的湿毒、瘴气之类的东西。因为是一种气，所以眼睛看不见。《说文》也把被处以磔刑的人的亡灵称为蛊。因为是冤魂，所以很可怕。人感觉不到蛊在接近自己，于是就依靠狗异常敏锐的嗅觉探知瘴气、冤魂逼近自己，再让士兵将蛊驱走。

人类自古以来就把狗作为家畜，可是在祭祀、祓除的时候，又随随便便地杀狗。“祓”右边的“犮”字本来就是加刀杀“犬”的形状。出门旅行上路的时候，经常举行用车子把狗轧死的仪式，叫作“軷祭”。《周礼》也有记载，由犬人之官管理狗，王出门远行时，用王乘坐的车子把狗轧死。

当然不仅是狗，人也被随随便便地杀死。卜辞记载祭祀的时候，以动物为牺牲，但也有的人像动物那样被杀死作为祭品的，这些往往多是称为“羌”“南”的人。羌大概属于藏人，南可能是包含苗在内的南方部族。

不言而喻，帝王的坟墓里有很多殉葬的人。

一〇〇一号墓有九个埋着牵狗士兵的腰坑，二层台上有六具殉葬者遗体，其中五具收纳于棺中。东耳室的殉葬者，收纳于棺中的一具，无棺的四具。这些殉葬者大概都是王生前在他身边伺候的人。南面墓道埋着五十九具被斩首的遗骸，有的被反绑着双手。首级在墓室附近，集中掩埋，发掘报告说发现七十三个。这座墓被盗过，内部受到破坏，身首不符。他们都是在墓里被砍首的吧。

不仅墓室里面，一〇〇一号大墓的外面也发现埋着六十八具殉葬者遗体。这里有二十二座殉葬墓，在其中一座中型的墓里发现一具殉葬者遗体和几个青铜器。

战后重新启动的考古发掘第一项工程武官村大墓，在二层台上的东、西两侧发现有四十一具遗体，其中十三具装在棺内。墓室的东西两侧埋有三十四个首级，南、北的墓道里埋有二十二匹马。这座大墓的墓道只有南北两条，大概是为了守卫墓室吧，两边各埋着一个执戈的战士。

经专家鉴定，二层台上西侧埋有二十四个女性，东侧埋有十七个男性。

埋葬时的情景可以说极其残忍，殉葬者当场被砍首，鲜血渗透到泥土里，痕迹还能辨认出来。武官村大墓外面，还并排埋有无首殉葬遗体。大概刀斧手技术不佳，有的遗体上还留着下巴。

殷的坟墓采取“暗墓”的形式。不论地下营造多么巨大的坟墓，地面上没有坟丘，也没有墓碑，更不会修建后世那样的建筑物。也许在漫长的岁月中，已经消失得无影无踪，但至少没有发现遗迹。

如此说来，并不是殷人不把死当回事，其实是太当回事了。连一点牙痛，都担心是否自己惹恼了哪个祖先而遭到报应。如果占卜的结果真的是自己触怒了祖先之灵，那一定会举行盛大的祭祀吧。

这样的祭祀应该是在墓前举行。上面说过，大墓外面也埋有殉葬者的遗骸。这不是埋葬王时候的殉葬者，也许是后来祭祀时候的牺牲。

如此害怕亡灵的殷人为什么不立墓碑呢？此事看似奇怪，其实正因为他们无时无刻不意识到亡灵之存在，担心触怒亡灵，才不要那样的标记。标记的作用就是显示坟墓的所在地。殷人并没有对坟墓马虎草率得必须用墓碑来表示它的所在地。从早到晚萦绕在脑子里的东西，还需要标记，这不是很可笑的吗？

殷人的所有行动都由占卜来决定。可以说占卜就是一切。这样的话，所有的实权就有可能掌握在占卜师手里。帝王要确保自己的统治权，首先必须掌管占卜师。为此，帝王就必须亲自进行占卜。作出重大决策的时候，灼烧甲骨，判断卜兆，就成为王的职责。

可以说殷王是一种法王。侍奉、祭祀自然神和祖先神，掌管占卜，显然是神官；同时又是国家首脑，管理现实的政治。

在这种政教合一的体制下，王是神圣不可侵犯的，变成了神。殷王是现人神①。在世袭制出现矛盾的时候，反而会加速王的神圣化。只要把祭祀权、占卜权掌握在手里，就可以无所畏惧。不论多么愚蠢的人，都可以稳稳当当地坐在王的宝座上。

那么，对亡灵极端恐惧的殷人为什么会那样草菅人命呢？如果向殷人提出这个问题，也许他们会瞪大眼睛反问道："他们是人吗？"

在殷人看来，有的人不算人。在王葬礼的时候被杀后扔进坟墓里的就是这些不算人的人。

因为没有其他合适的词语，就称为"奴隶"吧。

于是，被扔进坟墓里的是奴隶。但是，同样都是被杀死，有的被砍下脑袋，有的保留脑袋；有的反绑双手，有的没有被捆绑；有的装在棺里，有的无棺；有的仰躺，有的俯卧；有的死在墓室里，有的被杀于墓道……奴隶也有不同的类型。

殷墓的殉葬者被捆绑双手、砍下脑袋，绝不是自愿而死。他们的生命由别人随意支配。

不仅埋葬君主的时候会有人被杀陪葬，建造宫殿、宗庙等奠基的时候，要举行地镇祭②，这时埋入地里的主要是狗，但也有小孩子。奠基仪式结束后，要打地基，安放基石时，也会有人和动物一起被埋在下面。

安阳县小屯村发现五十多座宫殿的地基遗迹。在断定是一座宗庙的建筑物前院下面，整整齐齐地埋着一个军团的队伍，从指挥员到士兵，一共八百五十人。

除了武器，还有五辆战车。当时作战，由几匹马牵引战车前进，每

① 现人神：以人的形象出现在现世的神。——译注

② 地镇祭：建筑开工前祭祀土地神，祈祷工程顺利进行的仪式。——译注

辆战车配备三个战士：战车长、御者、射手。五辆战车加上每辆三个战士全部埋在里面。看似士兵的许多人都没有脑袋。

从前院埋着一个军团的情景来看，可以想象这是一座多么重要的建筑物。对于政教合一的国家来说，最重要的建筑物莫过于宗庙——这样的推理很具有说服力。

为了不使宗庙遭受恶毒的亡灵、蛊的侵犯，就将携带武器的整个军团埋在地下。那么，可以认为，殷的军队里也有奴隶部队。

有人认为，这不是本国人组成的军队，而是由战争俘虏组成的军队。从现代人的感觉来说，动不动就会遭到杀戮的军队，一定士气低落，根本无法用来保卫国家。不仅如此，甚至还存在军队叛乱的危险。

但是，反过来说，由敌国俘虏组成的部队恐怕也不会认真负责地守卫殷的宗庙吧。这是一支全副武装的部队，看来不单纯是供奉祖先的牺牲。不过，这些想法恐怕也都是现代人的思维方式。

这个地下军团，有的有脑袋，有的没有；有的俯卧，有的仰躺；有的头盔上装饰有铜铃，有的装饰有贝壳（没有脑袋士兵的就无从知道，大概即使有头盔，也没有装饰吧），形态各种各样。

奴隶也分不同的阶层，所以奴隶的数量应该是非常庞大的。要建造地下金字塔般的陵墓，需要大量的劳动力，这自然是奴隶的工作。

1955 年，从郑州的版筑中发现了殷代的遗物。

版筑，大概就是古代的“水泥”施工法吧。就是两侧竖起版（木板），从上面填入黄土，加水，用杵等工具捣实，然后拆去木板，干燥以后，就变得非常结实。北京郊外的八达岭长城使用砖建造，但那是明代的建筑。古代长城几乎都是“版筑”。

从郑州的版筑中发现殷的遗物，从而推定这是殷的城墙。

据说郑州的城墙是在战国时代的古城墙上修补而成的。那么，战国时代的城墙也有可能是利用、修补殷代的城墙，因为从中发现了殷代的遗物。

郑州的版筑城墙周长达七点二公里。安金槐在《文物》杂志上发表论文说，这相当于一万个劳动力花费十八年才能完成的工作量。这也是奴隶的工作。

殷在盘庚迁都安阳之前，在各处建造国都。第十代中丁迁都隞，这一带就是现在的郑州。中丁在盘庚的四代之前，所以隞是比安阳殷墟早一百多年的国都。

从那个时候开始，殷就拥有大量的奴隶，奴隶成为社会的主要生产力，所以称为“奴隶社会”的时代。

现在一般都使用原始社会、奴隶社会、封建社会这种时代划分法，此外还有例如石器时代、青铜器时代、铁器时代的时代划分法。

殷代出现青铜器，而且是突然出现非常精致的青铜器。虽然也可以把殷代称为青铜器时代，但我觉得不够妥当。因为殷代的青铜器主要是用于祭祀，不是实用的器具。

这个时代人们的生活主要依靠农耕（也有如郭沫若所主张的畜牧狩猎为主的观点），但是，青铜器的农具极为少见，大概因为青铜贵重，舍不得用作农具吧。使用青铜制作武器的却比较多。

这反映了殷人的价值观。对他们来说，最重要的是祭祀，只要是用于祭祀的器具，无论多么贵重的东西，都可以毫不吝啬地使用。

武器也很重要，这不仅是战争的工具，也是帝王权力的象征。战争可以抓捕俘虏，产生大批的奴隶。因为生活需要依靠奴隶的劳动力，所以值得使用青铜制造抓捕俘虏的工具——武器。

农耕是主要产业，十分重要。谁都知道，青铜农具比石器农具先进，效率高，但还是很少制造青铜农具。虽然使用青铜农具可以一个人干两个人的活儿，但如果需要两个人干活的话，再派一个奴隶则更加便捷。

关于郑州版筑城墙的劳动量，根据安金槐的计算，需要取土工一千人使用青铜铲，两千人使用石铲。但是，这只是大致的估算，实际上青铜铲并没有那么普及。从出土的情况来看，青铜农具还是极少见。

殷的青铜器还是用于祭祀，其种类之多，令人惊叹。大致分为食器、酒器、杂器。酒器的种类非常多，盛酒的器具、饮酒的器具，形状各种各样，丰富多彩。

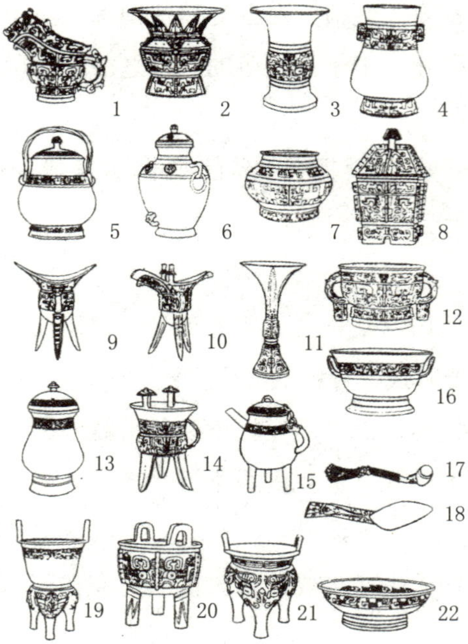

殷周时期的青铜器 1兕觥 2尊 3尊 4壶 5卣 6罍 7瓿 8方彝 9角 10爵 11觚 12簋 13觯 14斝 15盉 16盂 17勺 18匕 19甗 20鼎 21鬲 22盘

春秋战国时期的青铜器　23 方壶 24 壶 25 壶 26 扁壶 27 壶 28 敦 29 簠 30 簋 31 瓿 32 豆 33 敦 34 敦 35 簋 36 鉴 37 匕 38 盉 39 鼎 40 匜 41 盘 42 勺 43 鬲 44 鍑

殷人喜欢祭祀，也喜欢喝酒。祭祀祖先、自然神的供品酒，祭祀结束后自然要喝掉。

以上是青铜器形状的示意图。殷代之后，周代继承青铜器，从春秋战国直至汉代，一直制造不辍。后代的青铜器形状有所增加，在此一并介绍。

青铜除制造武器之外，还制造打击乐器，而铜镜的出现则是在战国以后。

我对殷代青铜器的出现使用“突然”这个词来形容，这是很恰当的。无论什么种类的工艺品，一般地说，都有稚拙的幼年期，然后逐渐积累经验，加以改良，提高技术，中国的青铜器却突然以最高的水平在殷代出现。

面对一个难题，肯定会有异想天开的奇谈怪论，正如登山，不是一步一步在山路上行走，而是想乘坐直升机直接在山顶上降落。

他们的观点是：殷王朝是遥远的西方民族侵入中原后建立起来的征服王朝，青铜器的制作技术是他们从西方带来的。这令人想起日本的骑马民族征服王朝论。

如果来自西方，那大概是善于迁徙的游牧民族吧。的确，美索不达米亚平原当时具有优秀的青铜文化，苏美尔王陵的规模几乎和殷代大墓相同，这就成为征服王朝论的一个根据。西方的锡西厄民族在中国的古代史上留下不少意味深长的痕迹。他们的迁徙能力已被世人所公认。

但是，征服王朝论的论点有几处难以解释。

如果来自美索不达米亚，那一定要经过所谓的丝绸之路。广义地理的“丝绸之路”这个词语，也要包括北方草原的道路。那一带并非考古队未开垦的处女地，已经发表了相当多的调查报告。

但是，在那个地区没有发现西亚和东方殷代之间联结青铜器文化的任何痕迹。例如在甘肃出土的青铜器只有扣子那么小的器件，还是春秋战国时代的东西，离殷灭亡后数百年之久。不论具有多么强大的机动力，在漫长的路程中总要设立几处据点吧，稍微精良一点的青铜器文化的遗物也应该在这个地区出土。

对于这个疑问，征服王朝论者也许会这样反驳："只是还没有被发掘出来。""黄河中游以西，没有富有魅力的地方，所以没有长时间逗留，也就不会留下痕迹。"

征服王朝带来青铜器文化的论点在器具的形状上也不能自圆其说。殷的青铜器形状是以仰韶文化、龙山文化的石器、陶器为原型的，将先前捏土制作的形状原封不动地改为青铜浇铸。西方有西方的结构形态，殷的青铜器并没有继承西方的形态。征服王朝论者说，外来的统治阶层是少数派，他们对多数派的当地居民的嗜好采取妥协的态度。这种辩解显得多么勉强。因为殷的青铜器没有实用性的器具，主要是祭祀品，所以没有必要照顾被征服者的嗜好。

那么，为什么像变魔术一样突然出现高水平的青铜器呢？其实这不是什么戏法，因为青铜器的出土始于安阳。在盘庚迁都安阳小屯村之前，殷多次改变国都。在安阳期之前，殷就开始制作青铜器了。

仰韶文化、龙山文化、小屯文化，我感觉这样的称呼和排列有点问题。前面说过，仰韶文化的遗址其实接近龙山文化，从学术上说，称为仰韶文化的典型代表是半坡遗址。仰韶和龙山没有发现一个金属扣、一支箭镞。第一次出土金属器是在小屯，而且是精美的青铜器。这时的青铜器已经炉火纯青，无论是技术还是艺术都获得高度的评价。要说突然，也的确感觉很突然。

但是，殷的青铜器有其发展过程。因为是在盘庚迁都之前，所以安阳小屯没有出土。针对西方的征服王朝论，主张中国起源论的人们也会以牙还牙地回答道："只是还没有被发掘出来。"

中华人民共和国成立后，终于发表了证实青铜器起源于中国的发掘报告。

现在的郑州市一带是过去殷的国都——隞。《史记》记载，殷王朝创建以后，中丁时代，第一次迁都就是这个隞。第一次迁都至少比盘庚迁都早一百多年。在郑州市附近的发掘，发现两处制作青铜器的作坊遗址，一处在郑州市北面的紫荆山北麓，另一处在郑州市南关外的铁路附近。

从遗址发掘出来坩埚、陶范、燃料的木炭以及制成品。坩埚内侧明显地残留着铜渣。仅仅从南关外的作坊遗址就发现一千多个铸模。

郑州青铜器的形态比安阳期缺少稳定感，装饰也粗糙。盼望已久的早于安阳期的青铜器遗址终于得到发掘。但是，还应该存在比郑州时期更早的青铜器前期，中国起源论的各个环节还没有完整地衔接起来。

必须注意的是，在郑州即使发掘出其形态、装饰或者制作技术粗糙的青铜器，也不能过早地断定为安阳的前期。

我们现代人在思考历史的时候，似乎在思想深处埋藏着“进步”的理念。随着时间的推移，一切都在进步。这种思维必须改变。

例如中国的青铜器，安阳期即殷的中期至后期是最优秀的，后来则退步了。殷之后的周王朝，也制作数量庞大的青铜器，但水平都不如殷。

出土粗糙拙劣的青铜器，就激动地认为“说不定是初期的东西”，其实往往多是远晚于殷的后代作品。

但因为郑州的遗址在隞，基本上可以确定，同时还发现制作骨器、陶器的作坊遗址，根据各种证据的综合分析，可以肯定是安阳青铜器的前期。

正如我们突然看到优秀的青铜器一样，我们也突然看到相当高水平的文字。

安阳殷墟出土的甲骨文是在龟甲兽骨上刻文字。因为文字已经达到很高的阶段，所以恐怕不能把甲骨文一律称为原始文字。甲骨文已经跨过了从绘画发展起来的象形文字的阶段，进入表意文字阶段。

龟甲兽骨质地坚硬，不易腐烂，甲骨文得以传于后世。可以想象，早于甲骨文时期的文字历史更长。它的载体没有保存下来，所以没有留给后世。

甲骨文泰斗董作宾推定，文字的发明者大概是公元前三千年左右的新石器人。殷墟出土的甲骨文，最古老的也就是公元前一千二百年左右。董作宾推定的文字早期历史非常漫长。

有人认为，文字是经过漫长的岁月逐渐发展起来的。但也有人持相反的观点，认为在某一个时期迅速完成文字体系的骨骼。

文字如果不刻在甲骨上，其形迹就会消失得一干二净。我们现在甚至难得看到汉、唐的文字真迹。司马迁的《史记》是写在木简、竹简上的，但原书没有保存下来。我们对唐朝已经没有古代的感觉，但唐朝的真迹还是非常珍贵的。李白、杜甫（712—770 年）等应该写过不少字，但谁也没有看过他们的真迹。书家文士受人之托，撰写碑文，刻字于石，可见文字难以传世。现在我们看到的是宋朝发明印刷术以后的书籍，这种“活字”还不到一千年。即使如此，古籍爱好者只要一听说是宋版书，就觉得弥足珍贵。敦煌之所以如此名闻遐迩，与其说是壁画，不如说是大量佛典以及其他古籍的发现。这些都是印刷术发明以前的东西，自然全部都是真迹。

因为难以保存下来，所以追溯文字的历史极为困难。与文字相比，器具、陶器、金属器等比较容易存世。

早于安阳期的青铜器前期史大概不过二三百年，不超过三百年。如果存在的话，一定会出土的。龙山文化的遗址没有发现一片青铜，所以青铜器的历史比文字容易确定大致的上限。

也就两百年的时间，就制作出安阳期那样精美的青铜器，在漫长的古代史中，可以说青铜器是迅速发展起来的。

铜的熔点低，是容易控制的金属，但过于柔软。新石器时代就开始烧制陶器，当时的人们对使用火制造东西已经很熟悉。在烧黏土的过程中，人们很早就通过偶然的机会发现矿石烧化后又重新凝结。在铜里加入少量的锡、铅，会变得非常坚硬，古人看到这个现象大概以为发生了奇迹吧。

一旦理解了这个奇迹，再充分发挥人的智慧，青铜艺术迅速绽放出绚丽的花朵。制造出摔不碎的容器，合金的发现者一定惊喜万分。可以想象，他们乘势而上，技术日新月异，造型艺术不断提高。

把这个青铜器一气呵成发展的论点放在文字发展史上，也可以印证文字短期成型的观点。

将物的形状简化为线写出来，这种想法大概诞生于一个体系。如果有这个体系，增加数量和相互组合都不太难。如同合金的发现者一样，关注文字体系的人，也许十分热心于造字。

殷墟出土的甲骨文全部都是武丁期及其以后的东西，没有发现盘庚、小辛、小乙三代大约五十年间的东西。当作药材被毁掉的不会恰好就是这三代的，哪怕发现一片也好，而且现在已经发现了十万片之多。

如此看来，武丁期才诞生文字，这有几分说服力。可是，无法解释甲骨文已经是相当发达阶段的文字这个事实。

刻在甲骨上的卜辞不是殷王朝的正式记录，只不过是占卜和表示凶吉。十分迷信的殷人无论什么事都要占卜，结果就形成一种记录。但是，似乎另有正式的记录。

这些都记录在卜辞里。记录文字，除甲骨外，还使用绢、木、竹等。卜辞中记录有“册”和“典”。用一根绳子将写有文字的木片或竹片串联起来的形式叫“册”。如果是重要的文书，双手捧着册恭敬呈上的形式叫“典”。有人认为“典”字的下面不是手，而是一种托盘。

册和典在当时一定是精心保管，可是由于容易腐烂，所以未能存世。

甲骨片的重要性不如册和典。龟甲兽骨原本就是用于占卜。在甲骨上凿一小孔，烧灼发生裂纹，以此占卜凶吉。占卜的结果其实可以口述，不必特地刻记下来。这种占卜法始于龙山文化期，殷墟也出土没有卜辞的烧灼的甲骨片。

盘庚兄弟三代不是不占卜，大概只是不把卜辞刻于甲骨吧。

大概武丁喜欢记录，而且此人比较认真。刻记占卜的凶吉，过去偶尔也会刻记，但只限于重要的事情，一般的事情不会刻记。武丁却总是例外，于是刻记成为新的惯例，不记卜辞反倒成为例外。

册和典都是以类似笔的东西书写，刻甲骨情况则不同。所用的工具应该很尖锐，书体自然不一样。

合理性的造字不断发展，创造出许多那个时代的“新字”。但是“旧字”依然存在。同样是殷代的文字，青铜器的铭文属于旧字，相对于甲骨文，称为“金文”。青铜器是连同铭文一起铸造。青铜器的铸模是黏土制作的，不像甲骨那么硬，所以可以使用旧字。

下面举例说明金文和甲骨文的不同，自然都是殷代的文字。

（金文）→（甲骨文）→（现代文字）牛

无论是文字还是青铜器，也许都有其漫长的前期史，但是在殷的某个时期，得以集中性地发展。这“某个时期”，大概始于盘庚迁都吧。文化的飞跃性发展，需要稳定的政治环境。

董作宾对卜辞所记录的祭祀等进行详细的考证，认为殷王朝成立于公元前 1751 年，盘庚迁都安阳是公元前 1384 年。

关于盘庚时代，有一个明确的日期，这就是月食的记录。

盘庚二十六年第三月甲午十六日。

据卜辞记载，这一天的月食发生了一件对王不好的事情。通过天文学方法，可以计算出古代月食的日期。

这一天是公元前 1373 年 3 月 27 日。

如果这个计算是正确的话，盘庚即位就是公元前 1398 年，即位十五年迁都。

令人惊讶的是，那次月食在国都安阳看不到，是来自地方的报告。可见殷帝国统治的地域相当辽阔，而且富有成效。

董作宾的《殷历谱》是在抗战期间完成的巨著。按其论点，殷人算出一年的长度为 365.25 日。他们对大自然的观察极其准确。

能出现这样的黄金时代，说明其生产力已得到充分的发展。换句话说，就是奴隶的力量产生了文化。要维持帝国的繁荣，必须不断地补充、增加奴隶。

毫无异议，青铜器艺术的直接制作者是奴隶。看一看青铜器作坊遗址，就可以知道那是一般的人根本无法忍受的场所。而奴隶，不论多么恶劣的环境，都必须拼命地干活。他们必须通过劳动证明自己是一个有用的人。

举行祭祀的时候，就有人作为供品被杀死，而且数量相当大。那些没用的奴隶就和动物一起被杀死。为了保住这条命，奴隶们只好成为各自岗位上不可缺少的人。

殷的青铜器艺术诞生于奴隶以生命换取的气魄，那扣人心弦的造型美非同凡响，与其说它具有生命力，不如说似乎更表现出生的欲望、对生命的呼唤。即使形态结构具有固定模式，依然能够感觉到令人窒息的严谨缜密。可以说，安阳期的青铜器工艺已经达到世界最高的工艺境界。

中国青铜器的爱好者遍布世界，他们尤其高度评价殷的青铜器。每次欣赏青铜器的时候，那种激动人心的兴奋，仿佛能听见生命沸腾的感觉，实在是妙不可言的魅力。收藏家们不惜重金购买收藏。

殷墟的大墓在正式的学术发掘调查前，有不少已经被盗。据说考古队一发掘到青铜器，就必须防备盗贼。

青铜器的铭文是珍贵的史料。同样是青铜器，有没有铭文，价格大不一样。有的奸商在没有铭文的青铜器上刻上铭文，但是，青铜器的铭文一般也是铸造的，所以雕刻的铭文应该立即就能辨别出来。

希腊文明也是如此，在华丽辉煌的舞台后面，充满着不被当作人的人们的辛劳。没有奴隶，也就没有殷帝国的荣光。

盘庚下一代的武丁，无休无止地征战，大概奴隶不够了，或者文化进步过快，现有的奴隶数量不足以支撑文化的基础。于是，除了发动战争夺取俘虏外，也把那些悠闲放牧羊群的畜牧民掠为奴隶。这些畜牧民大抵都是羌人。卜辞里常有羌人作为祭祀的牺牲被杀的记载。

从古代发现的未必都是浪漫，那里还充满着血腥的杀戮和奴隶的悲哀叹息。

关于文物制度，也是保守派和改革派互有胜负。例如在祭祀祖先问题上，保守派主张每次都要占卜决定日期，而改革派则主张预先安排好历代祖先祭祀的日期。因为要祭祀的祖先很多，事先决定他们的祭祀日，这样很方便。另外，他们还主张停止正式祭祀自然神，只祭祀祖先神。预先制定日程固然是一种进步，但未必意味着历史的进步。

改革始于祖甲时代。按照董作宾的编年，应该从公元前1271年开始。

但是不到五十年，又回到原先的保守制度。好不容易对祭祀制度进行了修改，又倒退回去。保守派的天下持续了十八年，又恢复改革派的制度，持续了大约九十六年，直至殷灭亡。

对一个漫长持久的制度进行改革，总要经过反复。反复以后，更深切感受到旧制度的不便和不合理，于是再次推行经过改革的新制度。

漫长的旧制度时代—新制度四十六年—旧制度十八年—新制度九十六年，只要看一看这个反反复复的数字，就能感觉出历史发展的一个规律。

另外，甲骨文的形态也因时而异。

第一期：字大，大胆有力。

第二期：大小适中，严谨、准确、雅致。

第三期：纤弱，多有错误。

第四期：恢复遒劲的风格，有生气。

第五期：字体变小，注重结构，讲究细部，纤细优雅。

这些不同的变化反映出人类艺术活动的发展，乃至命运的轨迹。

从创业期的雄浑能量的爆发，经过适当粗磨雕琢的整理期，再退到颓废期，然后通过反省后的复兴，进入臻于成熟、纤细的时代。

看似一切悠然缓慢流淌的太古时代，其实也镌刻着不少波浪起伏的历史。

这个历史超越三千年的岁月，有多少和现代的我们息息相通呢？只要我们愿意，就会在自己的身体深处感受到古人澎湃激昂的心胸。古代史不仅仅只是古董。

殷的青铜器的器形继承了仰韶、龙山的中原传统。三足鬲及其变形的鼎、蒸器的甗等这些新石器时代遗物的形状都令人感觉亲切。

另外，青铜器的纹饰与以前陶器的纹饰在本质上是不同的。龙山的黑陶原本就更重视光泽，而不是纹饰，甚至感觉不喜欢在器物表面上画纹饰。仔细比较仰韶文化的彩陶和殷的青铜器的纹饰，感觉不到二者的关联。彩陶的纹饰多几何形状，动物模样也不少。但这与青铜器没有联系。

由于材料不同，装饰的本质自然也不一样。除了青铜器地纹的云雷纹和彩陶的旋涡纹勉强有点关系外，其他的只有不协调的感觉。

青铜器的纹饰多为模式化，但主要题材是动物。除虎、牛、羊、象、鹿等兽类外，也包括鸟、鱼、蝉等昆虫。既有写实的，也想象创作有模式化的部位组合的、幻想中的动物。例如青铜器中最常见的幻想动物“饕餮”，就是用模式化的牛、虎的特征部位组合而成的。

大量出现这种创意的幻想动物纹饰，大概是因为与动物的关系更加密切的缘故吧，或者接触与动物关系密切的民族的机会增加，从而受其影响的缘故。殷艺术中如此丰富多彩的动物创意，被视为殷是外来（主要是来自西方）的征服王朝的重要论据。

农民总是小心谨慎、质朴老实的，他们的艺术离不开植根自然的现实主义基础。在安居乐业的农耕社会，幻想往往被排除在审美意识之外。要画牛，要画虎，就按照牛和虎的真实模样老老实实地画，不会将它们的特征提取出来，更不会与其他动物的特征进行组合。大概只有在草原上、森林中到处漂泊的游牧民、狩猎民才会这样做。

青铜器上所显示的动物创意，似乎暗示着殷这个中原政权不仅是单纯的农耕社会，还具有相当强的牧畜、狩猎活动。

如果将青铜器按事项分类的话，大约一半是有关祭祀的占卜。占第二位的是占卜狩猎，约为祭祀的三分之一。占卜农业收成的不到狩猎的五分之一。当然不能因此就说那个时代以狩猎为主。因为占卜农业收成一年只有一次，而每次外出狩猎，收获都不一样，所以占卜的次数自然比较多。

祭祀时作为供品的牺牲，动物的数量远比后世的多。

盘庚之前，殷经常迁都，这大概因为具有大量的游牧成分的缘故，农耕社会达到一定程度以后，定居性增强，要移动人们变得困难起来。

郭沫若在《中国古代社会研究》中断定殷代是畜牧时代，认为农业是从盘庚迁都长期定居以后才开始成为真正产业的。

畜牧业和农业，哪一种是社会的主要基础，观点各不相同，但现在农业论占上风，畜牧业论显得弱势。

不过，农业论也有其弱点，殷代的农业技术还处在原始阶段，其实力无法成为支撑大殷帝国的基础。现在尚未发现殷代的灌溉系统的遗迹，甚至怀疑是否存在水井。只是农具比新石器时代有所进步，也有了锄头。卜辞还记录牛拉犁耕地。

主张畜牧业论的郭沫若也强调殷人发明牛耕的重要性。虽然至今还没有发现犁的实物，但卜辞上记录有它的形状，无疑曾经存在过。

现在我们能看到许多青铜器，谁也不会怀疑它的存在。但是，在出土的十几万片甲骨片卜辞中，没有发现相当于“金”（铜称为金。出现铁以后，铜称为良金，铁称为恶金，以此区别）的这个字。

卜辞里没有的青铜甚至都存在，所以卜辞里没有明确出现的犁也不应该不存在。

生产效率不太高的农耕作为主要产业，无法维持庞大的帝国，于是有人认为国家组织予以补助。国家组织所发挥的力量是无法想象的。当时，发动掠夺性战争似乎是很合算的事情。武丁之所以经常打仗，大概就是因为财政困难吧。战争频繁，狩猎就是一种军事训练，受到执政者的重视。

以现代的分工观念来看待古代的农业、畜牧业和狩猎，恐怕会使问题复杂化。国家经济不能完全依赖于靠天吃饭的农耕，所以老百姓什么活儿都干。

殷代的青铜器表现出那个时代的民众对动物本能的强烈的关心，殷代的所谓农民大概实质上也具有浓厚的畜牧民、狩猎民的特性。

甲骨文具有智力游戏的要素，喜欢推理的人一定对它深感兴趣。不同的人会破解出许多不同的解释。

“衆”这个字在甲骨文里有这些形式：

字的下半部分无疑是表现三个人。如果上半部分是太阳，那么就是在太阳底下劳动的人们，郭沫若解释为奴隶。

但是，上半部分也可以视为眼睛，那就变成“看三个人”，可以解释为“多”。

上半部分时常没有中间那条横线，只剩下“口”，如最后那个字。这是如“邑”（村子）的上半部分那样，表示某个限定的地区。如果这样的话，最后那个“衆”可以解释为“村民们”的意思。

“民”这个字经常使用，但有人解释这个“民”字是戴着脚镣的人的形状。字中间那一横道无疑是束缚自由的枷锁。如果这样的话，“民”也是奴隶。那么，我们所熟悉的“民众”这个词，两个字都是表示奴隶，这不是黑色幽默吗？

按照历史唯物主义的观点，原始社会、奴隶社会、封建社会是人类史发展的必经阶段。因此，大概不少人对“奴隶社会”等词语怀有抵触情绪。

但是，只要接触殷的历史，我们就无法回避这个词。

奴隶的存在一直延续到后代。所谓奴隶社会，不仅仅是存在奴隶，更是指奴隶是社会生产力主要根源的社会。

即使讨厌这个词语的人，大概也无法否认奴隶以及处于奴隶状态的人们的生产推动了殷社会的发展这个事实。

郭沫若写作《奴隶制时代》论文是1952年，在中国引起一场关于奴隶制时代的争论，日本的中国史学研究者也进行热烈的讨论。

争论的焦点不是是否存在奴隶制时代，这是无争的事实，而是在这个大前提下，奴隶制时代的下限划分成为核心问题。

关于殷是奴隶制时代，这几乎不成问题。郭沫若把奴隶制时代的下限定在春秋和战国之间，有人对此表示反对。翦伯赞（1898—1968年）主张奴隶制时代在殷代终结，西周开始进入封建社会，从而提前了下限。被广为阅读的范文澜（1893—1969年）的《中国通史简编》也认为封建社会始于西周。还有人提出将郭沫若所主张的奴隶制时代下限大大推迟的意见。

我个人的观点认为，奴隶制时代还是终结于殷，西周开始进入封建社会。可以推测，殷代已经出现封建制的萌芽，而且一直持续具有相当强大的力量，但同时也弥漫着浓厚的氏族社会的气息。

有人根据卜辞进行复原殷代爵制的研究，结果与《尚书》等古籍所记载的情况有点不同。殷代的爵位划分有以下八个：

妇、子、侯、伯、亚、男、田、方。

日本明治时代将其中的一半——子、侯、伯、男作为自己的爵位名称。

妇是授予王的妻子的爵位。那时是一夫多妻的时代，大概不会给所有的妻妾都授予这个爵位。武丁有六十多个妻妾，其中三人被授予“妇”的称号。

妇分封有领地，并自己治理。这样，妇就必须离开王的身边。王只把自己最宠爱的几个年轻王妃留在国都，妇作为一种封建领主到地方赴任。从这里可以感觉到氏族社会尊重母系的残余。

子即王子，但也不是所有的王子都被授予子爵。子也必须离开国都，去治理分封给自己的领地。

大概王认为可信的只有身边的妻子和儿子。

侯和伯是授予“准身边人”的忠心耿耿的大臣和将军，但他们的领地大致都在边境。相比之下，亚的领地在国都附近，这是作为守卫殷代皇室屏障的领地。

男和田大概是农事监督官。他们从事实务工作，名额也有规定。这个爵位在卜辞中只是偶尔出现。

最后是方，这是殷帝国授予统治区之外的部族首领的称号，类似于卫星国的友好部族的元首吧。

虽然设立妇这个女性的爵位是母系社会时代的残余，但是卜辞中将生男占卜为“嘉”，生女占卜为“不嘉”。

一方面残存着尊崇女性的传统，同时也已经露出轻视女性的封建社会因素的端倪。

我个人认为，奴隶制社会是从氏族共同体社会通往封建制社会的桥梁。这就是殷这个时代的真相吧，在这座狭窄的桥梁上堆积着来自两岸的各种各样的东西。

我们再来分析一下另一个甲骨文“国”字。这个字的甲骨文是。

是武器（戈），是使用武器守卫的国家。

是分析“衆”的时候出现的“邑”的上半部分表示“某个限定的地区”，那么，使用武器保卫的就是国家。

有人认为也可以将视为人。正如“人口”“户口”这些词语所显示的那样，以“口”形容活着的人。那么，使用武器保卫居民就是国家。

我们发现，甲骨文的“國”只相当于现代文字的“或”。到了后世，用一个大“口”把这个字围起来，就成为现代文字的“國”。这巨大的框框就是城墙。

安阳县小屯村的殷墟最终还是没有发现类似城墙的遗迹，有壕沟的遗迹，但没有城墙的遗迹，这只能说明当时不需要城墙。

而郑州城墙的一部分就是在殷代版筑城墙的基础上修补加固的。

甚至四代（父、子、孙、曾孙）以后的盘庚长期定都安阳，也没有建筑城墙，反而中丁时代的国都建有城墙，实在令人无法理解。

版筑就是填土而造。泥土自然取之附近，推填起来，所以，殷代的遗物埋在城墙里不足为奇。尽管城墙是后人所修，但使用的泥土里含有殷代的遗物。我认同这样的解释。

但是，也许有人会提出疑问：百年之后，为什么在郑州修建当年安阳不修建的城墙呢？我觉得这个问题出于现代人的感觉。

一万人花费十八年的时间，这个数字让我们现代人瞠目结舌，但是在殷人那个时代，恐怕没什么大惊小怪的。干活的是奴隶，与帝王、大臣毫无关系，需要的时候就修建，不需要的时候就不建，如此而已。

考古发掘报告称，郑州的殷代遗址发现遭受掠夺的痕迹。推定为隞的殷代国都受到敌人的攻击，或者发生了内乱。总之，政局不稳，所以就有必要修建城墙。

尽管如此，甲骨文“國”字没有巨大的“口”包围着，还是难以理解。郑州的殷代遗址出土的龟甲兽骨中，只有两片刻有文字，这说明当时已存在文字。

郑州遗址发掘报告称发现遭受掠夺的痕迹，这使我们想起《史记·殷本纪》中的一句话：

仲丁书阙不具。

司马迁写《史记》的时候，殷历代帝王的记录都已基本完备，只缺少中丁部分。为什么会缺少呢？大概毁于战火。由于记述有殷王谱系，所以《史记》具有极高的可信度。不过，《史记》也有一些记述有误之处。

《史记》记述盘庚迁都从黄河以北迁往黄河以南，但反过来才合乎逻辑。

殷王朝实际统治的地区并不十分辽阔，大概只是黄河中游一带，即中原地区。黄河拐弯处以西地区自不待言，对黄河下游地区也没有影响力。

史书记载，殷继承夏，一直是中原的中心政权。我对这个记载表示怀疑。殷原先不过是中原的一个诸侯国，后来力量强大，推翻当时的中心政权夏，取而代之。

所谓中心政权，应该拥有相当广袤的直辖地，其他诸侯都要入朝进贡。当中心政权国力衰落的时候，诸侯就不再入朝。因为即使不入朝，也不会担心受到讨伐。

从殷代国都隞发现受到攻击的痕迹来看，不仅诸侯不来入朝，一旦国力枯竭，诸侯反倒打上门来肆意抢掠。这种情况下，就不能说还是中心政权。

汤在伊尹的辅佐下，建立起强有力的中心政权，但到他的子孙后代，有的能够维持，有的不能维持，不能维持的时代，可以说不过是一个诸侯国。

《史记》记载，中丁的弟弟河亶甲时代，殷衰，至下一代祖乙时代，殷复兴。《史记》说河亶甲居住在相这个地方，大概因为他哥哥中丁的国都隞遭到敌人攻击破坏的缘故吧。河亶甲的下一代祖乙迁都邢。《史记》称中丁、祖乙时代的迁都为“迁”，而称河亶甲时代仅仅是“居”。大概因为相只是临时国都吧。这个临时居住地时代的殷最为简陋，毫无天下王者的气势，至祖乙时代，才得以复兴。《史记》记载：

帝阳甲之时，殷衰。

阳甲是复兴殷代的祖乙的曾孙。

中丁以后，常有废嫡子，立弟弟或庶子之事，于是帝位之争日炽，九代混乱不堪。《史记》说：

于是诸侯莫朝。

虽然这中间有祖乙复兴，但殷的实际状况与诸侯国无异。

那么，在那个时代，是否还存在别的中心政权呢？

似乎没有这样的迹象，大概殷在形式上还维持着中心政权的宝座。但同样是维持，有的强力维持，有的勉强维持，二者大相径庭。

虽然诸侯不入朝进贡，但他们也没有取代殷的实力。因为《史记》上明确记载，所以知道阳甲时代国力极衰，大有亡国之虞。

幸亏此时阳甲的弟弟盘庚即位，强行迁都安阳，发挥其卓越的领导能力，重新奠定了殷帝国的基础。

可以把盘庚视为新王朝的创始人。《史记》说：

殷道复兴。诸侯来朝。

盘庚成功地使殷成为名副其实的中原中心政权，从而开创了殷的黄金时代。

我们通过精妙的青铜器以及大量的卜辞所知道的正是这个时代的殷。

盘庚之后二世纪，帝位是五代以后的祖甲淫乱，因此殷再次衰落。《史记》没有具体记述淫乱的情况，但从卜辞判断，祖甲是一个要求改革祭祀、预先安排祭祀日期的、新派逐渐得势时期的领导。

在那些把古老传统视为至高无上的人看来，极为重要的祭祀日期不是每次占卜决定，而是预先随意决定的祖甲也许就是一个“淫乱”的人。

改革总是伴随着混乱。从甲骨文来看，经过粗磨雕琢的整理，变得雅致，不久出现后退，进入多有错误、粗制滥造的时期。然而，这只是暂时的现象，不久恢复到成熟舒畅的字体。

《史记》记述祖甲之孙武乙时代曾迁都，但从卜辞来看，似有误。因为武乙期的卜辞也在安阳大量出土。虽然《史记》是可信度很高的史书，但还是不能完全盲信。

对于祖甲，《尚书》等古籍评价他是一个施仁政的贤者。

武乙迁都，也可以视为因为黄河泛滥的临时性措施。他喜欢狩猎，经常到很远的地方去。据说他死于黄河与渭水之间，是在打猎的时候被雷劈死的。如果是黄河与渭水之间，那么离安阳相当远，约有四五百公里。王本人能安然无恙地跑那么远的地方，说明殷具有很强的威力，治安状况也很好。不过，治安状况再好，对雷电也无能为力。

武乙把祖父祖甲的改革倒退到原点。实际上，改革派的祖甲似乎是一个了不起的贤者，说他“淫乱”，应该是保守派的诬陷。那么，倒退复辟的保守主义者武乙应该受到赞扬，可是他的形象并不很好。

《史记》说武乙无道，制作偶人，称为天神，与之博（一种类似双六的游戏）。但是偶人不能动，便让人代替偶人，天神输掉，武乙就破口大骂：“你居然还是天神……”另外，他还把兽血装在皮囊里，挂起来，自己弯弓射之，哈哈大笑说：“我射天！”

如此看来，这个武乙很有点幽默的味道，可是对神极其敬畏的殷人觉得王的行为十分荒谬，也许认为他被雷劈死是报应。

这样的故事似乎和一个将祭祀的规矩恢复过去烦琐规范的人物形象不太相称。

编撰殷代历史的后人觉得殷的历史发展到这个时代，该是走下坡路的时候了。武乙这个帝王性格直率豪放，喜欢戏谑玩闹，有点轻率，就让他扮演无道暴君出现的“前奏曲”吧。

武乙之后是太丁，太丁之后是其子帝乙。《史记》说：

帝乙立，殷益衰。

帝乙将祖父武乙恢复的旧制度再次改革。在保守派眼里，帝乙让已经失势的新派重新得势，这是绝对不能容许的，所以说“殷益衰”，让帝乙承担殷亡国的责任。从卜辞来看，帝乙时期并没有国运衰亡的征兆。

殷灭亡时候的无道暴君纣王是帝乙的儿子。

帝乙有三个儿子，按长幼顺序是：微子启、仲衍、受辛（帝辛）。受辛也叫辛，就是纣王。

据说帝乙和皇后都想立长子微子启为太子，因为他人品优秀。但是，太史依法予以反对。法规定：妻有子，不立妾之子。微子启的母亲不是正室，于是，立皇后之子为太子。

明末思想家李卓吾（1527—1602 年）哀叹道：“纣之母乃圣母，太史乃贤太史。此天亡商，可奈何！”

纣的母亲是皇后，是正室，她不立自己所疼爱的儿子为太子，而是立人品贤明、能力出众的妾之子微子启为太子，所以李卓吾称她为“圣母”。

尽管是皇帝和皇后的意愿，但如果不合法，也敢于毅然反对的太史是一位杰出的太史。

虽然有圣母和名臣，殷还是灭亡。这是天意，天要亡殷，无可奈何。

但是，有人认为微子启和纣是同母兄弟。这位母亲生微子启的时候，还是妾的身份，成为正室之后生下了纣。如果这样的话，纣的母亲还是立自己的儿子为太子，未必可以称“圣”。

殷的纣王和夏的桀王并称为“殷纣夏桀”，都被视为典型的暴君。《史记》没有具体记述夏的桀王的暴君行径，只是说他不修德，以武力伤害人民，人民不堪忍受。

《史记》却详细记述纣王的暴虐行为，司马迁以“资辨捷疾，闻见甚敏”形容纣王具有优秀的禀赋，能言善辩，善于决断，行动敏捷，聪颖过人，对所闻所见能准确迅速认识。他才能和体力都出类拔萃，曾徒手制服猛兽。

他具有足够的明君素质，却过于自信。其智慧足以阻止臣下的劝谏，巧言辞令，文过饰非。对臣下炫耀自己的才能，对天下高调夸饰自己的声望，自以为普天之下没有人比得过自己。

如果真是这样的话，那的确是一个名副其实的霸王。

征伐有苏氏的时候，有苏氏王献给纣王一个美女，她就是妲己。从此以后，纣王沉迷妲己，对她言听计从，百依百顺，为她兴建楼阁鹿台，聚天下之财宝，导致赋税加重。《史记》说“厚赋税以实鹿台之钱”。

有的史学家指出那个时代应该没有货币，认为这样记述有问题。司马迁的时代已经有“钱”，是财产的单位，所以不必过于拘泥，可以理解为“钱”作为“财宝”的代名词使用。

钜桥粮库，谷物满仓，这也是为妲己所储备。并且广泛收罗犬马等珍奇动物，扩建沙丘的离宫，建成一个自然动物园。

《史记》说纣王“慢于鬼神”，意为侮辱鬼神。鬼神即亡灵，其中也包括祖先之灵。殷人格外尊崇鬼神，而纣王无视这个传统。

“酒池肉林”是形容极度奢靡、肆意欢乐的意思，日本也使用这个词语，典出于纣王的故事。沙丘的离宫院子池塘里倒满美酒，周围的树木上挂着肉块，男女裸体互相追逐游戏，日夜狂欢，恣意享乐，在宫廷音乐家涓所创作的“北里之舞”，“靡靡之乐”这些淫靡音乐伴奏下，醉生梦死。

纣王自然是疏远贤臣，重用奸臣，他的心腹如费中、恶来之流。费中善于阿谀奉承，恶来惯于谗言诽谤。

哥哥微子启经常劝谏，纣王充耳不闻。微子启无奈，只好离开国都。

他的名字微是国名，子是爵位，启是个人的名字。有人认为微是魏。启离开国都，大概回到自己的领地微。

据《史记》记载：比干是帝乙的弟弟，就是纣王的叔叔。比干和微子启不同，是长辈，大概对纣王的劝谏直言不讳，结果纣王怒而杀之。他说：“听说圣人的心脏有七个孔，我倒想看看是不是真的。”就命人剖开比干的心。

箕子极其恐惧，佯装发疯为奴隶。可是，纣王把他找出来，囚禁起来。如果贵族精神失常，有规定必须做奴隶吗？

《史记》对纣王暴行的描写只是这些，而《列女传》则把酒池肉林、解剖圣人心脏这些事都说成是纣王为了取悦妲己而做的。

正如过犹不及，罗列出这么多的坏事，反而令人怀疑其真实性。

对于灭殷的周来说，纣王越坏对自己越有利。

有一种刑叫“炮格”。据说也是妲己想看，纣王发明的行刑法。横吊一根铜柱，铜柱上涂抹膏油，下面火烧，让受刑者在铜柱上行走。“炮格”也写为“炮烙”。横木叫格，所以大概“炮格”刑的说法是正确的。为《列女传》补注的王照圆这样记述道：

> 铜柱涂抹膏油，下面火烧，自然非常灼热光滑。从铜柱上滑落下来，掉在炭火上，就会烧死。受刑者在灼热的铜柱上行走，总想求生，于是抱着铜柱拼命往前爬，手足身体的皮肉被烧焦烧烂，露出骨头。据说妲己喜欢看这种极度痛苦的惨状，觉得很有意思。

纣王不仅要看圣人的心脏七孔，据说还把孕妇的肚子剖开，看里面是什么。《水经注》记载：一次，纣王看见一个老人要过淇水河，却怎么也下不了水，就问怎么回事。臣下回答说：“老人骨髓松软，怕冷。”纣王就说：“那我看看他的骨髓什么样子。”

当时，殷有西伯昌、九侯、鄂侯三公辅佐国政。九侯有一个美丽的女儿，但因为不听纣王的话，被杀掉。不仅如此，父亲九侯也被杀，剁成醢（肉酱）。

鄂侯劝谏纣王不可这样，被杀，做成脯（尸体晒成肉干）。西伯听到这些事，叹息一声，结果被人告密，囚禁在羑里监狱。西伯的家臣大为震惊，连忙给纣王献上美女、珍宝、动物等，才把主人救出来。

西伯出狱以后，将自己领地的一部分洛西（洛水以西）献给纣王，恳求他废除炮格。收到很多贿赂的纣王终于同意废除炮格之刑。

这样罗列下去，还会有很多，不过，殷纣王真的就是如《史记》等古籍上所写的典型的暴君吗？

纣时期的卜辞出土不少，但没有一片出现“妲己”这个名字。另外，从卜辞可以知道，纣王比先前的其他王更加热心地按时举行祭祀活动，不仅没有侮辱鬼神，还对鬼神十分虔敬。卜辞中纣王的实际形象与我们所听到的暴君故事相差很远。

奴隶制社会的一大特点就是随意杀人。存在着大量的非人之人，甚至有的人就是为被杀戮而活着的。例如在祈雨的时候，就需要人的生命。

周进入封建社会以后，就不像殷的时代那样随心所欲地杀人。墓葬中也极少有殉葬者。这个时代的人回顾上一个血雨腥风的王朝，就把所有杀戮之罪全部加在末代帝王纣一个人身上。纣大概也杀过好多人，但和历代帝王所杀的人差不多。

从纣王时代的卜辞可以知道一个事实，就是他频繁亲征东方。

在他一心一意忙于东方的战事时，疏忽了西方的周从背后的袭击，可以说这是殷灭亡的真正原因吧。其实那时殷的国力并不是很衰弱，亡国之后，还保留下相当的力量。

卜辞记载，纣王至少两次亲征。第一次是即位十年的九月至第二年的七月，第二次是即位二十年的五月至二十二年的六月左右。据说纣王统治后半期的卜辞已经遗失，无法知道他后来有过几次亲征。董作宾的《殷历谱》说纣王即位六十四年时殷亡,看来不知道殷灭亡的正确年份。有人认为第二次亲征东方后不久就灭亡。

殷的青铜器中不少刻有纪年铭，但最后纪年是纣二十五年。

说到东方，史学界多数认为殷原先是东方的部族。自己的老窝发生叛乱，大概事态十分严重。

方，或称邦方，在殷看来，即为国外。卜辞和青铜器上经常出现鬼方、羌方、人方、虎方等词语。不少青铜器是为庆祝战功和胜利而铸造的。纣王亲征东方是为了讨伐人方这个国家。人方国力相当强大，占据淮水流域至海岸边的大片土地。

殷墟还出土有鲸鱼骨头和贝壳等，这些当然是殷国内所没有的。绶贝等都是贵重的珍宝，这从“财”“寳（宝）”字中含有“贝”就能知道。

纣频繁出兵征讨人方，目的就是为了掠夺财宝、增加奴隶。大概以前殷的掠夺行径十分残暴，人方国实在是忍无可忍，才奋起抗争的。

殷墟出土有一个刻有“人方伯”文字的人的头盖骨，应该是殷远征人方时杀害的人方国首领的头颅。

战争加重人民的负担，军队也对频繁的征战表示不满。每一件青铜器都显示着上层的生活穷奢极欲，为了维持这种奢靡的生活，就必须不断地发动战争。

就这样恶性循环，纣王时代，战争成为一种常态。在殷一心关注珍宝丰富的东方的时候，疏忽了对西方的防备。

洛水和伊水一带有召国，再往西有周国。这两国都承认殷的霸权地位，甘心成为殷的卫星国。因为殷国力强大，他们只好顺服。

在殷的纣王时代，周出现一个优秀的领导人。

殷周变革的日子正逐渐来临。

巨大的落日

从政治力学的角度进行考察，对东西方力量考虑的失衡是造成殷灭亡的原因之一。过于重视东方而忽视西方，因为东方财宝丰富，不仅有绶贝，还有很多“人”。

西方就没有珍宝吗？殷墟发现许多玉器，这无疑是西方的珍宝——昆仑玉。殷墟出土的东西都埋在地下几千年，已经钙化，所以难以进行分析。昆仑玉出自现在的新疆维吾尔自治区和田县内的玉龙喀什河和卡拉卡什河河床，所以是从遥远的西方运来的。另外，从新石器时代的遗址也发现有玉器。

“寶（宝）”这个字由玉和贝构成。对殷来说，这两样东西分别是东西方的珍宝，贝相当于现在的金币、银币，玉相当于现在的宝石。玉的产地非常遥远，虽有耳闻，但谁也没有去过昆仑山。相比之下，东海的绶贝产地就不是很远，而且离自己的老家也很近，所以最后还是出兵征服。

在中原的中心政权看来，黄河拐弯与渭水汇合处以远就是“西”，目光所及不过河西即现在的甘肃省一带。

卜辞出现像似“西王母”的文字，大概就是日神。那是太阳西沉远方的难以接近的神的土地。现实中的西方“世界”有周国，但他是殷的卫星国，经常入朝。周国的首领被授予“西伯”的爵位。在殷纣王暴虐无道的故事里，他是受迫害的三公之一，因为叹一口气就被囚禁在羑里的牢狱里。

那么，这个西伯所治理的周又是什么样的国家呢？

周也有自己的建国神话。

周的始祖是后稷，名“弃”。他是一个弃儿。

后稷的母亲是有邰氏的女儿，名姜原，据说是帝喾的元妃（正室）。有一天，她到原野去，看见地上有一个巨人的脚印，心有所动，想踩上去。可是，她一脚踩上去以后，立即感觉肚子里有动静，像是怀孕一样。其实她真的怀孕了，一年以后，生下一个男孩。

她觉得这种怀孕不正常，认为很不吉利，便将孩子扔到巷子里。但是，马、牛等动物经过他身边的时候，都避开不踩踏。于是，母亲将他抱到树林里，可是树林里来往行人很多，不便扔弃。她又把孩子扔在沟渠的冰面上，结果大鸟飞来，张开翅膀，铺在冰面上，覆盖着他的身体。

姜原觉得奇怪，便将孩子抱回家里哺育成长。因为开始打算遗弃他，所以给他取名“弃”。

按照这个传说，弃的父亲是帝喾，黄帝的曾孙，五帝之一。自然是传说中的人物。

在这里，令人不由得想起殷始祖的传说。上面已经介绍过，殷始祖契的母亲是简狄，帝喾的次妃。她吞食玄鸟蛋生下契。

出生都不同寻常，殷和周的始祖的父亲都是帝喾，说明都属于黄帝的系统。

不过，他们的出生似乎和父亲都没有关系。大概太古时候母系氏族社会的记忆与始祖传说结合在一起。母系氏族社会只知其母，不知其父，后来出于正统观念的需要，要求列出谱系，于是，黄帝的曾孙、五帝之一的帝喾具有正统地位，就被抬了出来。

周推翻殷，取而代之，就有权修改殷的传说。虽说他们的始祖都是帝喾的妃，但周的始祖的母亲是元妃，即正房，而殷的始祖的母亲是次妃，即偏房，这样就显示出差别。这可以说是神话领域的侵略。

即使是偏房所生，殷的始祖契还是具有正统的传承。殷人发明卜辞以后，也没有忘记契。卜辞记载，殷人与山河一起祭祀契。卜辞所说的山岳指的是嵩山，河流指的是黄河。祖先神和山川之神一起受到祭祀。

传说正房之子弃，即后稷，在舜的时代担任掌管农业的官，而契在当时担任掌管文教的官。

周是后进国，有关他的传说也不是很丰富。

殷的始祖是吞食燕子蛋的母亲所生，一定是以燕子作为图腾的部族。那么，周的始祖是踩踏巨人脚印的母亲所生，周以什么作为图腾呢？

原始时代中国各部族的图腾，东部靠海的多是鸟类，黄河中游的中原地区多是鱼、龙、蛇等水族，西北地区多是兽类。

对于中国的"天照大神"[①]黄帝，吸收了各种各样的传说。《史记》说：

教熊罴貔貅貙虎，以与炎帝战于阪泉之野。

表明黄帝率领西北各部族参加战争。貔、貅、貙等，这些我们不熟悉的名字，大概是虎豹那样的猛兽。那么，黄帝部族的图腾是什么呢？一定是率领六兽在阪泉之野作战的熊。《史记·五帝本纪》末尾这样写道：

故黄帝为有熊。

正如夏的始祖禹的名字中有"虫"，黄帝大概是以龙或蛇为图腾的部族的首领。但是，禹的父亲鲧的图腾似乎是鲇鱼或者泥鳅。这父子关系是虚拟的，也许就在禹的时代形成了龙和鱼的水族图腾大联合。

前面介绍过那则奇怪的故事：禹娶涂山氏的女儿为妻后，被妻子看见他变成熊的样子，结果妻子惊逃，化为石头，从石头里生出启。

禹治水，可能借助西北以熊为图腾的部族的力量。也可以这样解释：涂山氏的女儿一直以为丈夫是水族大联盟的首领，没想到他率领熊族，所以大为震惊。

据说禹的父亲鲧治水失败死的时候是化作黄熊跳入深渊里的。也有

① 天照大神：日本皇室的祖先神。——译注

人认为不是熊，而是三足鳖的“黄能”。因为原本是水族的神，一下子变成兽，感觉不合情理吧。

治理黄河，当然需要得到住在上游的兽部族的协助，优秀的领导人一定会考虑得到他们的合作。只有这样的领导人才会成为大政权的创建者。

孙作云在《诗经和周代社会研究》中论述周是以熊为图腾的部族。

图腾的名字往往是这个部族的禁忌语言。从研究古代社会的常识来说，殷族把燕子叫作“玄鸟”（黑色的鸟）也是出于禁忌吧。那么，姜原所踩踏的那个脚印的“巨人”是什么呢？有的传说出现的不是“巨人”，而是“大人”。孙作云认为，不说是神、是上帝，而说是“巨大的人”，那无疑就是熊。如此说来，日本有的地方也把熊叫作“老爷子”。

中国的母亲河——黄河及其水系上生息繁衍着她的儿女们。夏系统的人们在中游，殷系统的人们在下游，周系统的人们在上游，分别成为文明的创建者。

在这三大系统中加入各种要素，不断地涌动着整合的意愿。

周的始祖的母亲是姜原，姜肯定是部族名。从这个字就可以知道，这是从以羊为图腾的母系氏族发展而来的部族。

姜也写作羌。羌字的下半部分表示辫子，应该属于西藏系统，这似乎已成为定论。《春秋左传》说：

姜，太岳之后也。

太岳大概就是嵩山。殷将黄河和嵩山作为河山之神祭祀。

太古时候，掌握有土地实权的人也掌管当地的山河及其祭祀权。嵩山在洛阳以东，无疑是中原的山。姜族原先居住在中原，被殷赶到西面，所以姜族一直怀着回归中原的强烈愿望。

卜辞里经常出现羌人的字样，“获羌”的占卜非常多。如同占卜狩猎能获得多少猎物一样，占卜能抓到多少羌人。有这样的卜辞：

丁丑又父丁，伐三十羌。

这个占卜问是否可以在祭祀父亲康丁的时候砍下三十个羌人的脑袋。

从卜辞可以知道，被抓的羌人不仅被斩首作为祖先神的供品，有的也作为奴隶服役。

羌人之所以容易被抓获，大概因为他们是牧民，多是少数人分散各处的缘故。他们明明知道一旦被抓就会斩首，却还在殷人的势力范围附近活动，也许是出于回归中原的强烈愿望吧。殷取得天下以后，羌人就遭受残酷的迫害。

牧民与狩猎民不同，性格平和，质朴诚实，但依然对殷怀着强烈的复仇之心，只要时机成熟，他们就会奋然崛起。所以周可以非常容易地和羌人结为同盟。

周的始祖的母亲是姜地人这个传说，很有可能是与羌人结为同盟时编造的。部族联合通过祖先的关系加强力量。

周的神话说后稷的后裔无事可做，便跑到戎狄居住的地方。后稷是农业大臣，但由于夏国力衰弱，不事农耕，好像就免去了他的官职。

在首都待不下去，跑到地方来，这样传出去，声誉不太好，不过，周的先祖的确曾经破落过。到后稷的曾孙这一代，才重新开始继承后稷的事业，努力从事农业活动，使居住的地区变得富饶起来。一个名叫公刘的人，根据土地的肥瘠状况进行农耕播种，南渡渭水，到南山伐取木材。由于生活水平的提高，很多人从四面八方移居过来。正如《史记·周本纪》所说：

周道之兴自此始。

公刘之子庆节继位以后，居民聚合在一起，形成一个“国”，在豳这个地方建都。

《史记》记述庆节八代之后古公亶父即位，列出其谱系。这个谱系也如殷代的谱系那样完整，但因为没有发现周代的卜辞，所以无法确认其准确性。

这个古公亶父被称为太王。当时，薰育、戎狄等蛮族进攻豳。他们想要财物，太王就把财物给他们。但他们继续进攻，还想要土地和人民。人们怒不可遏，要与他们决战。太王劝说道：

> 有民立君，将以利之。今戎狄所为攻战，以吾地与民。民之在我，与其在彼，何异。民欲以我故战，杀人父子而君之，予不忍为。

他离开豳，渡过漆水、沮水，迁移到岐山脚下的周原这个地方。起先他是带领自己家族前去的，但豳人举国扶老携幼，跟随前往，归从太王。不仅如此，临近各国的民众听说太王如此仁厚，也都追随前往。太王在周原废除戎狄习俗，教民众修建城郭室屋，划分村落而居，任命官职。

因为这个地方名叫周原，所以定国号为周。

有关太王的故事，似乎过于理想化。自己辛辛苦苦惨淡经营的土地不会轻而易举地放弃掉。因为周的始祖是主管农业，看来周是个农业国。农民对土地是非常执着依恋的。实际上是无法抵抗戎狄等蛮族的压迫才被迫放弃土地的。

在靠近蛮族势力范围的地方建立农业国，结果被他们用武力赶出自己的家园，流离失所。其实这是一次宝贵的经验。

移居到岐山脚下的周原——即所谓岐周以后，太王反思这次经验，开始创建自己的国家。《史记》说：

> 贬戎狄之俗。

这似乎坦承以前一直过着和戎狄的风俗习惯相似的生活。太王从民众的生活开始着手进行改革运动。这个改革很快就发展到思想意识的改革。

移居周原之前，还只是很小的集团部族，连国家都称不上。然而在很短的时间里，就建立起强大的政权，具备最终推翻殷王朝的国力。

这个力量来自哪里呢？

在周还是小集团的时候，应该还有奴隶，而受到戎狄的进攻后，大概就失去了奴隶。从豳迁移岐山脚下的时候，奴隶都四处逃散。奴隶对于失败逃亡的主人也没有必要尽忠。

一起前往周原的，除了太王的家族外，其他几乎都是自由民。这个集团的首领必须设法建立一个没有奴隶的政权。

土地属于首领所有，居民代替首领耕种土地，这就是所谓的公田制。农民没有土地，土地上的收获除上交给首领外，也有一部分留给自己。这就是殷部分实施的“助”的制度。

所谓的以胡萝卜代替大棒的政策，既然大棒打不出奴隶的勤劳，那就用实惠作为诱饵来调动奴隶的积极性。一旦“积极性”成为动力，生产效益就迅速提高。这里需要奖励机制，取得的成绩越大，其收入分配也越多。

这种形式的小范围试验逐渐扩大，周原的生活得以改善的情况不胫而走，人们闻风而来，于是形成竞争，效益越发提高。这可以说是一种制度。周的领导人看到硕果累累，一定充满自信。

周没有经过成熟的奴隶制社会，就依靠封建制度使国家强盛起来。这在殷看来，简直就是不按规定的程序，使用怪招一夜暴发起来的。殷大概认为“爬得快，掉得也快”，但是周一直没有掉下来。

殷对强盛起来的地方政权不能视而不见，于是任命周的首领为中央政府的大臣。太王古公亶父的孙子昌被殷任命为西伯。

太王的妻子是太姜，受到殷残酷欺压的牧人部族。周的始祖的母亲姜原同样也是姜族出身。因为周和姜原本就是亲戚关系。不过，这种姻亲关系恐怕是后人编造的。

太王经过深思熟虑，便与姜族结成姻亲关系，为了加强联盟的力量，编造出血缘关系的历史故事。

太姜生有三子：太伯、虞仲（一说名叫仲雍）、季历。小儿子季历娶太任为妻。太任是任氏的女儿，任氏也是相当强有力的诸侯之一。

周除了使用封建制度这个新式武器外，还利用政治婚姻的手段进一步扩大势力。太任生子昌，分娩的时候，出现红色的雀儿口衔丹书飞来停在产房门上的“圣瑞”。太王说道：

我世当有兴者，其在昌乎？

其实，与其说是圣瑞，不如说是大部族姜和强有力的诸侯任结成同盟以后夺取天下并非梦想的感觉。

太王之孙昌要继位，就必须编造出美丽的故事。因为昌的父亲季历是小儿子，说不定那时候是幼子继承。《史记》的谱系只是记述某人死，某人之子立，却没有说明是第几子。殷纣王也是幼子，因为他的两个哥哥不是正房所生，以这个理由继位的。不过，这个理由大概是后来编造的。

后世的史学家对幼子之子昌即位周王的历史事实感到困惑，于是编造出圣瑞等美好的故事。圣子昌要即位，首先其父亲季历也必须即位。但是，季历是幼子，如果他的两个哥哥不表示大度的态度，他就无法继位。

于是，当季历的两个哥哥——大哥太伯和二哥虞仲知道父亲太王希望立季历为太子，将传位于他后，便离家出走。

他们手携手前往荆蛮之地。所谓荆蛮，在当时周看来，是极其遥远的南方。为了不使自己被发现带回去重新继承周的王位，他们断发文身。周和戎狄长期打过交道，深知其难，对蛮族的习俗也十分排斥。断发文身之人不可能成为周的首领，那样的奇形怪状也不可能祭祀祖先。

据说太伯和虞仲在荆蛮之地被拥戴为首领，建立了吴国。

六百年后，被越王勾践灭亡的吴王夫差就是太伯和虞仲的后裔。

殷纣王即位时，周不过是西方的一个诸侯国，至昌时代，终于实现了太王的期望，昌作为一代明君，大大增强了周的国力。殷无法抛弃这个强大的卫星国，授予了昌西伯的爵位。

前面说过，就是这个西伯昌，因为知道自己的同朝大臣被杀后尸体被晒成肉干而叹息，结果被人告密，被囚禁牢狱。

编造出来的纣王以及殷的坏事，如果不记载下来，周的行为就失去正当的理由。《竹书纪年》记述昌的父亲季历为殷的文丁所杀，但司马迁在《史记》中没有采用。《帝王世纪》说纣王烹煮作为人质的昌的儿子，让昌喝这个人肉汤。我在前面已经说过，史书记载的纣王暴行有相当大的水分。

殷的灭亡与其说是因为纣王的暴虐，不如说是连年征战的缘故。从殷的体制来说，征战是不可避免的。

仔细分析卜辞，就会发现：纣王时期，祭祀祖先的时候，杀人作为供品的现象似乎急剧减少。也许纣王不喜欢这种无谓的杀戮，也有可能因为奴隶数量不足，觉得这样杀戮有点可惜。不是奴隶的数量减少了，而是需要奴隶干活的工作增加了。因为王族和贵族的生活变得奢侈豪华，人的生活水平一旦提高，就很难倒退回去。甚至难以维持现状，更何况要不断地提高生活水平。

酒的消费量的增长简直令人瞠目，甚至有人说殷是亡于酒。尽管酒的消费是文化的标志，文化的过快发展固然是好事，却苦于没有足够的劳动力维持这种发展的基础。

在奴隶制社会，不可能提高每个人的劳动效率。不抽鞭子不干活，鞭子抽多了会把人抽死，鞭子随时拿在手里，一刻也不能放松。在这种状态下，只能实行恐怖政治。在恐怖政治的统治下，人不可能产生活力。

周的文化水平远远低于殷，但他的体制开明、富有生气。

西伯昌也是驰骋沙场，征伐犬戎，还征伐更西边的密须，也征伐耆国，接着出兵征讨东边的邘[①]，在去世的前一年还征讨崇侯虎。据说崇侯虎[②]就是向纣王告密西伯的那个诸侯，他的领地在陕西省西安市附近的丰。

消灭崇侯虎以后，周把国都从岐山山麓迁到丰。

周的征战与殷不同，目的在于扩大自己的体制范围。抓到的俘虏不再作为奴隶，而是增加公田，让他们耕种。

殷纣王对周的这些措施根本不放在眼里，过度自信，当别人劝告他

① 邘：周朝诸侯国名。——译注

② 崇侯虎：崇城国君，受商封为侯，为纣王重要羽翼。——译注

要对周有所警惕时，他说道：“我生不有命在天乎！”我的王权是天授予的，西伯奈我何！

纣王自恃才华出众，过于自信，另外单纯从军事力量计算的话，殷远比周强大。

纣王漠然无视西伯的动向，一直忙于在东面作战。卜辞经常出现远征“人方”的记述，但不知何故，《史记》没有记载，只是不厌其烦地叙述纣王不听谏言、暴虐无道的事情。

周对殷的战争，其实是乘虚而入的偷袭，不过周的史官试图加以掩盖。周也许不愿意让别人知道当时纣王正率兵远征东方的“人方”。即使在司马迁的时代，也被隐秘遮掩起来。

如果没有从殷墟出土卜辞，历史的时空里只会回响着胜利者周的声音。

西伯昌在位五十年死去，没有看到殷的灭亡，死后谥“文王”。

太子发继位，继承父亲的事业。他就是周武王。

周的首领从什么时候开始称王，没有准确的史料。不过，从称王的时候开始，周就不再是卫星国，而是已经独立了。《史记》说道：

诗人道西伯，盖受命之年称王而断虞、芮之讼。后十年而崩，谥为文王。

从“诗人道”这种叙述方式来看，司马迁也心存疑问。还有人认为，这句话不是司马迁所写，而是后人增加的。

按照这个“诗人道”，西伯在晚年的最后十年称王。

所谓虞、芮之讼，指的是这两地人发生诉讼，到周来请西伯裁断。虞和芮的地域都相当大，他们之间的诉讼本应提交给殷王去解决，却拿到周来裁决。他们到周以后，看到耕地的农人在田埂上互相谦让、大家都尊敬长者的美好风尚，深感惭愧，便回去互谅互让地自己解决。就是说，西伯并没有直接裁决这场诉讼。别的诸侯国将这类问题拿到周请求解决，这说明周的首领已经成为闻名遐迩的重要人物。历史的时间发生了变化。

关于殷灭亡的年代，有多种不同见解，董作宾认为上限是在公元前1111 年。我认为公元前1050年比较妥当，但也有说法认为是公元前

1028年至前1027年左右。

《史记·周本纪》对武王即位后的人事安排作如下叙述：

武王即位，太公望为师，周公旦为辅，召公、毕公之徒左右王，师修文王绪业。

太公望名震天下，因为太有名了，就会有各种各样的传说，对他的认识反而模糊不清。《史记》说他本姓姜氏，先祖有人封于吕（河南省），所以姓吕，名吕尚。

周的姓是“姬”，始祖和太公的妻子出身姜，所以姜和周的血缘关系很深。太公望也许是姜部族的代表。

《史记》也介绍有关他的各种传说。最著名的故事就是穷困年老的太公望在江边钓鱼以试图接近西伯。

有一天，西伯出外狩猎之前进行占卜。虽然周不像殷那么频繁，但对于狩猎之类的大事，一般事先还是要占卜看能否有好收获。周人并不热心将占卜的结果刻在甲骨片上。这一天占卜的结果是：

所获非龙非彲，非虎非罴；所获霸王之辅。

今天的收获是辅佐王称霸天下的名相。

这一天，西伯果然在渭水北面遇见正在钓鱼的吕尚。因为西伯已经事先知道占卜的结果，便与吕尚交谈，果然是贤人俊才，立即带其回去，拜为“师”。西伯得太公望，喜不自禁，说道：

自吾先君太公曰“当有圣人适周，周以兴”。子真是邪？吾太公望子久矣。

先君太公，大概指的是西伯的父亲季历。那时就传说，有圣人来周，周因此繁荣富强。太公长期翘首期望这位圣人的出现，现在终于如愿以偿，所以赐号“太公望”。

《史记》还以“或曰……”的形式介绍另外的传说：吕尚学识渊博，曾仕殷纣王，因纣王无道，遂离去，游说于诸侯之间。但没有诸侯发现他的才华，只好往西而行，终于得到周西伯的赏识。

还有说吕尚是处士，隐于海滨。在周西伯被监禁于羑里的时候，西伯的近臣散宜生和闳夭找吕尚商量，从此与周建立了关系。因纣王好色，大概吕尚授计挑选天下之美女献给纣王。

《战国策》记载秦始皇对姚贾说：

子监门子，梁之大盗，赵之逐臣。

姚贾回答道：

太公望，齐之逐夫，朝歌之废屠，子良之逐臣，棘津之雠不庸，文王用之而王。

齐是现在的山东省。称为“东海之人”，那么太公望大概在山东半岛的沿海住过。“逐夫”，就是被妻子驱逐出门的丈夫，也许因为没什么本事，遭到妻子的责骂，被赶出家门。

朝歌是殷的国都，现在我们称为安阳县小屯村的地方。太公望曾在此地开过小肉铺，大概生意不好或者其他什么原因，总之肉铺也收摊了。

子良是人名，但不知其详。太公望曾在他手下做过事，也因为干不好被赶出门。

棘津是地名，据说在现在的河南省延津县一带。“雠”是被人痛恨之人。也许太公望在这个地方干过什么坏事，遭人痛恨，谁也不愿意雇他干活。然而，周文王慧眼识才，终成霸业。

另外，也有如《古史考》那样的记载：

吕望尝屠牛于朝歌，卖饮于孟津。

这与隐者相去甚远，也许这才更接近真实的人物。

我不由得想起辅佐汤，为殷的建国立下大功的伊尹。这个伊尹生于空桑，完全是一个神话人物，而辅佐文王、武王建立周国的元勋太公望少有神话的色彩，被老婆赶出家门的故事，完全就是一个凡夫俗子的行为。

这大概是五百年的岁月所造成的差异吧，同时也由于殷和周的国情不同。殷无论什么事都要占卜求神，而周的政体极具现实主义。但即使如此，伊尹和太公望作为辅助的名臣有不少相似之处。

两个人都与烹调深有关系，伊尹因为他的不吉利的出生，送给厨师喂养，学得一手好厨艺。太公望虽有钓鱼的传说，但他也卖过肉。屈原的《天问》中有这样的句子：

师望在肆，昌何识？
鼓刀扬声，后何喜？

文王怎么知道后来拜为师的太公望就在肉铺里呢？“鼓刀”是指挥动大刀的时候，系在刀柄上的铃发出声音。当文王亲自登门拜访的时候，似乎太公望一边挥刀剁肉，一边大发宏言，阐述自己的抱负。“扬声”，就是侃侃而谈夺取天下的策略吧。文王听后，喜不自禁。

刀柄铃响，想来是太公望一边切牛肉一边对文王说话。

伊尹以滋味——美味烹调接近汤，他们在这一点上十分相似。

想在传说中寻找象征的人大概试图发现伊尹和太公望都把牺牲献给主公、让主公享用的仪式吧。

身份低微，但富有才华的家臣能够和主公畅谈，首先应该是食物的话题吧，或许是钓鱼之类的兴趣爱好。有这样说话的机会，主公才能了解对方的才能。

伊尹、太公望这样身份低微的人物在建国创业时期大显身手的现象是引人注目的。只要有能力，不论什么身份，都给予发挥才能的机会。

这是因为这个集团充满生机勃发的活力。失去活力的集团，一切都是停滞沉郁的，任何优秀的人才都被埋没。在这种状态下，夺取天下只是一句空话。

殷不是衰弱而灭亡，而是过了鼎盛时期，于是出现衰退的倾向。关于纣王的暴虐行径，不知道有多少可信度，但恐怕也并非凭空捏造。

文化是从高处流向低处，但对高低的评价是出于主观意愿。殷所创造的文化应该是当时东方世界最高的文化，但还是有人不予认可。这也许是情感的问题。

陕西省周代起源地一带的考古调查发现，龙山文化的上面堆积有周的文化层，却几乎没有发现考古学专业术语所称为小屯文化的殷代文化层。看来周代的人们从情感上就不喜欢殷的文化，没有吸纳。

周存在于戎狄之间，本能地感觉软性文化对于国家将是致命性的。周对殷的文化似乎具有极其强烈的拒绝感，尽管不得不承认殷文化是先进文化，但并不认为和自己走的是同一条路。如果是同一条路，就会产生奋起直追的心情，但因为周直觉认定那不是自己所走的道路，反而没有自卑感。

从我们现在看来，殷周包裹在太古时代的团团迷雾中，难以分辨。然而在当时，二者截然不同，可以说是两个不同的世界。

夏与殷的交替是在同一条跑道上运动员的替换，而殷与周的交替，不仅运动员，连跑道也替换了。

王国维（1877—1927 年）认为，中国文化的源头在于周，殷的文化几乎传递给后代的中国。尽管是在同一块土地上繁荣发展的文化，他几乎视同为外国文化。

虽然这是极端的观点，但之所以具有相当的说服力，大概因为殷和周的体制不同的缘故。不同的种子开不出相同的花朵。

殷和周究竟有多大的不同呢？认识不同，观点也各不相同。认为二者的体制性质根本不同的人主张殷周交替是奴隶制度向封建制度的转变。认为二者没有多大变化的人主张周的体制总体框架与殷相同，都是奴隶制时代。这样，在中国引起热烈的争论。

主张周是封建社会的根据之一是周墓中极少有殉葬的例子。当时（20世纪50年代）发掘周的古墓约一百六十座，其中殉葬的墓只有三座，殉葬者只有六人。

对此，主张周是奴隶制度的主要人物郭沫若反驳说，周墓中的王陵尚未发掘。殷墟发掘的大墓是王陵或者王室成员的墓葬，所以有大量的殉葬，但是，所发掘的周墓中还没有像王陵的大墓，普通人的坟墓没有可比性。这种说法也有一定的道理。

不能以含糊不清的感觉论述学术观点，所以，我不是在论述，只是叙述我的感觉。

我强烈感觉到殷周的交替是舞台的急剧转换。正如日本俗话所说：附体邪魔忽然消失的感觉。

这种交替也可以说是神的世界变成人的世界。

虽然周的时代比殷离我们更近一些，但是对周代人们的生活情况有的方面更缺少了解。其原因就是周人不像殷人那样给我们留下卜辞。殷墟出土的十多万片卜辞虽然主要记录王室的活动，却生动鲜明地传递给我们殷人的生活状况。

然而，周人不再像上一个朝代的殷人那样十分在意上帝的意愿。尽管依然占卜，却不把占卜的事项及其结果一一记录下来。对于殷人来说，占卜是绝对性的指示，周人只是将其视为“重要的参考”。失去了绝对性，也就省去了费心刻在坚硬的骨头上的劳力。

殷人似乎与神一起生活，出去狩猎之前都要占卜。殷历是十进法，以十天为一旬，一定要占卜下一旬的凶吉。甚至生病、走路不小心绊一跤，都要占卜，看是否受到鬼神的祸祟。刮风下雨，寒雪酷暑，气候变化，一切都要占卜。可以说，殷人对神是过分亲昵、过分依赖。为了避免鬼神作祟，供奉上许许多多血淋淋的牺牲，其中也包括人。

人与神过于接近，但这个接近需要复杂的程序，殷人经过长期的努力，建立起神与人的这种繁杂关系的体系。生活简朴、一心从事农业的周人对此难以理解。

周继承殷成为天下的主人，但并不是全盘继承殷的所有遗产。殷人如此靠近神，周人觉得神奇，但也觉得麻烦。周人没有继承殷人的宗教体系。

对于殷人来说，神就是一切，而周人不接受，二者就没有了结合点。

回到周进攻殷的话题——文王创业，半途而丧，年龄不详，但治世五十年，应该年事已高。太子发即位，重新安排人事布局，他就是武王。武王即位九年后，赴毕，祭祀父亲文王。文王的陵墓在毕。然后前往孟津，列兵排阵，炫耀武力。当时，将文王木主置于车上，武王自称太子发。木主即牌位，祭祀于车，如文王复生，表示此次远征是文王的意愿。武王作为太子，只是跟随父王亲征。

《史记》记载，武王的西伯之名声震西方，在最后十年称王，征讨不驯服者，所向披靡。

人虽死，名犹在，各地诸侯及人民对他记忆犹新，因施仁政，受人仰慕，他的名字依然具有影响力。

直接指挥军队的是太公望，他在动员各地诸侯时严令“后至者斩”。

军队在孟津过河。孟津在洛阳边上，是黄河的渡口，其名字时常出现在中国历史上。

各路诸侯会师的场面大概被描绘在壁画上。屈原在庙堂看到壁画，在《天问》中这样吟唱：

会朝争盟，
何践吾期？
苍鸟群飞，
孰使萃之？
列击纣躬，
叔旦不嘉。

那一天，各路诸侯争先恐后地聚集在孟津。这么多的军队为什么都能按时到达集合地点呢？苍鸟群飞，这是吉兆，是谁把它们集中起来的呢？大家在这里集合，然后去讨伐暴虐的殷纣王，可叔旦说：“这不好。”

叔旦是武王的弟弟周公旦。伯为年长，叔为年少。

《史记》记述一条白鱼跳到武王的船上，武王以此鱼祭祀。这也是吉兆。古代王朝各有自己尊崇的颜色。夏尊黑色，殷尊白色。主张黑陶文化是夏文化的人就把夏尊黑色作为根据之一。

白鱼自然是殷的象征，跳到武王的船上，这无异于让周随心所欲地宰割烹调。可以想象，周的阵营肯定是沸腾欢呼。

黄河上游升起一团流火，飘下来在武王的军营前变成一只红色的乌鸦。这也是吉兆。因为周尊红色。吉兆呈现，周军大为振奋。据说当时聚集在孟津的诸侯有八百人。他们都愿意建功立业，受到新政权的重用，于是齐声高喊："纣可伐矣！"有人认为出现的这些征兆"不好"，主张回师。屈原的《天问》说是周公旦，但《史记》说是武王本人的想法。

这也许是反映周第一次讨殷失败的传说，或者是表现周的领导人处事慎之又慎的故事吧。

吉兆的出现使周的军队产生浮躁轻敌的情绪。但是，瘦死的骆驼比马大，殷毕竟还是殷，决不可小觑殷的实力。周公旦或者武王本人看到这种轻敌情绪，认为"不可行"。如果是殷人看到这些吉兆，肯定不会产生丝毫的疑问。

这说明周人，尤其是领导人具有对前兆、占卜、咒术之类并不完全相信的性格。领导人按照这个性格引导周人的发展方向。殷的盘庚具有坚强的领导力，这是为人熟知的，而周文王、周武王、周公旦是在精神方面对人民进行强有力的引导。殷的领导人把精神方面的一切东西都交给了神。

我在比较伊尹和太公望的时候说过，周代是人的时代。如果对占卜、咒术不是绝对的相信，那就只好依靠人的努力，所以周人具有浓厚的人性。

公元1世纪的思想家王充在其著作《论衡》的《卜筮篇》这样说道：

周武王伐纣，卜筮之，逆。占曰："大凶。"太公推蓍蹈龟而曰："枯骨死草，何知吉凶？"

太公望根本不把占卜当回事。蓍是当时用作筮竹的植物。《卜筮篇》还写道：当时太公望说“龟腊，以祭则凶，以战则胜”。不顾占卜的结果，强行出兵，终于战胜了纣王。

此次武王暂时回师，两年后再次举兵，又奉文王木主，动员大军东征。武王对诸侯说：

殷有重罪，不可以不毕伐。

这是号召令。意思是说：如果哪个诸侯不率兵参加，以后要受到讨伐的。

武王动员了戎车（战车）三百辆、虎贲（军官）三千人、甲士（士兵）四万五千人。这绝对是大部队，但要推翻天下的霸主殷，还远远不够。这大概只是周的军队数量。加上诸侯的部队，战车总共有四千辆，一下子就增加了十倍。

殷纣王以七十万大军抵御，于是在牧野展开争夺天下的大战。牧野在殷国都的南郊。

当时，武王发布“泰誓”，即宣战布告是这样说的：

今殷王纣乃用其妇人之言，自绝于天，毁坏其三正，离逷其王父母弟，乃断弃其先祖之乐，乃为淫声，用变乱正声，怡说妇人。故今予发维共行天罚。勉哉夫子，不可再，不可三！

讨伐纣王的第一个理由是纣王对妇人的话一味言听计从，不做好事。妇人就是妲己。“淫声”，是对创作淫靡的音乐的谴责，所有的音乐都是为了取悦妇人的欢心。

这里没有提到人民，也没有提到诸侯国以及部族遭受压迫这种后世必为开战的理由。只是在开战之前提到“暴虐于百姓”，仅仅五个字，而且这里所说的百姓与我们现在的含义不同。现代汉语中有“老百姓”一词，指的是一般的平民。“百姓”在日语中是“农民”的意思。但是，那个时代的“百姓”是指仕于王的各种姓氏的人，相当于“百官”。“暴虐于百姓”，指的是欺侮自己的家臣，依然没有提到一般平民。平民受欺是理所当然的，所以没有必要对此发难。

武王发出这样的号召：

庸、蜀、羌、髳、微、卢、彭、濮人，称尔戈，比尔干，立尔矛……

这些都是少数民族，当时被视为蛮夷，受到歧视。武王打算给予他们机会，“不可再，不可三”，激励他们不要失去这样的好机会。

尚桓桓，如虎如罴，如豺如离，于商郊。

当时也许还残留着图腾的信仰，西北的部族大抵以兽类作为自己的图腾。武王不仅有激励，还有威胁。

尔所不勉，其于尔身有戮。

如果不奋勇杀敌，自己就会被杀掉。武王以这句威胁的话结束他的战前动员。

我们现在所能看到的都是周的一方的记录，被消灭的殷自然没有留下对这场战争的记录。《史记》十分简洁地记述牧野之战：

纣师虽众，皆无战之心，心欲武王亟入。纣师皆倒兵以战，以开武王。武王驰之，纣兵皆崩畔纣。纣走，反入登于鹿台之上，蒙衣其殊玉，自燔于火而死。

殷军队的主力都是奴隶，自然士气低落，甚至还怀有一旦周武王攻进来，自己也许还会成为自由民的期望，所以他们倒戈相向，为武王让开道路。武王长驱直入，纣王的士兵溃不成军，皆反水背叛。纣王知道大势已去，败逃而归，登鹿台，身蒙珠玉之衣，投火自尽。一代枭雄就此殒命。

武王率各路诸侯进入殷都，殷的百官皆到郊外迎接。武王命群臣，告“上天降休”。

“休”在当时是“喜”“庆”的意思。《诗经》等古籍中的用法大抵是“天之休”“天休”等。武王使用这个字，意思是说自己伐纣，对殷之百姓来说，这也是上天恩赐的喜庆之事。

殷人对武王再拜稽首，武王答拜，表示接受投降。

武王进入殷都，来到纣王死去的鹿台宫殿，亲自对着纣王的尸体射箭三发，再用剑击打，接着用黄钺砍下他的头颅，悬挂在大白旗的旗杆上。

武王来到纣王的两个宠妃那里，其中一个自然是妲己。《史记·殷本纪》记述武王杀妲己，但《周本纪》说两个宠妃皆上吊自尽。武王对这两个女子的尸体也是射箭三发，以剑斩之，用玄钺砍下头颅，悬挂在小白旗的旗杆上，然后回到自己的军营。

大白旗和小白旗都不是周的旗帜，殷尊白色，是殷的旗帜。纣王及其宠妃的头颅被悬挂在自己的旗帜的旗杆上。正如周认为红色的乌鸦飞来是一种吉兆一样，周使用红旗。

牧野战场上，白旗和红旗漫山遍野，迎风飘扬，犹如源平大战[①]那样壮观。

砍下纣王头颅的黄钺大概是磨得锃亮闪光的黄铜制造的。玄钺则是黑色的，有说是铁的，但那时铁尚未出现，所以应该是发黑的铜，或者是涂着黑漆的铜钺。

入城仪式一定隆重盛大。周的重臣们在这个仪式上分别担任不同的角色，史书记载太公望的工作是“牵牲”。就是牵着用作祭祀牺牲的动物。与手执大钺的周公旦、手执小钺紧随武王身边的毕公相比，“牵牲”看似很不起眼的角色。但是，这是我们以现代人的感觉来看待，其实也

① 源平大战：日本平安时代末期，1180 年至 1185 年的六年间，源氏和平氏两大武士家族集团一系列争夺权力的战争的总称。源氏使用白旗，平氏使用红旗。——译注

许是最重要的角色。

我到中国的西域旅行的时候，曾被邀请在游牧民的包里用餐。贵客光临的时候，哈萨克族主人就会宰一只羊盛情款待。按照他们的风俗习惯，把羊头放在盘子里，端放在主宾的面前。主宾则一只手抓着羊耳朵，一只手拿刀把羊耳朵切下来。进行过这个仪式，宴会才能开始。

虽然这样我的心理感受不是很好，但因为是一项重要的程序，我还是抓着羊耳朵，用刀子把它切下来。这时，我忽然意识到，这不仅仅是哈萨克族等游牧民的习俗，尽管现在汉族地区看不到这种习俗，但史书记载，春秋战国时代，诸侯会盟时，盟主都要抓着牛耳朵切下来表示誓约。不仅古代文献有这样的记载，现代语言“执牛耳”就是指在某个集团掌握领导权的意思。

其实，“取”这个字，左边是“耳”，右边的“又”就是手抓的形状。

拽着牺牲的动物走——大概是抓着动物的耳朵拽向祭坛吧。这个角色比我们想象的要重要得多。

接着，一个名叫尹佚的人宣读贺词：

殷之末孙季纣，殄废先王明德，侮蔑神祇不祀，昏暴商邑百姓，其章显闻于天皇上帝。

念到这里，武王再拜稽首。尹佚继续宣读：

膺更大命，革殷，受天明命。

武王受天之大命，成为天子。

以前受天命的是殷。武王第一次去孟津，到达后又返回来，他说：“尔未知天命，未可也。”意思是说现在的天命还在殷，战而不利。

现在周终于受了天命。天命就是革除。天的意思是受天命者一旦失去道德，就要革其命，将天命赐予其他有德之人。

“革命”这个词就源于此。

宣读贺词的尹佚大概是祭祀官。武王又再拜稽首，然后退出。就这样顺利圆满地完成了入城和武王即天子位的仪式。

牧野之战，由于殷军几乎全部倒戈，所以并不是十分惨烈的战斗。军队没有受到伤亡，钜桥的仓库堆满了粮食，宏伟壮美的鹿台宫殿，虽然纣王放火焚烧，受损的也只是一小部分。

说得极端一点，就是纣王和他的两个宠妃死去了。

再重复一遍：殷不是因衰弱而灭亡，他留下了充裕的实力。

必须将殷的剩余实力予以分散。武王首先把纣的儿子禄父封为诸侯，让他统治殷的旧领地，并且派自己的弟弟叔鲜和叔度随其左右，进行监视。

武王分散鹿台的财宝，打开钜桥粮库，救济贫民，精心维修为看心有七孔被纣剖胸的比干的坟墓，释放被纣囚禁的箕子。

这一系列措施就是周武王的所谓“仁政”。

武王荣归，沿途停留各地，大概是宣告新政权的成立，并进行安抚工作。

论功行赏必不可少，把土地封赏给功臣谋士。头一功，即一等功勋章授予太公望，封地营丘（山东省），其国称为“齐”。在太公望看来，山东是他的故乡，当年被妻子赶出门的“逐夫”，如今是衣锦还乡。

武王的弟弟周公旦封于曲阜（山东省），其国称为“鲁”。鲁国后来因是孔子的诞生地而著称。召公奭封于燕（河北省），监视殷禄父的叔鲜封于管（河南省），叔度封于蔡（河南省）。

不仅如此，古代圣王的后裔也受封于各地。当时，神农、黄帝、尧、舜等的后裔是否存在令人怀疑，但是武王必须显示仁政，于是封舜的后裔于河南省的陈，封禹的后裔，即夏的后裔于杞。

这一切所依据的都是周的历史记录，自然看起来都是仁政的好事。夏和殷都是被武力推翻的王朝，然而周是国力衰微、自然消亡的王朝，在很长的一段时间里只是一种有名无实的象征，没有一种势力故意诋毁否定周所做的事情。

把自己的形象描绘得十全十美，并且尽量不受损毁地保留下来，所以仅仅依靠文献认识周的历史的人对周文化的赞誉是很自然的。于是，周成为中国文化的源头。

然而，我在上述主要通过《史记》的记载所简略叙述的周讨伐殷的战争过程中，有的地方对于周的赞美者来说感觉并不愉快。

周武王被尊为圣王，他的弟弟周公旦是孔子悲叹精神衰微时说“不复梦见周公”的圣人。孔子被称为至圣，他所仰慕的周公应该是绝对的圣人。

武王进入殷都以后，对已经自杀的纣王的尸体射箭三发，还把他的头颅砍下来悬挂在旗杆上。不仅对纣王如此，他对纣王的两个宠妃也这样做。

这是十分残忍的。武王为什么要这样做呢？在他身边的周公为什么不制止呢？

明朝大儒、帝王之师方孝孺（1357—1402 年）反对永乐帝篡位，被处以磔刑依然坚贞不屈。他认为武王对纣王及其两个宠妃所施加的残暴行为是后人编造的。

方孝孺认为，甚至牧野之战也不是武王的本意，他是圣人，圣人应该不好战，他发兵是为了促使纣王反省。如果纣王投降，大概会封以百里之邑，让他继续祭祀殷的宗庙。像武王这样的圣人，见到纣王的尸体，一定哀声恸哭，或者让纣的部下细心埋葬。

但是，《史记》为什么要那么写呢？方孝孺断言道：

此战国薄夫之妄言，以齐东野人之语非武王之事。

在方孝孺看来，汉之刘邦（高祖）、魏之曹丕（文帝）等不过是“中才”，即使如此，刘邦攻秦而不杀子婴（秦始皇之子）；曹丕篡夺后汉建立魏王朝时，封东汉末代皇帝献帝为山阳公，让其尽天年。献帝活的时间比曹丕还长。曹操、曹丕父子似乎被视为恶人的典型，但是，汉献帝被降格为公以后，依然一生享用与皇帝同等的待遇，甚至可以使用唯皇帝才能用的“朕”这个第一人称。

“中才”之人都如此宽容，“圣人”武王绝不会那样侮辱死者。

司马迁记述历史的时代是在经历了漫长的、血腥的战国时期之后，各种各样的故事，尤其是战争的故事，在战国时代都被改造成符合那个时代的风格。在大儒方孝孺看来，春秋无义战，而一心热衷于这种不义战争的春秋战国的人们只能是精神的浅薄者——薄夫。正是这些家伙随心所欲的“妄言”编造出武王侮辱纣王尸体的故事以欺骗后人。

由于对周崇拜的狂热，方孝孺的观点有点武断。他是一个坚持自我主张、宁死不屈的人，所以对圣人武王以及周的乌托邦信仰是毫不动摇、坚信不疑的。

但是，不可否认，远古时代的故事，经过漫长的各个时代的淘洗，在一定程度上经过了加工，发生了变化。像方孝孺这样具有坚如磐石的信念的人，应该会看到历史传承过程中的这种扭曲吧。

乱世中的人听古代的故事，会觉得“战争怎么能这样温情脉脉呢？战争根本不是这个样子”，于是就有可能按照自己认为“合理”的思路改动其中的情节。给别人讲故事，必须具有说服力。这个说服力必须具有很多让同时代的人认可的要素。所以不能简单地断言方孝孺的观点是出于一个脑子顽固不化的儒者的武断。

孤高桀骜的纣王焚烧鹿台，投火而死。《史记》也是这样记述的。身体经过焚烧以后，被砍头、悬首都是可能的，不过似乎是难以轻易接受的故事。

故事经过漫长的岁月，会受到时代风潮的影响，可以说这是方孝孺的真知灼见。但是，他的论点的出发点是对周的绝对崇拜以及圣人无谬的思想，这不能不说是问题。

顺便谈一谈对《天问》中“列击纣躬，叔旦不嘉”的解释，其中有“纣躬（身体）”这个词，于是有人认为这是箭射纣王尸体的景象。如果这样的话，周公旦的“不嘉”也可以理解为是针对侮辱死者而言的。

武发杀殷，
何所悒？

载尸集战，

何所急？

《天问》的这一节是问武王发杀殷，究竟有什么不安呢？

“尸”是遗骸，在这里指木主，即牌位。武王为了表示亡父文王是这场讨伐殷的战争的主角，将他的牌位放置在车上。武王大概是利用父亲的知名度吧。也许正因为如此，才能集结各路诸侯，在牧野之战中大获全胜。牌位置于车上，也许表示亡父的葬礼还没有完全结束。既然如此，为什么要那么着急呢？

《天问》没有给出明确的答案，但每个读者的心中都会有自己的推测，不少人大概会觉得“周武王未必就是圣人吧”。

从“何所悒”也可以看出，殷并没有使用武力压迫周。当时殷正远征东方的“人方”，没有精力对西方施加压力，武王并没有什么可忧虑的。

为什么这么着急呢？就是要在殷专心攻打东方、无暇顾及西方的时候，打它一个措手不及，才这样迫不及待的吧？

宣战书的第一个理由是纣王对妇人的话一味言听计从。按照现代人的感觉，这是纣王家里的事情，和武王有什么关系！

武王的“泰誓”还说纣“弃其先祖肆祀”。这也是别人家的事情，而且从殷墟出土的卜辞来看，似乎纣王比先王更热心于祭祀。

所以，感觉武王是制造借口而出兵。

在这里，不能不说伯夷和叔齐。司马迁把《伯夷叔齐传》置于《史记·列传》的第一篇。

伯、叔表示年龄的排序，夷、齐表示地方名或部族名，所以与其说伯夷、叔齐是固有名词，不如说更感觉是普通名词。实际上，历史上经常出现同样名叫伯夷的其他人（神话中应该是其他的神）。

前面说过，这两个兄弟因为仰慕西伯，即后来的文王的道德，不顾路途遥远，前来投奔。

他们是孤竹君的儿子，据说父亲欲让弟弟继位。父亲死后，弟弟让年长的哥哥继位，哥哥却说“这是父亲的意愿，还是你继位”。结果两人谁也不继位，一起出走。

周太王的儿子之间也曾相让过，文王的父亲季历是幼弟，他的两个哥哥知道父亲太王的意愿后，就一起出走到荆蛮之地，文身断发。这种与后世大不相同的兄弟继承、幼子继承等现象在那个时代大概很普遍。

到了长子继承的时代，就会觉得古代故事里出现的继承方式有点可笑。其实在太古时代，这是很正常的，从卜辞中可以清楚地知道，殷代的兄弟继位是很普通的情况。到殷的末期，庚丁以后，父子继承才开始持续下来。

在当时是正常，在后世却变成异常，这样的例子很多。如果是恶人，更可以历数他的异常（在那个时代其实是正常的）行径。但是对圣人、贤人就不好办，于是添加上诸如察觉到父亲的意思后出走之类不太自然的注释，而这样的注释又逐渐衍变成故事内容本身。

在伯夷、叔齐的故事里，也能感觉到后人加工的痕迹。

伯夷、叔齐来到周的时候，文王已死，正是武王的时代，即将开始东征。兄弟俩拦住武王的马，劝谏道："父死不葬，爰及干戈，可谓孝乎？以臣弑君，可谓仁乎？"武王身边的人要杀他们，太公望说"此义人也"，让人把他们带走。

武王平定殷以后，天下归周。伯夷、叔齐不承认，义不食周粟，隐于首阳山，采薇而食，以维持性命，但很快就饿死了。

文王被殷任命为西伯，统管西面，自然是殷的诸侯、臣下。既然是臣子，臣子弑君，难道不是不仁义的行为吗？

从古以来，周的辩护者都这样辩解道：殷无德，天命已去殷。所以殷已不是天子，也不能说周是殷的臣子。

不食周粟，就可以吃薇吗？凡看过伯夷、叔齐故事的人，大概谁都有这样的疑问吧。《古史考》里有这样一段话：

> 野有妇人谓之曰："子义不食周粟，此亦周之草木也。"于是饿死。

野之妇人，就是附近乡下的中年妇人，虽然没有什么学问，却对他们作为“义人”的理由表示怀疑。这个情节，也是故事的演绎或者是修补。

辩护者认为，粟是主食，对于主食以外的东西就不要过于计较了。也有人认为粟是俸禄，他们只是不在周武王手下当官。如果这样的话，他们就和当时的许多处士一样，也就没有饿死这个说法了。

《绎史》引用《列士传》中的一段话更有意思：

武王伐纣，夷、齐不从，隐于首阳山，采薇而食。时王摩子入山，难之曰：“君不食周粟，而隐周山，食周薇，奈何？”二人遂不食薇。经七日，天遣白鹿乳之。二人私念：此鹿食之必美。鹿知其意，不复来，二子遂饿而死。

不仅薇，连山也是周的山。如此说来，伯夷、叔齐就没有必要走出首阳山，也不再食薇。上天可怜他们，派遣一只白鹿下到人间，用乳汁喂养他们。但是他们看到鹿以后，竟然觉得鹿肉的味道应该很好吃。白鹿是神派来的，立即看穿他们的意图，此后再也不来，结果他们就饿死了。

这个情节好像是对“义人”的讽刺。《列士传》是汉朝刘向的著作，已经亡佚，从中引用的文章散见各处。虽然这则记载不可信，不过极有人情味。有的故事说伯夷、叔齐是狐狸的化身，但如果他们是人的话，《列士传》的故事则十分含蓄。

《天问》里有一句难以理解的话：

惊女采薇，鹿何佑？

连朱熹都说“此章未详”，对此束手无策。

按照王逸的注释是：以前一直在这里采薇的女子突然受惊地跑出来，她在停下来的地方得到一只鹿，从此家道兴旺起来。屈原悲伤自己的祖国楚衰弱式微，无法期望得到上天的保佑，而那个惊逃出来的女子却还能得到天佑，因此伤心叹息。这样的解释未免过于牵强附会。《天问》

是对壁画上的描绘发出的咏叹。有人认为《天问》并没有提到中国历史上人所皆知的伯夷和叔齐。

闻一多在《楚辞校补》中把“惊女”的顺序颠倒过来，并认为“惊”是“警”的误写。“女警采薇”，就是女子警告采薇的人。那么这句话的意思是：伯夷、叔齐都已经不再吃薇，为什么还会出现鹿来护佑他们呢？

如果闻一多的解释是正确的，那么《古史考》和《列士传》中的故事原本就有相互关联，或许在男尊女卑思想的影响下，《列士传》中的故事删掉了那个乡下农妇，以一个莫名其妙的人物王摩子取而代之。

伯夷、叔齐在中国一直是具有争议的人物。与日本不同，中国经常通过易姓革命改朝换代。前朝遗臣如何处世？按照中国人的习性，就是参照过去的事例进行判断。这是伯夷、叔齐无论如何也无法回避的问题。

所谓周的薇、周的山，都是后人编造的插曲，具有提起一个问题的性质。上天派遣的白鹿无疑包含着期望拯救的愿望。

想吃鹿肉的心情，是一种解答，但不是最终的答案，最后的结果只能是饿死。只是在出现这个结果的过程中，如果没有丝毫的人情味，那就过于残酷无情了。制造一个具有人情味的关口，可以缓和一点令人窒息的感觉吧。历代的遗臣中，面对最后的结果，应该也有不少人后退返回到人情味的关口。他们大概听到从身后传来的伯夷、叔齐饿死的歌声吧。

尽管对手已经失去天命，可是作为臣子，以武力消灭君主，的确是严重的事件。

虽说纣已经失去人心，周武王的东征却如此一帆风顺，这大概使每个人心里都会感觉到疙瘩。

夸张一点说，这是破坏道义世界的平衡，于是就想在空出来的天平那一边放上点什么东西。伯夷、叔齐的故事也可以说是人们悄悄地掏出心灵深处的东西集中起来放在天平上的砝码吧。

周武王的革命成功了。

革命，既是终结，也是开始。

要取得革命的成功，必须集结强大的力量。对于意见有些不一致的人，也要努力把他们拉到自己的阵营里来，只有求大同，存小异，才能团结更多的力量。

革命尚未成功之时，小异被暂时掩盖起来。小异并没有被捐弃，依然存在，只是必须采取求大同的形式。大大小小的革命，数不胜数，有成功的，也有中途瓦解的。

获得成功的大革命，都应该集结强大的力量，要有效地发挥这些力量，需要出色的组织；为了不分散集结起来的力量，还需要革命领导核心的宽容。

也许历史只有一次，但模式可以重复。频繁的重复令人感觉是老一套的把戏，有时甚至让人怀疑人的智慧。尽管所有的人都洞若观火，却无可奈何。

殷汤的时代，笼罩在遥远的太古的历史迷雾里，还有不少人甚至不相信被他消灭的夏的存在。

从这个意义上说，周武王的革命是中国历史上的第一次革命。

其模式与后来时代的完全一样——从周文王时代就开始千方百计地积累力量。文王被称为西伯昌，成为西方的一颗璀璨的明星。他深孚众望，人们仰慕其道德，从四面八方前来投奔。伯夷、叔齐也是如此。连诉讼也请他来解决，所以发生诉讼的虞和芮大概都加入到文王的阵营里来了。

有人认为，西伯通过调解虞和芮的诉讼开始称王的。大概因为发现自己在这两个地方具有影响力而增强了信心吧。

牧野之战大获全胜，革命成功，天下归周。一个新时代的开始，新问题也随之产生。

原先被掩埋的小异也都公开暴露出来，有的还逐渐扩大，变得不再是“小异”。

意见分歧也许还可以通过协商来解决，势力集团之争就不是这么简单。意见多为个人的见解，而势力之争事关集团利益。集团首领有时也无法压制集体的意志。如果首领的言行严重违背集团的意志，就有可能被驱逐出去。

周在称霸天下的过程中，得到所谓蛮族的各个部族的支持。蜀族是十分勇猛的部族，他们除了掠夺富裕的殷都，获得丰厚的利益外，大概也期望在新政权下提高自己的地位。

也有像羌族那样燃烧着复仇烈焰的部族。他们的兄弟、祖先被殷人抓去，像动物一样遭受虐待屠杀，所以对殷充满强烈的仇恨。当然他们也要考虑部族的利益，但相比之下，这是次要的，至少没有像蜀族那样以获取利益为唯一目的。

召公的部族曾经在中原拥有强大的势力，后来被殷逼迫得逐渐后退，被殷称为“召方”。他们追随周无疑就是为了收复失地。周讨伐殷的时候，必须通过召公的领地。所以，与召公结盟，是周完成霸业的必要手段。

周武王在殷都宣告太子即位，在举行即位仪式的时候，召公奭担任“赞采”这个角色。

“赞”是“赞助”的意思，“采”是“币帛”。手捧币帛是重要的职责，与牵着牺牲动物的太公望应该是“双璧”。

集结在周武王麾下的各方势力虽然各有自己的算盘，但在倒殷这一点上是一致的。

具有坚强领导力的武王如果长寿的话，也许还能掌控各方不同势力，可是他死得很早。

任何一场革命似乎都会伴随着二次革命。无论是明治维新，还是西南战争，二次革命都不可避免。

殷周革命后不久，就发生了二次革命。

武王死后，年幼的成王即位，武王的弟弟周公旦辅佐。但是，似乎感觉是周公旦登基即位。我们现在对当时的制度尚有不明之处，周公旦不仅仅是摄政，他应该具有更大的权限。

创业初期的关键时候，把国家交给幼主不放心，弄得不好，新政权就有倾覆的危险。不能说周公旦毫无权欲，但他更是对新王朝的前途充满危机感，强烈的使命感促使他不得不亲自管理这个新生的国家。

但是，武王的弟弟不只是周公旦一个，还有在殷的旧地盘上监督纣的儿子禄父的管叔鲜、蔡叔度，指挥仪仗兵的叔振铎，在即位仪式上铺兹（铺地的东西）、后来封于卫的康叔封。

《春秋左传》记载，武王取得天下以后，封于各地的兄弟有十五人，与周同姓的姬姓家族中，有四十人成为领主。虽然领地规模大小不一，但都拥有各自的利益。如何处理好家族内的各种关系也是一个难题。

正因为如此，周公才以强有力的姿态亲自掌权，否则，周的霸业就有土崩瓦解的危险。从《尚书·大诰篇》的记述可以知道，武王死后，周的政权濒临危机。

在这里简单介绍一下《尚书》。《尚书》自然是周的史官的记录，其中也收入牧野之战时武王对部下颁布的“誓”。《尚书》就是王的言论集，即所谓的诏敕集，古代就称为“书”。因为当时被书写下来，即被记录下来的只有王的言论，但后来世间出现各种各样“被书写下来”的东西。至汉朝，为了与其他“书”相区别，就按照“尚”的含义，称为“尚书”。在儒家眼里，周是理想的圣世，这个时代的记录被视为经典，南宋以后，也称为“书经”。但由于和其他经书的性质不同，就称为“尚书”。由秦的博士传到汉代、用当时的文字书写的称为“今文尚书”，有三十三篇。后来孔子后裔从自家墙壁里发现的、用古体文字书写的称为《古文尚书》。其中收有先前没有的二十五篇，但似乎是后人的伪作，不可信。

《大诰篇》有今文也有古文，可信。开篇这样说道：

王若曰：“猷！大诰尔多邦，越尔御事。弗吊！天降割于我家，不少延。”

“我家”就是周的王室。这段话的意思大概是发生内讧吧。

这里所说的“王”，是指幼小的成王，还是周公，见解不一。我认为周公曾经即位，只是在七年以后，成王长大成人，就将王位归还给成王。如果仅仅是摄政，难以度过政局的危机。

《海国图志》的作者、对幕府末期的日本志士产生过影响的魏源（1794—1857年）提出这样的论点：周公在成王服丧中即王位。

尊周公为圣人的后代儒家认为如果他即位就是篡位，所以坚持摄政的观点。

周公这个名字本来就很奇怪。周已经成为天下的主人，其首领就是天子，称为王。日本在明治时期原封不动地继承了周的爵位名称：公、侯、伯、子、男。公是最高的爵位，因其封地在地方，一般称呼为如召公、丁公，周公却冠以王朝名，令人感觉异常。

也许因为旦曾为周王，禅让以后，就被称为周公之旦吧。

与其说是考证，其实不如说是推测，周公旦掌握王权以后，刻不容缓地解决了紧急严重的大事。据《大诰篇》记载：

宁王遗我大宝龟，绍天明。即命曰：有大艰于西土，西土人亦不静，越兹蠢。殷小腆，诞敢纪其叙。天降威，知我国有疵，民不康，曰：予复！反鄙我周邦，今蠢……

被武王推翻的殷企图东山再起。

武王虽然攻陷了殷都，但就当时周的实力而言，能杀死纣王就已经达到他的极限了。武王让纣的儿子禄父（武庚）在殷的旧领地上继续统治殷民，派三个弟弟前去监视。《史记》只记述管叔鲜、蔡叔度两个人，但还有一个霍叔，史称“三监”。

那么，三监又是什么样的呢？

武王东征二年后死去，政局尚未稳定。由于殷军在牧野之战中倒戈，几乎没有受到损失被保留下来。三监对哥哥周公怀有敌意，认为他什么事也不在兄弟之间商量，独断专行。三监觉得他们被排斥在政权核心之外。

与周公敌对的兵力还十分强大，这就是旧殷军。禄父的父亲纣王被杀，头颅还被悬挂在旗杆上，他一直伺机寻找雪耻的机会。

殷的首领禄父与监视他的三监反而联合起来共同对付周公，禄父还和关系密切的淮河流域的部族——淮夷秘密结盟。

其间的真相应该是禄父得知三监对在中央发号施令的周公不满，于是对他们进行策反。

《大诰篇》记述不仅东方有殷的叛乱，还说西方也有大难，时局危艰。西方的骚乱不安，大概是周王室内部的纠纷以及参加东征的各地诸侯对论功行赏的不满。

周公态度坚决地要予以讨伐，但王室内部多有反对意见。《大诰篇》这样记述：

予得吉卜，予惟以尔庶邦，于伐殷逋播臣。

占卜的结果，是吉兆，于是周公号召大家讨伐。但是，周人与殷人不同，对占卜的结果不是绝对相信，还有像太公望那样把筮竹推倒、踩踏龟甲的人，而且还有占卜为凶兆而出兵胜利的先例。大家反对讨伐的理由也很充分。

艰大，民不静，亦惟在王宫邦君室。

“王宫”指的是周的王族，“邦君”指的是诸侯。如果仅仅是殷的叛乱，可以讨伐，但现在周的王族、诸侯也站在叛乱者一边，事情就很难办。

周公口干舌燥地反复进行说服动员，指出如果现在放任不管，周先王创建的伟业就会毁于一旦。

站在孤立无援的周公一边、支持征讨的是召公奭。

召公是燕的始祖，《史记》只说他和周同姓姬。有人认为他是文王的庶子，但不太强调他与周王室的关系，所以应该视为周的重要同盟者，享受与王族同样的待遇。

召公不是周的家族，没有即位的资格，所以不存在与周公争夺王位的问题，对讨伐周的王族三监也不会瞻前顾后，犹豫不决。

于是，周公奉戴武王的妃子邑姜，开始讨伐。这次讨伐也由此得到姜部族的支持。据《史记·齐世家》记述，周公通过召公命令太公望参加讨伐。从中可以知道这个时期召公与周公的合作关系极其密切。

周公费时三年平定了殷的禄父和三监之乱，终于完成了二次革命。

禄父被杀，三监之中，只有管叔鲜被杀，其他两人被流放。这样处理也显示出周与殷不同，不随意杀人的风气。

发动叛乱的禄父被杀，但殷的祭祀还必须继续下去。于是立纣的另一个儿子微子开，封于宋。

通过禄父、三监之乱的教训，周认识到应该将先前大殷帝国的遗民尽量分散，因为殷的残存势力并不是奄奄一息的垂死状态。禄父联合与殷关系密切的淮夷，形成具有相当活力的势力。对于没有丧失活力的殷民，只能通过分散的手段，切断他们之间的联系。

所以，殷的遗民并不是全部随微子开迁往宋，而是分散到各诸侯国，其中一部分迁移到分封给武王的幼弟康叔封的卫。

七年以后，周公将大政奉还给长大成人的成王。但是，考虑到当时的形势，有迹象表明把国家一分为二，东西两部分，成王和周公分治一方。

周的统治地域比殷大，殷的末期，不仅地处西北地区的周及其附近的诸侯国，连中原附近的召方都处于半独立状态。而周能把殷的影响力无法到达的地区的首领召集动员起来，并且敢于威胁“后至者斩”。

拥有辽阔的统治地域，本应该实行封建制，但由于建国初期的体制尚不成熟，只好考虑东西分而治之。另外，如果周公即位确有其事，在成王长大成人以后，为了维持政权的稳定，这样分而治之的相互妥协可以说是明智的策略。

在洛邑建都，收容殷的遗民，也就是在这个时候。虽然也有分散殷的遗民的目的，但真正的目的是将庞大的周帝国的中心放在东部。

洛邑一带后来称为洛阳，但周称此地为“成周”，称原先的镐京为“宗周”。

《尚书》里有一篇《康诰篇》，记录王对封周公幼弟康叔封于卫、让其管理殷民时说的话，谈到统治管理的心得，这样说道：

王若曰：“孟侯，朕其弟，小子封。惟乃丕显考文王，克明德慎罚……”

称为孟侯的康叔封是武王和周公的弟弟，讨伐殷纣的时候，年龄尚小，在哥哥即位仪式上担任铺地毯的角色。他受封于卫赴任时，是在成王时期，所以在王看来，他是自己的叔叔。然而这句话明确称呼“封，朕的弟弟”，而且是作为王的话记录下来，这也是周公曾经即位的有力证据。

二次革命结束，周进入稳定期。这个时期被儒家视为黄金时代、辉煌璀璨的圣世。

然而，这个时代绝非理想之世，看似繁荣盛世，其实深层次潜在各种各样的问题。虽然不存在没有问题的时代，但圣人周公和他最亲密的合作者召公之间也出现隔阂。

东西分割，形成成王在西面的宗周执掌政务、周公在成周（洛阳）掌控东面的体制，但是，周公定为政治中心的地区原先一直是召公的势力范围。

尽管有过分理想化的倾向，但周在完成战胜禄父和三监的二次革命以后，的确进入了黄金时代。

周迎来了封建时代，受封于各地的元勋们在各自的土地上努力开发、经营。以中原为核心的时代转变为扩散的时代。

神圣王朝的黑暗不复存在。殷的时代，王就是神，在可怕的神的脚下过日子，随时都胆战心惊。如今周对神采取敬而远之的态度。

敬而远之，神依然受到尊敬，受到祭祀，但人们不太接近它，不想和神打交道。因为神具有绝对的意志，一旦关系密切，就不好办。

周代的王不是神，是人。人和神之间的距离也比殷代离得更远，这样人们的心情也就宽松了吧。

奴隶还大量存在，但祭祀的时候不会被砍头。殷的时代专门作为牺牲的羌族也被封给了各地诸侯。

就连被灭掉的殷也受封于宋，作为诸侯国可以在自己的领地继续祭祀祖先。给人的感觉是：人的时代来临了。不过，殷的遗民还是受到蔑视。后来宋成为相当强大的国家，却依然有“宋襄之仁”的蠢人的比喻。成语“守株待兔”说的是一个男人看见一只兔子跑来撞到树上死了，于是就在这棵树下一直等待着下一只兔子来撞树。这个男人也是宋人。

虽然被别人看不起，但总不至于在祭坛前无缘无故地被杀死，就凭这一点，周的时代比殷不知道要好多少倍。

殷的真正国号是“商”，盘庚把国都迁到殷这个地方以后，就使用“殷”这个名称，但是，王朝一直使用最早的受封地“商”这个名称。

殷的遗民受到种种冷遇，封予的土地狭小贫瘠，而且同一个殷族的人都被拆散迁往各地。

他们除了从事农业和畜牧业外，还开始从事交易活动，从物品丰富、价格便宜的地方购货，运到物品匮乏的地方销售，获得利润。由于殷人分散在各地，从事这样的交易比较方便。大家把这个工作称为“商的人做的事”，所以命名为“商业”。后世把从事这项工作的人，不问其出身，一律称为“商人”。这令人想起亡国之后分散在各地开展商业活动的以色列人这个商业民族。

即使是圣世，也存在政治势力的角逐。周的政治局势总体上表现出周公势力减弱、召公渐占上风的倾向，但在二次革命以后，没有发生过流血事件。

周公晚年，据说被成王疏远。家族内部的矛盾哪里都有，是难免的，没有发生同室操戈、骨肉相残之事，在那个时代实属罕见，应予以肯定。

《尚书》、《诗经》以及青铜器的铭文是了解周的历史的主要资料。

《诗经》原本只称为《诗》，传为孔子编纂。《诗》后来称为“诗经”与《尚书》后来称为“书经”很相似。

子曰：诗三百，一言以蔽之，曰：思无邪。

这是《论语》里一句很著名的话。诗三百，《诗经》收入的诗有三百零五篇。孔子的评论是：这些诗，一言以蔽之，“思无邪”。的确如此，可以理解为感情纯真。

孔子编纂的时候，从周的三千多篇歌谣中，挑选合乎礼义的三百零五篇。这自然体现出孔子的喜好，但不能说这部《诗经》全面反映了周代的所有风貌。只挑选合乎礼义的诗歌，说明应该还有不合乎礼义的部分。这部分的诗歌已经佚失，我们现在无从知道。其实《诗经》的题目有三百一十一篇，选定以后，就丢失了六篇。

孔子生于公元前552年，死于公元前479年，他出生那一年离周的建国就已有五百年。然而，虽然有名无实，那个时代还保持着周的王室的命脉，香火的传承没有断绝，保留着近于原形的状态。

《诗经》由《国风》《雅》《颂》三部分组成。《国风》是周帝国各地的民谣，一百六十篇，占全部的半数以上。《雅》是周王朝的诗歌，有大雅和小雅。大雅是朝廷举行正式的仪式时奏乐的歌词，小雅是宴会时奏乐的歌词。大小雅共一百零五篇。《颂》是宗庙的乐歌，相当于“神乐歌”[①]，四十篇。

《国风》可以了解当时人们的日常生活，很有意思。《雅》和《颂》生动地传递周的时代风格。

赞美文王的大雅大概在举行正式的仪式上演唱，相当于现在的国歌。人们一听到这个曲子，就态度肃然，以严肃的声音歌唱。曲子已经佚失，无法复原，只留下孔子选编的歌词。以下是《文王》的开头部分，从中可以想象朝仪的景象。

文王在上，
于昭于天。
周虽旧邦，
其命维新。
有周不显，
帝命不时。
文王陟降，

① 神乐歌：日本神乐中的歌谣。形成于平安时代，现在仍有九十首用于宫中。分为采物（神降）、前张（娱神）、星（神升天）三部分。——译注

在帝左右。

文王即西伯昌，在周推翻殷之前死去，其子武王完成征伐殷的战争，但将文王的木主置于车上，只是自称太子发。这样，周宣传说在文王时代就已经被授予了天命。

甚至有人认为，不是木主牌位，而是木刻文王其人，栩栩如生，以此号召诸侯。文王是周的建国之父。文王虽已升天，其德也昭显于天。

周是始于舜时代后稷的古国，但受天命为天子则始于文王。所以，还是一个新的国家。

“维新”这个词，在日本专指明治维新。日本也是“旧邦”，但试图改变体制，从而产生新的国家。由于日本保留天皇家族，明治的改革不适用“革命”这个名称，于是想起《诗经·大雅·文王》中的话：“其命维新。”虽然以前是旧邦，但这句话非常恰当。明治的“维新”一语即从此而来。

国号上冠以“有”字，在中国历史上是习惯用法，例如有唐、有明等，不过“有”不表示什么意义。

有周不显？这是反语，无疑是说周之德。帝命就是天命，天命决不违时。

文王升降之地都是天，不论在世还是去世，都在上帝旁边。

这是一首非常出色的国歌。

在与正式的仪式也差不多的场合，例如宴会上吟唱的小雅就稍微随和，大概因为也喝了酒，有时显得伤感，甚至发出酒后才会流露的怨言。

关于大雅和小雅的区别，自古以来众说纷纭。曲调已经佚失，自然无从知道。大概大雅曲调舒缓，小雅速度稍快。仅仅从流传下来的歌词无法完全把握音乐的格调。

《诗经·国风》里，有周南十篇、召南十四篇，一般认为是周代初期的歌谣。周南开篇就是自古以来脍炙人口的《关雎》，朱熹认为，这是赞美武王及其妻子太姒的歌谣。

关关雎鸠，
在河之洲。
窈窕淑女，
君子好逑。

关关是鸟叫的声音。雎鸠是鸟名，栖息在河洲的一种水鸟。据说这种水鸟雌雄相亲相爱，成双成对。窈窕的淑女是君子的好逑（配偶）。

周以后，“君子”这个词频繁出现，大致是优秀的人士——绅士的意思，就是我们现在所形容的生活方式优雅高尚的人士。殷的高层都是占卜师、咒术师等这样令人生畏的人，对他们不会产生通过歌声亲近的心情。

民众感觉周的君子们似乎比较容易接近，至少没有在鬼神世界旁边那种战战兢兢的惧怕感觉。

《关雎》还有下文，朱熹将其分为三章，第二章是：

参差荇菜，
左右流之。
窈窕淑女，
寤寐求之。
求之不得，
寤寐思服。
悠哉悠哉，
辗转反侧。

荇菜是一种可以食用的水草，因有香味，也供奉于神前，但难以采摘，必须或左或右地寻找。“流”，古来的解释是沿着水流采摘。

如同寻找采摘荇菜一样，优秀的女子，也是梦寐以求。如果求之不得，朝思暮想，日夜思念，辗转反侧，无法入眠。

参差荇菜，
左右采之。
窈窕淑女，
琴瑟友之。
参差荇菜，
左右芼之。
窈窕淑女，
钟鼓乐之。

参差的荇菜，左右采摘，终于寻觅到了窈窕淑女，琴瑟和鸣，成为好伴侣。荇菜只有一部分可以食用，就要挑选分类，分别选放在左右两边。温柔娴静的美女，钟鼓和谐，互相欢乐。

反复部分比较多，实在是淳朴的歌谣。到处寻找美女，弄得夜不能寐，辗转反侧，令人感觉是在戏谑年轻的首领。对神圣王朝之王，恐怕不能作这样的歌谣来祝贺他的婚礼吧。

周建国时，王室以外建树大功的人有太公望和召公奭。据说太公望出身卑贱，被文王起用时，已经七十岁。太公望姜姓，是文王祖母太姜的部族的人。如同伊尹作为媵臣随汤的妻子来到殷，那么太公望或许也是在太姜出嫁的时候来到周的。虽然不是周王室的人，却也是接近王室的人。

召公的情况则不同，他和周是同样的诸侯，协助周取得天下。他本身就拥有相当强大的力量，利用这个力量为周的建国作出巨大的贡献。《诗经》的召南是召公领地的民谣，其中也有歌颂自己首领的歌谣。

召公勤于政务，不断到领地内的村落去视察，裁决诉讼，而且为了不给人民增添麻烦，晚上就在甘棠树下露宿。甘棠是杜梨。这首题为“甘棠”的诗歌是这样的：

蔽芾甘棠，
勿翦勿伐，

召伯所茇。

蔽芾甘棠，
勿翦勿败，
召伯所憩。

蔽芾甘棠，
勿翦勿拜，
召伯所说。

大概是召公死后，人们为纪念他而寄托甘棠吟唱的。

《国风》的最后部分是《豳风》。豳是周部族最早的根据地，曾经在那里努力发展农业。《豳风》收有传为周公旦创作的长歌《七月》以及颂扬周公的歌谣。以下介绍题为“鸱鸮”的第一章：

鸱鸮鸱鸮，
既取我子，
无毁我室。
恩斯勤斯，
鬻子之闵斯！

这是描写筑巢的小鸟害怕老鹰夜间偷袭的歌谣。意思是：既然我的子女雏鸟已经被你叼走了，希望不要再毁掉我这个窝。我含辛茹苦哺育可爱的雏鸟，是多么地辛苦啊！

最后一段据说是周公赠送给年幼的成王的。

关于这首歌谣的暗喻，有各种说法。有的说是作于成王对平定禄父、三监之乱后的周公产生怀疑的时期，也有说是为了告诫周王室尚未安泰。

禄父之乱，周王室也丧失了武王的弟弟——管叔鲜、蔡叔度。“既取我子”，也许指的就是这个意思。已经被老鹰叼走的雏鸟无法回来了，恳求只希望不要毁掉这个窝巢——周王室。最后一行的“子”可以视为年幼的成王。培育他长大成人实在是千辛万苦啊！

如果成王知道周公的这个祈愿的真情实意，也就不会怀疑他了。周公创作这首诗歌也许就是为了向成王表达自己的心情：如果你听信无稽的流言对我怀疑，窝巢内就会发生纠纷，你也会遭受老鹰的袭击被它吃掉……

周公为保护周王室安然无恙，可谓费尽心血，所以不能否定他的即位。

在周公的努力下，周的天下终于趋于稳定。在成王长大成人的时候，周王室已经摆脱了初期的危机，为进入黄金时代开辟了道路。

《诗经·国风》中收入很多国家的民谣，地方色彩十分丰富。如果加上没有被孔子选中的民谣，一定更加绚烂多彩。从歌谣来看，可以说周是地方政治的时代。

周把王室家族以及功臣封于各地，让他们开展竞争，大概这是有意识的举措。政权开明的地方会更加繁荣，《甘棠》歌谣中所颂扬的召公的事迹，在别的地方也应该会有，不过，召公的统治尤其出色。

周公和召公是竞争对手，不过，这种竞争对周王室有利，召公似乎具有占上风的倾向。其他地方也都在互相竞争，只不过周公和召公的竞争具有代表性。

从成王至下一代的康王，是周代最稳定的时期。《史记》记载，这个时期长达四十多年，不施刑罚。

王国维在《殷周制度论》中阐述：周的制度与殷最大的不同是“立子立嫡之制”、“庙数之制”和“同姓不婚之制”。这成为后来中国道德的根本，也是中国文化始于周的观点。

但是，殷的影响并没有从中国消失，尤其是周的封建制允许各地并存各种文化。周是一个各种各样的文化要素产生、互相融合的时代。

神圣王朝时代不允许与鬼神相违背的文化的存在，文化的多样性无从谈起。可以说，周开放了这个禁区，周文化的长河流淌进被解放的地区。

在进入地方时代的周代，黄河中游的所谓中原文化终于和南方文化结合起来。并不是长江流域没有文化，那里的优秀文化繁荣昌盛，只是和中原文化的联系薄弱。

季历的两个哥哥逃到荆蛮之地，开始了中原和南方的联结，并互相交流、融合。这个历史事实通过传承故事的形式反映出来。

令人感觉即将迎来巨大膨胀的民族黎明期。有人认为殷的影响已经消失，这只能说明周代文化具有极强的消化力。

只要在地上出现过、在地上发生过的，其痕迹绝不会消失得无影无踪。

中华的摇篮

落日余晖

在四川旅行的时候，从成都到峨眉山，一路上看到很多茶馆的招牌。虽都是喝茶的地方，却有茶园、茶社、茶庄、茶铺等形形色色的名称，觉得四川的茶馆要比别的地方多。

农村茶馆的旁边，大多有枝叶繁茂的大树。我在车里想，是在茶馆旁边种树呢，还是在树旁盖茶馆，无聊地消磨时间，觉得人们曾经在这样的地方讲述故事，一代一代传承下去……

老舍（1899—1966 年）有一出话剧《茶馆》，以一家大茶馆为舞台，描写清末以来五十年的社会变迁，是一出优秀的三幕剧，表现兴旺的茶馆逐渐走向破败的过程。

茶馆曾经是民众的社交场所，花很少的钱买一点茶叶，可以泡半天，添水是免费的。老舍话剧的舞台背景设计上，墙上贴着一张纸，上面写着“莫谈国事”。第一幕写的是 1898 年清朝在战争中败给日本、两年后发生义和团运动的这个时期。贴这张纸大概是担心人们谈论国事容易激动引发打架，但其实茶馆的老板未必不希望打架。老舍说过这样很有意思的事：桌椅板凳打翻了，茶碗摔碎了，打得一片狼藉，于是把警察或者调解人叫来，把事情了结。茶馆还兼卖肉丝面，碰到这样的全武行能挣一笔钱。打碎的碗、损坏的椅子，加上对老板的赔礼道歉，往往会得到高于时价的赔偿金。看来打架也能让茶馆挣钱。所以也不扔掉平时客人不小心打碎的茶碗，到打架的时候，就偷偷地把这些破碎的茶碗放在地板上。

现在的茶馆没有过去那么兴隆，年轻人有其他聚集的地方。来茶馆的都是老年人，作为故事传承场所的茶馆已经失去了这个作用。

所有的人应该都想将自己的生活经历传承下去，不仅仅是自己的故事，也包含祖先流传下来的故事。

我在茶馆旁边的树下忽然想到，古代的人们也是聚集在村子的大树底下讲述各自的故事。树有荫，把人们吸引到自己的身边。

老年人大抵喜欢讲述，体力活儿干不了，又有闲工夫，喜欢听故事的自然是小孩子。青壮年出去工作，没有时间，而且他们小时候就听过不少故事。古代大概也是这样主要由老年人把故事传承给孩子。

周设有专门口传的职官，称为瞽史，也有人说是音乐家，也有人说是教诲的官员——教育工作者。瞽是盲目，从事这项工作的人都是盲人，但他们具有绝对超人的记忆力。令人想起日本讲述《平家物语》的琵琶法师。因为他们是专业人员，所以讲述应该很生动。

传为孔子编纂的《尚书》收录有周天子的语录，在用文字记录下来之前，这些话语记忆在人们的脑子里，通过讲述传承下去。在举行祭礼的时候，人们大声唱和。

对孔子的思想如何评价另当别论，他用文字将人们脑子里的记忆整理、记录下来总是好的。当儒学成为国教，孔子就被捧到天上去，他编纂的书籍被视为经典，变得令人难以接近。但不管怎么说，孔子编纂的书籍保留至今，我们应该感谢他。传为孔子编纂的《尚书》《诗经》《春秋》等是了解周至春秋时代历史的主要资料。

我的脑海里经常浮现出老人在村子的大树下对小孩子们讲故事的和平安宁的景象。在太平的年代，生活平静，这样的故事会一代一代地传承下去；但是在兵荒马乱或者天灾肆虐的时候，人们四散逃命，故事传承也就不会继续下去。

我们往往对留存至今的故事十分着迷。现在我也要充满热情地讲述过去的故事，而且时刻不会忘记在讲述的故事背后潜藏着一种非常沉重的东西。

有一个词叫“共和”。

皇帝、国王或君主统治的政治体制称为“君主制”，没有帝王的政治体制称为“共和制”。

没有帝王的政治体制，以前是不可想象的。中国到近代才知道原来外国有这样政体的国家，后来自己也采纳这个政体。英语原文是“republic”，翻译成什么词语好呢？绞尽脑汁想出来的是“共和”这两个字。

公元前841年至公元前828年这十四年里，周没有帝王。因为发生武装叛乱，厉王逃亡。

如果中国人要在历史上寻找没有帝王的时期，首先就会想到这遥远古代的十四年。史书把这个时期称为“共和”，于是，近代的中国人将没有帝王的非君主制政体称为“共和”。

现在我们习以为常地使用这个词语，其实是用一个古语命名一个近代的政体。

历史上的“共和”时代是在周建国大约二百年以后，此前周的谱系是这样的：

武王—成王—康王—昭王—穆王—恭(共)王—懿王—孝王—夷王—厉王

武王的父亲文王在殷亡前就已死去，所以从武王算起比较妥当。武王的弟弟周公是否即位还无法确定，所以不计其内。这样的话，厉王就是第十代周王，因为共王和孝王是兄弟，减去一代。

厉王逃亡以后的共和十四年间的状况有两种说法。一种是《史记》的记述，由于厉王之子（后来的宣王）尚幼，由周王室的顶梁柱周公和召公共同执政。

《史记》还说叛军欲杀厉王之子，召公以自己的儿子顶替，从而救了王子一命。

说到周公和召公，会想到周代建国的元勋周公旦和召公奭，但此时离建国已经二百年，共和时代的周公和召公自然是他们的后裔。

按照《史记》的说法，周公和召公两个宰相共同和谐地执政，所以号称“共和”。十四年后，逃亡的厉王客死他乡，太子静即位为宣王。帝王逃亡，即使不在王位上，但只要他还活着，其子也不能即位。

按照这个说法，共和就是临时性的应急体制。

另一种是《竹书纪年》的记述，《吕氏春秋》《庄子》等也有同样的记载。为方便起见，按照《竹书纪年》的说法是：

共伯和干王位。

封于共国的伯爵和干预王位。唐朝司马贞（8 世纪的人）在《史记索隐》中说“干”这个字是“篡”的意思。如果是篡夺了王位，那就意味着这十四年里周已经灭亡。

按照这个说法，“共和”就不是周公和召公两个宰相共同和谐执政的田园牧歌式的名称，而是篡位的共国的伯爵和的治世的名称。

然而，“干王位”也可以解释为代替不在位的帝王执政。王不在位，总得有人负责行政事务，就是代理执政，即摄政。王国维在《今本竹书纪年疏证》中说“共伯和摄行天子之事”。这种说法要温和得多。

“共”与“和”这两个字的组合感觉不很协调，还是共伯和这个大臣或是篡位或是代理执政的说法比较合适。《吕氏春秋》《庄子》也认为事关共伯和，对这个人物颇为赞扬：

共伯和修其行，好贤仁，而海内皆以来为稽矣。周厉之难，天子旷绝，而天下皆来谓矣。

当国家出现存亡攸关的危机时，他似乎是一个收拾天子逃亡后混乱局面的著名摄政者，这里没有一点篡位者的影子。上面这段话见于《吕氏春秋》，《庄子·让王篇》有这样与《吕氏春秋》共通的话：

许由娱于颍阳，而共伯得乎丘首。

许由是远古时候的贤人，听尧说要把天子之位让给自己，拒绝接受，跑到颍水北面隐居起来。人们还传说这样的故事：许由听到尧禅让的话后，觉得污脏了自己的耳朵，跑到颍水边洗耳朵。他是一个典型的毫无私欲的人。

把共国伯爵和许由并列，说明他也是一个没有私欲的人。丘首是山名，也叫共首，意为在共国的山。所以，大概共伯和在摄政十四年后，毫不眷恋地放弃全部权力，在故乡的丘首山隐居起来。虽然只是简单的“得乎”，但得到的是志向，可以说完成了夙愿。

这哪里是篡位者的样子，共伯和甚至还给人圣人的印象。

中国的史学界也分为两派展开争论。认同《史记》观点的代表性历史学家是著有《中国通史简编》的范文澜，认同《竹书纪年》观点的代表性历史学家是郭沫若。

据说共是现在的河南省的辉县，那里是卫的领地。封给周武王的幼弟康叔，是一个重要的国家。因为是殷的旧地，周对这个地方绝不会掉以轻心。卫的世子受封后称为伯。既然叫作共伯，无疑是卫的世子。也不是诸侯，不过是诸侯的儿子这样的小人物，不可想象这样的小人物要篡夺天下。这似乎是《史记》论点的根据。

郭沫若劝赞同《史记》论点的朋友们再认真研读一下王国维等人研究《竹书纪年》的文章。因为《竹书纪年》的记录要比《史记》早。

帝王逃亡非同寻常，周建国二百年后，国家也开始不正常了。

从武王创业到成王、康王时期，是周的黄金时代。农业国的所有优越性都在这个时代体现出来。

周攻打殷的时候，接触过殷的文化，一定是惊叹不已。周人都是朴素的农民，他们看到殷朝王公贵族的生活，简直以为是天上人间吧。尤其令人震惊的是殷人的饮酒习惯。前面说过，殷代的青铜器几乎都是喝酒或盛酒的器具。周人心想，殷之所以会灭亡，恐怕就是亡于喝酒吧。

《尚书》里有一篇文章《酒诰》，大概是周公写给幼弟康叔的。康叔受封于殷的旧地，殷人嗜酒，周公担心康叔也沾染这个习惯。周在西方，历来是“饮惟祀”，平时不喝酒，只有在祭祀的时候才有酒，即使如此，也是“德将、无醉”。遵守礼节，以德互助，为保持这样美好的风气，就必须严格控制饮酒。

年轻的弟弟就要到酒神之乡去，周公忧心忡忡：

越小大邦用丧，亦罔非酒惟辜。

这是周公的思想。任何国家的灭亡，酒不可能是唯一的原因，但肯定与酒有关。殷是一个饮酒大国，周公看到他们亲手毁掉自己的国家，更是把这个教训铭记在心，于是写这篇《酒诰》忠告弟弟：

厥或诰曰：群饮，汝勿佚。尽执拘以归于周，予其杀。

官员聚在一起，狂饮买醉，根本无法工作。如果有这样的官员，就毫不留情地把他们抓起来送回国都，我要判以死刑。从这段文字可以看出周公对酒的危害多么深恶痛绝。然而，《酒诰》接着说道：

又惟殷之迪诸臣百工，乃湎于酒，勿庸杀之，姑惟教之。有斯，明享。

殷的遗臣以及工（技术员）沾染这个恶习已经很久，他们饮酒，不要立即杀掉。长期形成的习惯不可能让他们一下子就改掉，需要一定的时间教育。

从中可以知道，周公的政治手段既有极其严厉的一面，也有不可操之过急、通情达理的原则。古代的独裁者往往是强行贯彻自己的决定。

周公知道酒会成瘾，需要一定的时间才能戒掉，避免采取过激的措施是他的做法，也是周王朝的方针。

建国初期最关键的时候，武王死去，于是新王朝的创业具体措施都落在周公的双肩上。周公的思想也就是周王朝的方针，可以说周公就是周代文化的象征。《论语·述而篇》有这样一句话：

子曰："甚矣吾衰也！久矣吾不复梦见周公。"

这是孔子悲叹自己年迈时说的话。我已经年老了，身心衰弱，其证据就是我好久没有梦见周公了。

孔子极其景仰周的礼乐制定者周公，平时总是想念他，仰慕他的高德。壮年时候的孔子大概经常梦见周公吧，忽然发现最近这一阵子没有梦见周公，于是感觉到自己的身体以及精神上的衰老。

礼乐——礼仪和音乐是孔子的文化总纲。不论文化的命运发生什么样的波折，或者出现可能丧失的危险，只要维持总纲，丧失的东西就一定可以恢复。孔子对此坚信不疑。

周公在各个方面领导文化，制定礼乐，是对周公建树的功绩的概括性总结。

如果以恶意的偏见看待周公的功绩，也可以认为建国初期的周代极其没有文化。与绚烂辉煌的殷文化相比，周的确是西方的乡下人，没有可观的文化。尤其在物质文化方面，无法掩盖周的落后性。这通过考古发掘也已经得以确认。

上面说到《尚书·酒诰》规定，对于殷的遗臣以及工，即使酗酒，也不杀，这说明周公是一个宽容的、实事求是的、具有现实性的政治家，也有人认为这说明周公爱惜懂技术的人才。掌握青铜器制造技术的人才，周应该不会很多。

周在建国初期努力吸收被自己灭亡的殷的先进文化，周公是这个时期的领导人，饮食行坐起卧这些生活基本礼仪都要耐心地教给这些成为天下主人的乡下人。日常行为的修养也就是文化。

周公心里一定感觉很窝囊。

西方的周难道在所有方面都不如东方的殷吗？那么，周为什么又能灭掉殷呢？

周肯定也有他的优秀之处。

周公寻找自己的优点。

酒可以算一个。殷人饮酒无度，而周人只在祭祀的时候喝酒。也许有人觉得这是周的贫穷，但没有节制的饮酒显然不好。

饮酒方面，可以说周比殷优秀。不过，优秀之处太少，所以这个优点格外显眼。在《酒诰》这样最重要的文章中论述饮酒，也应该有“周的凯歌”的含义。

《酒诰》的目的就是宣扬自己的优点，号召大家继续保持、发扬光大这个优点。

比殷优秀的地方仅仅是如何对待饮酒吗？那也太可怜了。周公一定考虑过还有别的优点。

周公发现，落后的周能战胜先进的殷，用今天的话说，那就是具有“体制的优越性”。

周攻打殷的时候，纣王动员了七十万大军，而周的军队只有五万，即使加上诸侯的军队，也不到十分之一。周之所以获得胜利，是因为殷的军队丧失士气，内心希望周的军队尽快攻打进来。《史记》写道：

纣师皆倒兵以战。

为什么殷的军队都倒戈反水呢？因为殷的军队主力以奴隶为主。殷的体制是无论生产还是军事，都依赖奴隶。

奴隶在皮鞭下劳动，没有皮鞭，他们一动不动。他们平时就对手执皮鞭的主子恨之入骨。一旦有人攻打主子，他们都高兴地反戈一击，这就不足为怪了。周公从中吸取教训，奴隶在军队等重要部门就不再占据主要地位了。

前面说过，周是在殷东征的时候乘虚而入，出兵奇袭，获得成功。之所以能乘虚而入，是因为殷无力留守后方。

周代正是根据这个教训，确立了封建制。由于总据点宗周（陕西省）

偏西，就在黄河中游的洛阳一带建立成周作为副都。将殷的旧地封给武王的幼弟康叔，成为卫国，统治殷人。

封周公于山东省西部的鲁，从后方保护卫。

封太公望于山东省东部的齐，防御殷对其都束手无策的东夷。

封召公于燕，守卫东北，现在的北京一带是其据点。

封武王之子唐叔虞（成王之弟）于山西省，以防御北方的游牧民族。这就是晋，大国，但在战国时代分裂为赵、魏、韩三国。

周王室姓姬，鲁、卫、晋等是姬姓的国家，齐和燕虽为异姓（《史记》说燕为姬姓，但经过最近对卜辞的研究，予以否定），因为是周建国的元勋，被封为诸侯。

殷的遗民迁居的宋自然是异姓之国，但臣服周。另外，边境地方的秦、楚等很早就独立割据的异姓国家也向周进贡。

这样的封建制结构，可以保证一旦发生紧急情况的时候，不会像殷那样孤立无援。

殷在祭祀的时候，经常会杀几百头牛、羊、猪作为牺牲，甚至还用人作为供品。周公认为这样做很浪费，祭祀的牺牲只有一牛一羊一猪，十分简单，并且废除用人作供品。

比上述事情更重要的是，周公对历史的最大贡献是创立了“天”的理念。

在殷代，无论是自然神还是祖先神，都感觉与人近在身边，稍微有点不开心的事，就诅咒让王牙疼。周公尽量让神远离人。这并不是不尊敬神，对神应该虔敬，但不要和人过分密切。

敬而远之。

由于神远离人，人就从神的咒语束缚中解放出来，可以变得更具有人性。但是，这种情况下，必须有一种东西代替神来管理人的世界的秩序。这就是“天”。

神与人之间存在着各种层次的亲疏关系，一个部族、一个人与别的部族、别人的祖先神都没什么关系，既不会受到祸祟，也不会得到恩惠。至于让殷王牙疼的嫌疑者，则是他的父亲的亡灵。二者的关系如此亲密。

然而，神一旦变成了天，天就高高在上地俯视众生。周代开始产生殷代完全没有的平等思想的萌芽。以含糊漠然的天代替具体的神是理所当然的。

人们经常说，不是从宗教，而是从伦理追求宇宙的秩序是中国人的特性。这无疑是周公的精神。

殷周政权的交替甚至被称为“殷周革命”，可见这对中国具有决定性的意义。王国维等不少人强调这一点，当然也有人持有否定的看法。因为根据考古的发掘调查，殷周交替期的出土文物中还没有发现令人惊叹的变化。

假如这个时期发现铁器，那才是真正的大革命。但是，这个时期周在陕西省的总据点发掘的出土文物，多是比殷劣质的石器类。

殷周革命不是技术革命，而是思想革命。远离神并非易事。思想革命必然导致体制的变革。周代的戈只是刃部成弧线形，不仅可以刺，还可以勾，造成致命伤，比刃部扁平、只可以刺的殷的戈优良。有人认为仅仅这一点差距，就决定了胜负。

发掘殷墟的时候，从一处出土有几千件类似农具的石器。大概是农具仓库吧。如果是农具，其实完全可以由农民个人保管。然而，农耕一结束，似乎就把所有的农具统统收起来。因为犁、锄头也可以作为武器使用，武器是禁止私人持有的。

农耕季节，把农具分给大家；打仗的时候，把武器发给士兵，结束以后，全部收回。这就是殷的做法。

正因为是这样的体制，殷的七十万军队才会在牧野之战中纷纷倒戈，给周武王的军队让路。殷的士兵都是奴隶，不被当人看待，打了胜仗对自己不仅没有好处，反而会使自己当牛做马的状态继续下去。殷攻打进来，自己的状况应该不会比现在坏，所以倒戈是理所当然的。周在牧野之战的胜利不仅仅依靠优良的戈和战术的优劣，这是思想的胜利、体制的胜利。

周公充分理解自己的这个优点。技术等各个方面都比较落后，必须向殷学习，但自己的优点绝对不能丢掉。

新体制繁荣发展，当然旧东西依然存在。例如，奴隶应该还不少。

周边是不可掉以轻心的异族，受天命的天子就要征讨那些不驯服的国家。战争必然伴随着获得战利品、作为劳动力的奴隶等利益。

周公摄政七年，成王、康王时代是周的黄金时代。《史记》记载，成王早死，康王治世长达四十多年，这期间未曾使用过刑罚。

康王之后，其子昭王即位。《史记》微妙地评论这个时代“王道微欠”，对昭王的全部记述只是：

昭王南巡狩不返，卒于江上。其卒不赴告，讳之也。

“巡”是巡视诸侯国；“狩”是狩猎，但天子的狩猎也兼具军事训练。“巡狩”就是天子外出，相当于现在日本的“行幸”的意思。

昭王去南方巡视，没有回来。“江上”，一说长江，一说流入长江的汉水。汉水和长江的汇合地是湖北省的汉口，即现在的武汉。

昭王死于江上，但不“赴告”天下。为什么呢？此事讳之，为什么必须这样忌讳呢？看来昭王之死非同寻常。

屈原的《天问》有这样的句子：

昭后成游，
南土爰底。
厥利惟何，
逢彼白雉？

昭后即昭王。昭王出外巡视，来到南土的楚。他究竟为了什么样的利益要亲自去迎取白雉呢？“逢”，自己出去取的意思。

传说荆楚（湖北和湖南）的人要将白雉献给昭王，昭王说要亲自去取。当他乘船过汉水的时候，所乘坐的船沉没。原来当地人事先将船底凿个洞，再用胶泥堵上，船行江中，胶泥溶化，水灌船中而沉没。《天问》的注释说这个说法引自《竹书纪年》，然而《竹书纪年》里没有这段文字，对伐楚只说“丧六师于汉”，暗示失败。

白雉是瑞鸟，与白马、白虎一样，浑身纯白的动物显得神圣庄严，是一种神异的东西。

荆楚人说要把白雉献给昭王，为什么昭王要亲自去取呢？《天问》取材于庙堂的壁画，上面大概有昭王所乘之船沉没的图画吧。昭王为什么不在京城等待荆楚人进贡白雉呢？壁画上出现昭王溺死的景象，令屈原产生强烈的怀疑。

进贡白雉，也许是南方部族表示降服的意图。当时居住在荆楚之地的人们应该是苗族。他们头上插着鸟的羽毛作为装饰，修长的野鸡尾羽尤为珍贵。对于以鸟的羽毛作为装饰的部族来说，白雉是神圣的鸟。所以进贡白雉就意味着表示全面投降——割让国家的意思。

但是，荆楚的南人只是表示意思而已，其实他们绝不会投降。他们既不对周朝贡，也不听从周的命令，于是昭王急不可耐地率兵远征。也许这才是事实的真相。

有一个豪杰，名叫辛余靡，受封于西翟，称为长公。《吕氏春秋》这样记述他受封的经过：

周昭王亲将征荆，辛余靡长且多力，为王右。还反涉汉，梁败，王及蔡公抎于汉中。辛余靡振王北济，又反振蔡公。周公乃侯之于西翟，实为长公。

这里的记述就不是船，而是桥，或者用船连接起来的浮桥，也许事先在桥上做过手脚，所以昭王以及大臣落入水中，但昭王并没有被淹死，而是被辛余靡救上来。辛余靡这个魁梧的汉子，不仅力气大，而且水性好。

“为王右”，意为在王的右边乘坐驷（四匹马拉的战车）。与希腊一样，当时使用马拉战车进行作战。一车三人，中间为王族或将军，左边为御者，右边为射手。射手兼具护卫中间人物的任务。辛余靡的战车在王所乘坐的战车的右侧，看来他是一个威猛勇武的武士。

《吕氏春秋》只记述辛余靡建树功勋的事迹，没有涉及这次作战的胜负，但是，从“还反”时“梁败”，“王及蔡公抎于汉中”的文字表达中，明显看出是打了败仗。

《竹书纪年》里有“丧六师于汉”的记述，大概败于水战吧。

虽有昭王被辛余靡所救的记述，但死于远征的可能性很大，也许不是淹死，而是死于败退途中。如果这样的话，不将昭王死去的消息通报诸侯的异常做法也可以解释得通。

周趁着建国的势头，继续膨胀。周是农业国，所以战争的目的是为了扩大土地，不是掠夺财物、牲畜、人，而是吞并土地。

封于各地的王族和功臣除了负有保卫周的核心地区的任务外，还具有积极扩大各自的势力范围的作用。

周推翻殷以后，以压倒一切的力量迅速扩张领土，到昭王时代，终于可以歇口气了。由于周的领土扩张，被赶出自己土地的一方退到无处可退的最后底线上，拼死守卫最后居住的土地。周遭到他们竭尽全力的抵抗。

周代历史的重要资料是青铜器。周代初期，青铜器主要是王赐予臣下的。例如封侯、作战立功、表彰完成国家大事业的功绩等，都会赐予青铜器。一般都是把青铜器的原料给本人，由本人撰写铭文，自己铸造。

昭王南征也见于青铜器铭文。制作青铜器是为了庆祝作战胜利，打败仗自然不会铸造。这样看来，昭王似乎多次出兵南方。《竹书纪年》所说的“丧六师”的南征是昭王十九年，那么青铜器铭文记载的就是三年前的昭王十六年：

伐楚荆，涉汉，遇大兕。

兕是猛兽的名称。具体什么猛兽，也是众说纷纭。清朝段玉裁（1735—1815年）的《说文解字注》说是水牛，东晋郭璞（276—324年）的《山海经注》说是犀牛。不论是水牛还是犀牛，都是喜欢在水里生息的巨兽，经常把船掀翻。铭文特地写明“遇大兕”，却没有明说伐楚荆的结果。既然征途中遇到莫名其妙的怪兽，恐怕这次远征不会有什么好的结果吧。

三年之后，再次远征，本想一举成功，反倒“丧六师”。

这说明周的扩张政策已经到达极限。远征的距离拉长，对方就可以攻打入侵者战线过长的弱点，而且南人的作战勇猛是十分著名的。周几次出兵南方，甚至天子亲征，却最终也未能将南方的这块地方收入自己的版图。可以说，周的南进政策以失败告终。

《吕氏春秋》说把落水的昭王救上来的豪杰辛余靡封侯西翟。翟就是狄，他获得了对周的臣服度非常薄弱的蛮荒之地。但不管怎么说，在南征中立功的人获得了不是南方，而是北方的领地，这个事实引人注目。

昭王的南进政策归于失败。周在南方没有土地可以封给功臣，只好从西方划出一块地方。

昭王死后，其子满即位，为穆王。穆王继续执行周传统的扩张政策，但是对父亲束手无策、最后命丧征途的南方还是不敢轻易动手。穆王的扩张政策，主要针对西北方面，当然，他也没有忘记南方，也曾南征过。他也向东方出兵，看来穆王和其父昭王一样，都喜欢亲征。

屈原的《天问》说到穆王：

穆王巧挴，
夫何为周流？
环理天下，
夫何索求？

“挴”是“贪”的意思。指的是穆王随心所欲，恣肆放任。

“周流”是周游世界的意思。为什么如此随心所欲地到处游玩呢？这里似乎包含着责备的语气。

“环理”大概是行走天下，测量距离的意思。贵为天子，应该是人们仰慕其德，四方来朝，围聚四周，然而天子亲自外出，究竟要寻找什么呢？

不知道屈原的这一段话是根据什么样的传说，但无疑穆王是一个大旅行家。

有一本书《穆天子传》，其中说周穆王到遥远的西方会见西王母。这部著作是3世纪和《竹书纪年》一起出土的。“穆天子传”“竹书纪年”都是在出土以后为阅读方便加上去的书名。《晋书·武帝纪》咸宁五年（279年）十月这一项中记述有出土的情况：

汲郡人不准掘魏襄王冢，得竹简小篆古书十余万言，藏于秘府。

战国的魏襄王自公元前334年至公元前319年在位，无法确认发掘的古墓是否就是《晋书》所说的魏襄王墓，但可以肯定的确是那个时期的古墓。3世纪发掘的时候，已经在地下沉睡了大约六百年的墨写竹简中，有以魏为主的编年史，所以称为“竹书纪年”。

汲郡是现在的汲县一带，在河北省北部，位于铁路的主要车站新乡站的东北面。收藏于“秘府”（宫中收藏所）的这些史料一般称为“汲冢书”—— 汲郡的古冢出土的文书。

盗墓的历史十分悠久，这座墓也被盗过。不过，盗墓者需要的只是陪葬品中的金银财宝，对竹简等不感兴趣。但是，由于墓穴黑暗，盗贼则点燃竹简照明，所以发现的时候就已经残缺不全。

我向整理这部著作的3世纪的学者荀勖与和峤的努力表示敬意。他们编纂完成了十三卷的《竹书纪年》。但是，至大约五百年后的唐末，这部珍贵的书籍亡佚。当时尚未发明印刷术，所有的书籍全靠手抄，所以数量很少，容易亡佚。不过，由于各种书籍引用《竹书纪年》中的文章，后人搜寻收集，虽然不完整，却也基本复原。

《穆天子传》也是“汲冢书”中的一部，当时的大学者郭璞加以注释。这部书幸亏没有亡佚，得以保留至今。

小川琢治（1870—1941年）写有《周穆王的西征》论文，认为穆王访问西王母的国家是天山东端的巴尔库勒，就是位于今天新疆维吾尔自治区哈密县西北的巴里坤哈萨克自治县。

我为采访丝绸之路曾多次去过新疆。从乌鲁木齐开车大约三个小时的博格达山中海拔两千米的地方有一个大池，当地人称为“西王母的池子”。汉人把这座山称为秀山，相传那个池是西王母沐浴的瑶池，现在通称为天池。天池下方有一个小池，当地人说那是西王母洗脚的地方。

我访问巴里坤哈萨克自治县的时候，当地人介绍说，周穆王曾经到这里来过。

如果说周穆王来过帕米尔高原，那不可信，但西域到处都流传着西王母的传说，而且都和穆天子联系在一起。

魏襄王时代离周穆王至少六百年，《穆天子传》也许不能作为实录，应该作为传说或者小说来阅读。但是，《竹书纪年》记述穆王十七年西征，在昆仑之丘见西王母，当年，西王母来朝，宾于昭宫。

昆仑之丘，当时是西方之山的意思，未必就是现在的昆仑山脉。如果是西方之山，可以认为天山东端也经常在周代的远征范围之内。

西王母是神话中的神的名字，周穆王的时候，突然冒出来，这似乎加强了穆天子传说的虚构性。神话中的西王母豹尾虎齿，披头散发，发出怪声，是一个神人。名字里有一个“母”字，但不知是否为女性。

与穆王相会的西王母不是这样丑陋怪异的神人，而是一个优雅温和的女王，在瑶池与穆王推杯换盏，还唱道：

白云在天，山陵自出。道里悠远，山川间之。将子无死，尚能复来。

神话中的西王母是另一个人，这个西王母是西方母系部族的首领。

《史记》在穆王项中没有记载穆王访问西王母，却说伐犬戎族，获白狼、白鹿各四头，接着又说宰相甫公向王建言制定刑法，并告知诸侯。

按我们现代的感觉，所谓白雉、白狼、白鹿，其实都无所谓，然而不能用现代的感觉看待历史。这些白色的动物是部族的重要象征，比生命还要宝贵，献上这个，意味着举国投降。抢走这个，意味着征服这个部族。《史记》说，周穆王抢走犬戎的白狼和白鹿后，“自是荒服者不至”。

按照古代的制度，王直辖领地之外，从近至远，分五个等级，称为五服。据说每一服相隔五百里，不过大概不会这么明确，比较含糊。五服中，荒服是最远的地区。五服及其必须履行的义务如下：

甸服——“祭”（每次祭祀王时献上供品）

侯服——“祀”（每月献上供品）

宾服——“享”（四季献上供品）

要服——“贡”（每年献上供品）

荒服——“王”（王变更时献上供品）

即使没有这样明确规定，大家都自觉地照此办理，那自然天下太平。由于穆王推行强制性的政策，在王变更的时候，最远的荒服也不献上供品。尽管距离很远，但荒服不再来朝，这不能说是天下平稳。

另外，穆王制定刑法，这不正是说明治安状况混乱吗？以前无须刑法都相安无事，现在必须依靠刑法。昭王时代，王道就已经稍微欠缺，而穆王时代，王道的欠缺就相当大了。

穆王五十岁即位，在位长达五十五年。晚年，政治上也许出现昏聩的现象。

《史记》在记述荒服者不来朝以后，说道："诸侯有不睦者。"诸侯之间，发生不和，恐怕既有感情的对立，也有利益冲突的因素。

比诸侯之间的不和更严重的是诸侯和王室之间开始出现紧张的气氛。

穆王之后，其子即位，为共王。《史记》对共王的事业只有灭亡一个叫密的诸侯国的记述。共王似其父，也喜欢旅行。有一次，他来到泾水之滨。泾水是渭水的支流，密国在其附近。王到这里来，密国领主自然出来接待。

密国领主康公的身边有三个美女。康公的母亲为此心里不安，劝说儿子把美女献给共王，但是康公没有听从。《史记》如此记载，但实际上共王和康公之间大概有这样的对话：

“怎么样？把那些美女给我吧。”

“不行，我舍不得。”

共王很不高兴，心想这小子居然不听我的话，简直岂有此理！于是怒而发兵，灭掉密国。由于女人这个导火索，周王消灭诸侯国，这不能不说是周的王道越来越欠缺。

但女人也许只是表面问题，实质上则是双方的利害关系的对立，王室动用武力夺取密国的土地。

天子的巡狩称为“环理”，也是测量土地，其目的就是从诸侯的土地中尽量攫取进贡。而诸侯各国对王的视察，也一定采取隐瞒土地的对策。

诸侯密大概是一个弱国。共王治世期间（《竹书纪年》说十二年，《帝王世纪》说二十年，还有说二十五年），只进行过一次战争。这并非他治世有方，无须动兵，而是王室无力作战。

现在出土的青铜器中，几乎没有出土铭文记述穆王之后至幽王的西周末期进行过战争，可见周王室的国力逐渐衰弱。

昭王、穆王的出征目的是为了扩大领土，但是成效不大。即使如此，还必须论功行赏，于是只好削减王的直辖领地。这样，王室越发贫困，至共王之子懿王时代，《史记》说“王室遂衰，诗人作刺”。王室衰微，诗人写诗予以讽刺。

贫困到被诗人讽刺的懿王死后，不知道什么缘故，由他的叔父（共王之弟）即位，为孝王。孝王死后，才由懿王之子即位，称为夷王。

孝王和夷王在位都不满十年。

周王室无所作为，陷入一蹶不振的状态。至夷王之子厉王即位，他决心重振周王室。仅仅依靠现有的资料对历史作出判断是危险的，但感觉从穆王以后，各代的王都不思进取，或者说是坚守周公的“不勉力为之”的政治理想吧。无论如何，给人得过且过的感觉。

积极进取的厉王出现以后，就把周王室引导到和周公的方针背道而驰的方向上。《史记》评厉王“好利”。

要振兴因衰微而受到讽刺诗嘲笑的周王室，必须增加财政收入，因此需要起用善于理财的人。

王视察诸侯领地的经营状况，觉得荣国搞得最好。荣国的领主是称为夷公的公爵，厉王决定起用他。

荣国看似不错，其实这是领主夷公采取相当露骨的手段残酷剥削而得来的，领地的民众对此愤愤不满。有人预感到如果用同样的方法重建周王室，其后果将不堪设想，受封于芮国的伯爵良夫就是其中之一。他忧心忡忡地劝谏厉王：

夫荣公好专利而不知大难。夫利，百物之所生也，天地之所载也，而有专之，其害多矣。

这是《史记》记述的芮伯谏言的一部分。荣公的治理国家以垄断利益为基础。利乃万物所生，天地所生，所以独占利，一定会有很多弊害。

由于一个人垄断占有利益，使得那些有权获得利益分配的人被拒之门外。被拒之门外的人必然很多，于是心怀不满的人们就结成集团。谏言最后说道：

匹夫专利，犹谓之盗，王而行之，其归鲜矣。荣公若用，周必败也。

一个不在负责职位上的普通人如果独占利益，也会受到社会的谴责，斥之为“盗”，何况天下国家的最高领导人——王垄断利益，别人连一点残羹剩饭都分不到的话，心悦诚服的人也就越来越少。如果起用荣公，周必亡。这是一份相当破釜沉舟的谏言，但是厉王充耳不闻。也许厉王心想与其说得好听，没有行动，不如实干，照此贫困下去，周才会灭亡。

于是，厉王放弃了不可勉力为之的祖训，至于具体采取什么样的措施，仅凭史料的记述尚不清楚。《史记》说：

王行暴虐侈傲，国人谤王。

“侈傲”就是奢侈傲慢。大概在荣公的策划下，进行疯狂的横征暴敛吧。这种榨取不仅针对一般民众，连富裕的诸侯也被榨取搜刮，这样，周王室和诸侯的关系就越发恶化。

所谓国人，包括诸侯、贵族到一般平民。从数量上说，不言而喻，下层人占绝大多数。召公劝谏厉王，说是“民不堪命矣”。召公是建国以来的名门，是被誉为周国中流砥柱的家族的栋梁，他如实地告诉厉王，现在的人民已经无法忍受王的严酷命令了。

但是，厉王正在踌躇满志的时候，坚信要重新振兴周王室，舍我其谁，要使国家富强，就需要非常手段。

他知道诽谤者甚多，既然如此，那就叫他们闭嘴好了。厉王终于实施了恐怖政策。

古今的独裁者的想法大抵都是一样的。

厉王叫来卫的巫。卫以前是殷的国土，从神圣殷帝国建立以来，这个土地上的巫就被说成具有通过神灵透视一切的本领。殷王本人就是这种巫的头目。

卫的巫其实就是特务头目，只要被他揭发，那个人就立马完蛋，必死无疑。

如果这样的话，回想起来，可以诽谤的时代算是好的。人们果然默不作声了，不再轻易说话，到处都有耳朵在偷听。《史记》评价这个时期人们的状态是：

国人莫敢言，道路以目。

在路上遇见亲朋好友，也不敢说话，只是交换着满含怨恨的目光，以无声的话语表示心中的愤怒。

然而，厉王十分得意地对召公说道："吾能弭谤矣，乃不敢言。"召公回答说：

防民之口，甚于防水。

筑堤坝防水患，一旦堤坝决口，造成巨大损失，所以平时要适当放水，这才不至于泛滥成灾。防人民之口，比只是用堤坝蓄水更加危险。

让人们谤詈，犹如放水，那些鬼鬼祟祟的巫师特务却到处监视偷听，动不动就抓人杀人。疏通的水道被堵塞，危险性越来越大。

厉王依然没有意识到这种危险性，大概荣公推行的垄断利益的政策增加了收入，使得厉王坚信自己的所作所为是正确的，对召公的谏言完全置若罔闻。

这种状态持续了三年。

人民做出了最大的忍耐，然而，大爆发的日子终于来临了。

三年，乃相与畔，袭厉王。厉王出奔于彘。

《史记》对这次起义只是如此简单地记述。实际上这是一场前所未有的天下大乱。《诗经·大雅·桑柔》这样唱道：

忧心殷殷，
念我土宇。
我生不辰，
逢天僤怒。

为什么我会生在这个天怒人怨的坏时代呢？人们在这首诗歌里哀叹自己生不逢时的命运，满含对恶世的怨恨。

老实温良的民众也有爆发点，他们忍无可忍，起来造反，包围王宫。厉王逃脱，流亡到叫作彘的地方，周开始了“共和”时代。

中国的年号始于汉代——公元前2世纪后半叶，在此之前，称为某王第几年。

我感觉这样的叫法不方便，哪怕是叫某王朝第几年，也比较容易理解。如果叫“中国第几年”，贯串下来，那就更方便了。假如要设定“中国元年”的话，“共和元年”一定是最佳提案。

共和元年是公元前841年。

这是确切无误的。但此前的年份就不太明确，各个王的在位时间，不同书籍的记述有的也不一样。

司马迁的《史记》从这一年开始编写年表。共和元年是庚申年，之后每一年都明确记述。为什么从这一年开始编写年表呢？因为此前的情况不明了。

所谓情况不明了，应该是司马迁手头没有此前年代的记录资料。

我个人的推测是，逼得厉王不得不逃亡的民众起义引起天下大乱，那些历史记录资料恐怕都毁于战火。以共和元年为分界线，历史的明确与不明确，如同剪刀剪裁一样，截然分开。

我想把这一年作为中国元年。

厉王在共和十四年客死于流亡之地彘。彘在山西省中部偏南，现在的霍县东北部，中国的圣山之一霍山边上。他大概是渡过黄河，溯汾河而上。这个流亡帝王死前对自己所执行的恐怖政策、黑暗政治进行过反省吗？

民众起义结束了黑暗政治，共和元年作为中国元年是合适的。

厉王死后，大政奉还，其子宣王即位。

宣王基本上可以说是中兴之王。说是“基本”，是因为他长达四十六年的在位期间，前半期表现不错，后半期问题很多。有的王在年轻的时候励精图治，年老以后就变得昏聩糊涂了。唐玄宗也是这样。历史不可重复，但有其相似的模式。

由于厉王的暴政以及后来的流亡，诸侯在周的共和时代很少入朝进贡。这只能说明周的国力衰弱。诸侯的动向令人可悲地被对方现实的国力所左右。

大政奉还，宣王即位后，诸侯重新开始入朝。是因为周变得强大了吗？

答案很简单：与其说是周强大了，不如说周止住了衰退的势头。独裁者自以为是的政治一结束，周就显示出强大的恢复力。“少主即位”这个消息使得周国人心振奋。

民众对年轻的君主寄予厚望，宣王借助了这股力量。但是，这种力量产生于一种兴奋的情绪，不能长久持续，宣王很快就只好依靠自己的力量。

宣王即位三十九年，和姜的戎（藏系部族）作战，大败而归。这就是周的实力吧。

作为夕阳之国的周天子宣王，想努力恢复过去的盛世，这种心情完全可以理解。他在幼小的时候，王宫被民众包围，父亲逃亡，自己被藏在大臣的家里长大，从那时起大概就横下一条心一定要东山再起吧。

宣王的心情显得过于焦急。即位以后，他所发挥的力量超过了自己的实力，由于过于焦急，以至于不知道自己真正有多大的实力。

三十九年败战以后，失去了南方的军队，宣王开始调查太原（山西省）的户口。调查户口当时叫“料民”。

查点国民的人数，目的就是征兵、征用民夫，或者征税。对于国民来说，这是最烦恼头疼的事情。一听说开始“料民”的消息，民心就立即不稳。大臣谏言，宣王不听。

宣王初期，也多有战争，宣王三年伐西戎，五年的六月伐猃狁、八月伐荆楚，六年伐淮夷和徐戎。那个时候，民众处于相当兴奋的状态，想不到认为已经衰竭的周王朝居然还有如此强大的力量，所以焕发出一种爱国精神。

《诗经·小雅·六月》这首诗歌就是赞颂宣王五年六月的北伐。尽管宣王在幼小时候经历过磨难，但还是和民心有隔阂。他以为有人给他写赞歌，就误以为国人都支持他的战争。

周在衰微的时候被人讽刺，还遭到一些部族的欺负，现在一一把他们灭掉，宣王一定心里痛快。宣王后期，周已经成为大国，在天下处于举足轻重的地位，战争也是所向披靡，吞并对方。

国人的厌战是理所当然的。

宣王好不容易把周王室振兴起来，可是到了后期，他亲手毁坏了无形的根基。

四十三年，宣王杀大臣杜伯。具体发生了什么事情，详情不得而知，但似乎杜伯没有过错。杜伯的朋友左儒说，“臣能明君主之过，以正杜伯之无罪”，遂自刎。

杜伯辅佐宣王，为周王室的复兴立下汗马功劳。

明朝的李贽是一个有个性的思想家，挑战传统观念，终于被视为异端，关进监狱，后来在狱中自杀。吉田松阴（1830—1859年）景仰李贽，受其影响。日本的明治维新也许与李贽的思想有某种关联，这是另外的话题。这个李贽评宣王“定是长颈鸟喙一流之人”。

大概宣王是长颈鸟喙之流的人吧。“长颈鸟喙”，脖长嘴尖，指的是人的长相。据说春秋时代的越王勾践（公元前5世纪人）就是这种长相。

越王勾践卧薪尝胆，终于消灭宿敌吴国，成就霸业。大臣范蠡辅佐，作出了巨大贡献。但是，当吴国被灭以后，最大的功臣范蠡飘然而去。他留下一句话：

为人长颈鸟喙，可与共患难，不可与共乐。

李贽认为宣王也是这样的人。

杜伯为周王室的复兴，与宣王患难与共，但是宣王不能与功臣共享胜利果实。

杜伯一定感觉非常冤枉，死前说道：

吾君杀我而不辜，若以死者为无知，则止矣；若死而有知，不出三年，必使吾君知之！

果然在三年之后，宣王率诸侯去圃田狩猎，被杜伯的亡灵所杀。

此事记述于《墨子》：杜伯的亡灵在光天化日之下乘坐白马拉的白木车子出来，身穿红衣，头戴红冠，手持红弓，搭上红箭，射中宣王的心脏。

在是否存在鬼神（亡灵）的争论中，墨子以这个杜伯亡灵复仇的故事作为证据，论证自己的鬼神存在论。墨子说，史书记载，随从狩猎的数千人都清楚地看见杜伯的亡灵。

然而，遗憾的是，记载杜伯亡灵的史书未能流传至今。现存的史书只是简单地记述“宣王在位四十六年死”。

郑声靡音

“演义”这个词大抵相当于日语的“讲释”。正史的文字枯燥死板，虽然记述准确，但缺少情趣。对正史加工润色，变得通俗易懂，富有情趣，这就是演义。

中国历史中，一般民众最熟悉的大概是三国时代吧。说自己读过《三国志》的人，大多数指的不是正史《三国志》，而是通俗的演绎版本《三国演义》。戏曲也大抵是根据演义改编的。庙会节假日的时候，评书、戏曲盛行，即使那些不识字的人，对三国时代的故事也十分熟悉。

日本也有水户光圀[①]（1628—1701 年）编写的《大日本史》，相当于正史，不过似乎很少人阅读。一般民众是通过阅读《太平记》[②]熟悉楠木正成[③]（1294—1336 年）这个人物的。人们通过琵琶法师[④]讲述的《平家物语》[⑤]了

---

① 水户光圀：即德川光圀，日本水户藩第二代藩主。德川家康的孙子。他鼓励儒学，召请中国明代学者朱舜水赴日，设立彰考馆，编撰《大日本史》。后任中纳言，称水户黄门。——译注

② 《太平记》：日本军记物语，四十卷。传为小岛法师等著。应安六年（1373 年）前后成书。以简洁的日汉混合体文字描写南北朝的斗争以及文保二年（1318 年）至正平二十二年（1367 年）五十年间的兴亡。——译注

③ 楠木正成：日本南北朝时的武将。1331 年响应后醍醐天皇的号召在河内赤坂城举兵，为建立建武政权作出贡献。任河内和泉守护。1336 年在兵库凑川为足利尊所败，与其弟互刺而死。——译注

④ 琵琶法师：用琵琶弹唱叙事诗谋生的盲人僧人。镰仓时代以后大多说唱战争物语，尤其是《平家物语》。——译注

⑤ 《平家物语》：日本镰仓前期的军记物语。作者及成书年代不详。讲述平氏和源氏的战争，以平家的兴衰为中心，描写治承、寿永年代动乱的历史。有多种版本。十二卷“说唱本”具有代表性，经琵琶法师的说唱，广为流传。——译注

解源氏和平氏盛衰兴亡的过程。

中国的民众大概也是通过评书、戏曲等形式了解春秋战国时代的故事，尤其是吴越之战，其中还有美女西施的故事，更是广为流传。著名京剧表演艺术家梅兰芳（1894—1961 年）曾经扮演过京剧《西施》的主角西施。

春秋战国时代的演义作品有《东周列国志》。这本书以《春秋左氏传》《战国策》为基础，分章描述，通俗易懂，似乎没有加以小说式的润色加工。

故事从绝代美女褒姒的怪异出生开始讲述。

宣王之子幽王为犬戎所杀，周至此姑且可以说是灭亡。幽王之子平王奉祀宗庙，东迁避难洛阳。此后称为东周，而周幽王之前的周朝称为西周，以此划分。

然而，东周是败逃的流亡政权，王室的权威丧失殆尽，不过徒有其名。此后的历史进入——按现代语言表达——“地方时代”。各地诸侯几乎全部独立，他们之间展开激烈的竞争。

《东周列国志》讲述秦始皇统一天下之前五百多年的历史故事，将整个时代称为东周，我有点难以接受。因为这个时期的周王室完全萎靡不振，有名无实，所以还是认为称为“春秋战国时代”比较妥当。但如果严格地说，这个称呼也有问题。

周幽王为犬戎所杀是公元前 771 年。

秦始皇统一天下，自称皇帝是公元前 221 年。

其间恰好五百五十年。传为孔子编撰的《春秋》是鲁国的纪年史。当然不仅仅限于鲁国，似乎将诸侯的编年史称为春秋。前面说过，杜伯的亡灵用红箭射杀宣王，见于《墨子》，但还有这样的记述：

（此事）著在周之《春秋》。

但是，因为孔子编撰的《春秋》成为五经之一，名声太大，所以一说到《春秋》，就指孔子所编的《春秋》。

这部《春秋》的记述始于鲁隐公元年（前722年）。鲁隐公是一个诸侯，他即位那一年是中央政权（徒有其名）的周（东周）平王四十九年。《春秋》没有记述的鲁隐公即位之前周平王四十八年的历史，从时代划分来看，也只能归入春秋时代。《春秋》的记述终于鲁哀公十四年（前481年）。

有人认为，在划分五百五十年“地方时代”（诸侯时代）的春秋和战国两个时期时，可以将《春秋》的最后一页作为分界线。但是，这一年没有发生历史上划时代的事件。这一年齐国发生政变，不过齐国在四年前和九年前也发生过政变，感觉并不稀罕。

西狩获麟。

这是《春秋》最后的记述。现存的《春秋》还有后续，但那是孔子的弟子的续作。

麟是麒麟，被视为难得一见的奇兽。孔子记述完此事后搁笔，因此“获麟”成为具有“绝笔”含义的词语，《春秋》的别名也称为“麟经”。

将奇兽的出现作为时代划分的理由，这缺少说服力。

这一年离幽王之死恰好二百九十年。

获麟十年后，漫长的吴越之争终于以越国的胜利而结束。有人以吴国的灭亡作为战国时代开始的标志。《史记·十二诸侯年表》的最后一栏记载吴国灭亡，大概司马迁也这么认为吧。

也有人认为两个时代的分界线应该下推至东周威烈王二十三年（前403年），这一年晋国分裂为魏、韩、赵三国，并被承认为诸侯国。这的确是一起大事件。北宋的司马光（1019—1086年）也这么认为，所以他的巨大的编年体史书《资治通鉴》就从这一年写起。

另外还有人把这整整五百多年视为一个时代。

儒家学说历来认为：春秋时代，虽然王室衰微，但诸侯还是在名义上承认其权威性；战国时代，诸侯根本不承认周王室的宗主地位，变成礼仪丧失、弱肉强食的时代。

但是难以想象在周王室有名无实的权威保持不变的情况下，能明确划分出两个不同的时代，当然，同样也难以想象的是，在五百五十年的漫长岁月里，会一成不变地保持着同样的状态。

在这里不必过细考证，姑且将诸侯时代大致的前后期分别称为春秋战国时代吧。

我过分拘泥于时代的名称，东周这个称呼还是觉得不妥，不具备代表时代的资格。不过，尽管有名无实，周王室毕竟存在，所以涉及王的名字时，就称为东周某王。

上面谈到《东周列国志》，有点离题，现在回到该书褒姒出生的开头部分。

无论夏、殷、周，为什么古代王朝的末世都会出现一个绝代美女，并且将亡国的责任归咎于她呢？这种模式未免太相似了。

在国和家合为一体的时代，王室家庭的动乱，或者国王过分淫荡的生活，也许都会动摇国的稳定。

关于这个美女褒姒，还有一段悠远的离奇的故事。

《史记》记述，在遥远的古代，夏王朝已经衰败的时候，有一天，突然出现两条神龙，降于夏朝的王庭，盘桓不去，还说道："余，褒之二君也。"

夏王朝的王族分封于各地，各自以受封地的国名作为自己的姓。褒氏和费氏、杞氏、缯氏、辛氏等一样，都属于夏王朝的氏族。这两条神龙对夏的帝王说："我们是和你同一氏族的褒氏祖先二君的化身。"

经过占卜，说是如果将龙的精气收藏起来，将为"吉"。这个"精气"，有的认为是龙的唾液，有的解释为龙的精液。于是把它们的精气收藏在匣子里，小心翼翼地保存起来，世世代代传下去，从夏传到殷，从殷传到周，从未打开。

到周厉王时代，不知道出于什么缘故，把这个匣子打开了。厉王这个人实行黑暗政治，后来被国人包围，逃出王宫，客死他乡。盖子打开以后，龙的精气流到宫殿上，怎么也无法清除掉。

于是周厉王命女人脱光衣服，对着龙的精气大声叫喊。这大概是一种咒术，以污秽之物消除神力之物的灵气。甚至在19世纪中叶的鸦片战争中，清朝的将军有的还相信这种咒术。据史料记载，由于英军大炮的命中率很高，清军将领试图借助咒术巫师的妖力克敌制胜，命令把全广州妇女的尿桶集中起来，将尿桶口冲着英国军舰。同样都是污秽之物，女人的似乎更有效力。

这种污秽之物对英军毫无作用，但对龙的精气似乎有点灵验。龙的精气无法忍受污秽，便化作一只蜥蜴，逃往后宫。这只蜥蜴在后宫遇见一个七岁左右的小女孩。这小女孩起先倒平安无事，可是在十几年后突然怀孕，生下一个女孩。她十分害怕，便将孩子扔掉。

至周宣王时代，街头有童谣唱道：

檿弧箕服，实亡周国。

宣王十分在意，有一天，发现一对卖桑弓、箕箭袋的夫妇，宣王要把他们抓起来杀掉。他们连忙逃跑，在逃跑途中看见一个被抛弃的女婴在树林子里啼哭，便抱起这个孩子逃到褒国。她就是宫中母亲的那个弃婴。

女婴长大，出落成绝代美女。此时恰好褒国犯有过失，要受到周王室的惩罚，于是褒国将这个美女献给周王，以求赎罪。她就是褒姒。此女亡周，这个故事非常有名，大概也会描绘在壁画上。屈原的《天问》中有这样的诗句：

妖夫曳炫，
何号于市？
周幽谁诛？
焉得夫褒姒？

“炫”是行商。屈原说的是，一个行状可疑的男子带着妻子在街市上行走叫卖，官府要抓他们。他们逃跑途中捡到一个女婴——褒姒。周幽王要诛杀犯罪的褒国，于是褒国献上褒姒以求宽恕。

幽王溺爱褒姒。幽王的正室是申后，立其子宜臼为太子，但当褒姒生下儿子伯服后，幽王则废嫡立庶，废宜臼，立伯服为太子。

褒姒这个绝代美女不爱笑。幽王为见其笑容，想尽各种办法，可是褒姒依然冷面如霜，绝无一丝笑容。

有一次，由于失误，错将烽火点燃。烽火，也写为“狼火”。据说狼粪晒干后点燃，烟会笔直上升。烽火是发生紧急情况时发出的警报。诸侯看到烽火升起，就必须立即率兵赶来，集结于王宫。当各路诸侯急急忙忙赶到王宫时，才知道原来是一场失误，不禁惊愕万分。

褒姒看到各路诸侯来回奔走，觉得可笑，不由得笑起来。周幽王大为高兴，为了取悦褒姒，此后故意点燃烽火。诸侯们又风风火火赶来，急急忙忙回去，知道幽王是在戏弄他们。这样一次、两次、三次……诸侯们再也不受愚弄，看见烽火升起，却按兵不动了。

幽王重用善谀好利的佞臣虢石甫，也因此为国人所诟。

正室申后之子被废，申后的家族申氏无法容忍。申是位于现在河南省南阳县北面的姜姓之国，据说伯夷的后裔受封于此。

于是，对幽王心怀仇恨的申侯与缯、西夷、犬戎等部族密谋举兵。缯原先是夏王朝的部族，其国位于现在的山东省峄县一带。

当造反的军队攻打进来的时候，幽王命令点燃烽火，但是由于诸侯们多次受骗，所以这一次没有任何人赶来增援了。

造反军队由申、缯、西夷、犬戎等联合组成，但主力似乎是犬戎。司马迁在年表中写道：

幽王为犬戎所杀。

王国维认为，《诗经·小雅·六月》所吟唱的宣王北伐的对象猃狁大概就是犬戎。《诗经》里出现的“昆夷”这个名字，也许也是犬戎。昆、猃、犬等发音相近。另外，按照王国维的说法，殷的甲骨文、青铜器上的铭文（小盂鼎等）以及《竹书纪年》中所见到的“鬼方”，也是和犬戎同样的部族，后来的匈奴的祖先。总之，这是一支在中原的文明圈附近过着游牧或者狩猎生活的剽悍的部族。

在简明记述史实的时候，往往只是列举代表性人物的名字。关于周幽王被杀一事，司马迁在《史记·周本纪》中的记述令人感觉申后是主谋，事情的起因是申后以及其子被废黜。但是，在年表和世家部分，大概因为地方小写不下的缘故，只是简略地写着上述的“幽王为犬戎所杀”几个字。这几个字是什么意思呢？

可以认为：主谋是申后，在具体实行的时候，主力是犬戎。

西周灭亡的主因并非外敌入侵，显然是亡于内讧。

现在暂时先把褒姒美女的问题搁在一边，谈谈内讧的问题。对于统治天下的周王室来说，这样的内乱原本不过“小菜一碟”。发动内乱的都不是大人物。内讧的诸侯有申、褒、缯、虢、郑，感觉都是一些闻所未闻的小诸侯，分封于各地的那些大诸侯都采取什么态度呢？

建国功臣太公望受封的齐、召公奭受封的燕、武王之弟周公旦受封的鲁、康叔封受封的卫、武王之子唐叔虞受封的晋等，都未见他们的动静。厉王逃亡时，召公和周公的后裔还出面实行“共和”政治，但这一次不声不响。

春秋时期，诸侯并没有独立。应该说西周末期已经开始了地方时代，大家都专心致力于本国的事情，根本顾不上王室。

这样，王室与诸侯之间的关系就疏远了。

支撑西周末期王室的主要是虢、郑这两个亲藩的势力。

虢是武王的叔父在两百多年前的受封国，与周王室有着悠久的亲缘关系，受封国在现在的陕西省宝鸡市附近，是从陕西进入四川的交通要地。主要的诸侯大都受封于东方，就虢国受封于宗周首都（镐京）以西之地。

与虢相比，郑是新的诸侯国。幽王的父亲宣王在即位二十二年时封弟弟于郑，所以幽王即位时，郑立国才仅仅二十四年。郑国第一代国王桓公是幽王的叔父，幽王八年任司徒（宰相）。

郑国位于现在的陕西省华县一带，在王都以东，距离不是很远，但是桓公似乎对此地不太满意。其原因是距离王都太近，王室一旦有乱，本国最容易受到影响。《史记》记述郑桓公和心腹大臣太史伯商讨国是时，这样说道：

王室多故，予安逃死乎？

郑桓公身为王室的宰相，已经预见到王室必乱，考虑可以避难的地方。他打算移居南方或西方，但太史伯予以劝阻。

太史伯说：楚国在南方，今后将会崛起，这是十分危险的；而西方之民贪欲好利，不是久居之地。

如此一来，郑桓公便征得王室的同意，将受封国的人民迁移至洛水以东。这在当时是一次规模巨大的搬迁。洛水以东是郑国人民新的居住地，所以将该地称为新郑，位于现在的河南省省会郑州市南面。

在这次大搬迁中，虢国把自己统治的国土分出一小部分让给郑国。郑国毕竟是周王室的宰相，小国虢国恐怕对他也要讨好奉承吧。

虢国在王都以西的宝鸡一带，却不知不觉地迁移至洛阳以东。虢是小国，搬迁比较容易。

就这样，一个国家的“总理”和“副总理”预料到动乱将至，事先将自己的受封国迁移到安全地带。

西周的衰亡已经无法挽回，即使没有出现褒姒这个人，也是大势已去。

幽王二年，发生大地震。泾水、渭水、洛水三川震竭，岐山崩毁，天灾地变。

幽王三年，褒姒受宠生子。申后之子太子宜臼感觉性命危险，逃往母亲的老家申国。

幽王要求申侯引渡宜臼，但遭到拒绝。

尽管已经失去昔日的权威，但王室毕竟还是王室，申侯敢于拒绝天下之主幽王的要求，大概已经做好了思想准备，于是开始串通对王室不满的缯国等，并且和英勇善战的犬戎密谋合作。

申国的女子能成为王后，申国和周王室的关系起初应该是相当亲密的，然而现在变成了仇敌。

周和申交恶难道就因为一个冷面美女褒姒造成的吗？我认为还有其他各种原因。幽王被杀于骊山之麓，死者不能开口，无法辩白；而申国方面，也默不作声，大概有一些事情不便启齿吧。于是，他们也许就想把一切罪过统统扣在褒姒头上。

褒姒生于龙的精气的传说固不可信，但她是一个弃婴大概是事实，至少她不是出身于豪门贵族，她的成长过程充满辛酸悲伤。正因为她具有这样的生活经历，所以她不笑。她在褒国的时候，说不定已经有了未婚夫，然而天生的美貌成了祸根，她被作为贡品献给了王室。虽然得到周幽王的宠爱，也许她时时刻刻都在思念自己的未婚夫，于是心里发誓决不露出一丝笑容。

一个从乡下冒出来的女子成为周王室的正室，这绝对是前所未闻的。

顺便说一下，“后”这个字用以表示王的正室，始于周，周之前称为“妃”。

按照周的制度，后宫和实施政务的朝廷采取同样的建制形式。朝廷有三公、九卿、二十七大夫、八十一元士，共一百二十个高官辅佐周王执政，而后宫也有三夫人、九嫔、二十七世妇、八十一御妻，处于顶峰的是后。褒姒进入这个世界，最终升到顶峰的位置，可见她绝非平庸之辈。

也许历史上真实的褒姒和传说中的褒姒判若两人。

周灭亡的责任应该由幽王一个人承担。《诗经·大雅·瞻卬》唱道：

人有土田，
女反有之。
人有民人，
女覆夺之。
此宜无罪，
女反收之。
彼宜有罪，

女覆说之。

随心所欲地侵占掠夺诸侯、大臣的土地和民人（奴隶、农奴），审判也是颠倒黑白。诗中的“女”，无疑指的就是幽王。这首诗歌接着唱道：

哲夫成城，
哲妇倾城。
懿厥哲妇，
为枭为鸱。
妇有长舌，
维厉之阶。
乱匪降自天，
生自妇人。
匪教匪诲，
时维妇寺。

贤明的女子如枭如鸱那样多嘴多舌，祸从口出，最终酿成灾难。

祸乱并非降于天，妇人乃是祸水，这就有推卸责任之嫌。无论多么耐心地开导教诲，最不开窍的就是妇人和寺人。所谓“寺人”，就是在后宫当差的太监。

不言而喻，这首诗歌前半部分指的是幽王，后半部分指的是褒姒。

《诗经·小雅·正月》这样唱道：

心之忧矣，
如或结之。
今兹之正，
胡然厉矣。
燎之方扬，
宁或灭之。

赫赫宗周，
褒姒灭之！

幽王的政治实在残忍，每当念此，诗人忧心如焚，如带子结团，无法解开。在野火炽烈燃烧的时候，不会想到他会熄灭。赫赫辉煌的大周，谁也没想到很快就会灭亡，却竟然毁在褒姒这个妇人的手里！

褒国在终南山边上，离国都宗周极近。褒之所以得罪于周王室，据说是因为来自褒国的一个大夫向幽王进谏的缘故。

褒姒进入周王室以后，发生王位继承之争，但即使没有这个争斗，周大概也会灭亡的。正如上面引用的《诗经》所揭露的那样，周王室一旦走下坡路，就肆无忌惮地吞食诸侯的土地和民众，这种不满情绪总有一天要爆发的，如果再加上地震等天灾，就会加快爆发。

《诗经·大雅·召旻》这样唱道：

旻天疾威，
天笃降丧。
瘨我饥馑，
民卒流亡。
我居圉卒荒。

这是悲观的绝唱，对周王朝黄金时代的重现已经彻底绝望。诗人们悲叹如今没有可以与创业时代的召公、周公、太公望这些名臣相媲美的人物。不是没有名臣，而是周王冷落疏远他们。贤良俊才都离周而去。

《召旻》最后是这样的：

昔先王受命，
有如召公，
日辟国百里；
今也日蹙国百里。

於乎哀哉！
维今之人，
不尚有旧！

最后的“不尚有旧”，其意大概是说像过去那样品德高尚的人未能受到尊敬、得到重用。朱子解释“尚”为“犹”，那么，“没有旧德”指的就是今人——周幽王。

人们已经明显感觉到末世来临，褒姒的出现也许是一个契机，但不能说周亡于一个女人之手。

《竹书纪年》记载幽王十年“王师伐申”。申没有把被废黜的太子宜臼引渡给周，幽王予以惩罚。史料没有记述此次战争的结果，恐怕未能如愿，因为申国在第二年就联手犬戎进攻幽王。

犬戎和申侯对幽王的进攻不是突然袭击，而是反击。申侯拉拢犬戎攻打幽王，自然是谈妥了条件，那就是宗周的财宝全部归于犬戎。

宗周被掠夺一空。

亡国之后，东周的一个大臣到先前的宗周一带旅行，只见曾经繁华昌盛的旧都如今变成了黍地，于是感叹而歌。这就是《诗经·王风》中的《黍离》：

彼黍离离，
彼稷之苗。
行迈靡靡，
中心摇摇。
知我者，谓我心忧；
不知我者，谓我何求。
悠悠苍天，
此何人哉？

这个诗人大概以前在宗周住过，不忍离去，依依不舍，走来走去，到处探看，不认识他的人一定以为他在寻找什么东西。

诗人呼喊着：高远的苍天啊！繁花似锦的宗周变成一片废墟，究竟是谁的过错呢？是何人所为呢？

这首诗歌作于两千七百多年前。此后，又有多少大大小小的国家灭亡，又有多少亡国之民站在野草荒芜的旧都之地偷流感伤之泪啊！每当此时，人们一定都会想起《黍离》这首诗歌，“此何人哉？此何人哉？”的呼声在荒凉废墟的上空回响。

周幽王在骊山之麓为犬戎所杀，宰相郑桓公和他命运与共。他预先将自己的国家东迁，使国人免受周王室动乱的牵连，但是他本人未能幸免于难。

太子伯服也为犬戎所杀，当时他不过六七岁吧。

褒姒被俘，后来命运如何，《竹书纪年》也没有记载。

被废黜后逃往母亲老家申国的太子宜臼由诸侯拥戴为王。翌年，宜臼赴成周，即洛阳。拥立宜臼的诸侯有申、鲁、许、郑等国，虽然还有其他王子，但宜臼曾为太子，所以不论是谁都认为他最有资格称王。宜臼称平王。

平王不回宗周，不仅因为宗周遭犬戎洗劫后变得芜秽荒凉。幽王被杀，申和犬戎的联盟就此终结。虽然申侯等诸侯支持平王，但没有得到犬戎令人放心的保证。宗周离犬戎很近，平王感觉危险，担心自己有朝一日也会遭到和幽王同样的下场。

幸亏两百多年前周创业的时候，周公将成周建设成陪都。于是，平王将成周定为新的国都。

前面说过，周王室和东部的诸侯日渐疏远，各国诸侯都忙于本国的事情，无暇顾及王室。召公后裔受封的燕国，其中心位于现在的北京一带，宗周位于现在的西安市附近，他们距离相当远。周公的后裔受封的鲁国，都城设在曲阜，离宗周也很远。血缘关系在两百多年以后也已经没有实际感觉了。

西周末期的青铜器中，记述对各地诸侯任命官职的铭文很少见，而初期的青铜器铭文几乎都是记述任命官职或者庆祝战功。西周末期，各地出土的青铜器多有庆贺孩子结婚等这种私人性的东西，还有的给人感觉没有特别的含义，只是随意的铸造，而且风格缺少地方特色。

这是因为制作铜器的工匠从西面的宗周迁往东面的诸侯国的缘故。连郑、虢这样周的重臣都把自己的受封国东移，技术工匠东迁寻找安全的居住地就不足为怪了。

周王室将国都迁往东面的洛阳，与东部诸侯国的关系变得略微密切起来，从某种意义上说，有点复古的味道。

国都的东迁，不仅产生距离上的亲近感，更重要的是，原先居住在国都的工匠等技术人员也随之移居东部，使得地方文化接近王都特色，也产生文化上的亲近感。另外，也许还有利用王室的企图吧。

平王移居洛阳后，诸侯们纷纷来朝。

这其中有郑武公，他是在骊山脚下殉职的郑桓公的儿子。被逐出幽王宫廷的申后一族成为反主流派，而郑、虢是主流派。申后集结反主流派的力量，甚至拉拢犬戎，攻打幽王，郑桓公也因此殒命。然而，如今郑桓公的儿子武公却追随申后所生的平王。不仅如此，不久还娶杀害父亲的罪魁祸首申侯的女儿为妻。

论国之规模，郑国比晋、齐要小得多。不久之后，齐国曾向郑国提出联姻，郑国太子说“齐大郑小，非吾偶也”，予以辞退。

郑虽是小国，却是新国，所以内部关系简单清爽，而且灵活机动，善于随机应变。从第一代桓公开始，就进入幽王的宫廷担任司徒，和周王室的关系十分密切。武公继承这个有利的地位，大概想成为天下的核心。

武公担任平王的司徒。父子两代都担任周王室的司徒，因为桓公是宣王之弟，也就是幽王的叔父，所以武公和幽王是堂兄弟。与两百多年前亲戚关系的诸侯相比，自然郑国和王室的关系要亲得多。但是，郑国一方面尽量利用王室的权威，而一旦被王室疏远，就不从王命，也不入朝，最后发展到和王室打仗，并打败王室军队。郑国的行为可以说揭开了春秋战国时代的序幕。

郑国是春秋战国初期这个时代的产物。追溯郑国的行为过程，可以了解春秋初期是一个什么样的时代。

诸侯之中，郑国和王室的血缘关系最浓。东方的大诸侯，如鲁、晋、卫等国，虽然也是姬姓，但经过两百多年以后，对血缘关系已经没有实际感受了。尽管是亲藩，却已经失去了亲藩的感觉。相比之下，郑国和王室则是叔侄、堂兄弟的近亲关系。但这样的密切关系反过来也许会变成极其激烈的对抗因素。

对周平王来说，父亲被杀、亡命洛阳，这本身就是极大的屈辱，而且杀父的罪魁祸首竟然是自己母亲的家族。平王的心情一定极其微妙复杂。

郑国是亲戚，自然可以信任，郑武公的父亲还为周幽王殉死。但是，对于周王室来说，虽然自己小心谨慎，势力过于强大的支持者还是令人生畏。

不过，周平王和郑武公的合作时代还算不错，虽然互有不满，但都是历史的当事人、事件的亲历者，双方都还残留着互相安抚伤痕的记忆。郑武公在位二十七年去世，其子寤生继位，称庄公。周平王在位半个世纪后去世，其孙林继位，称桓王。平王之子洩父早逝，所以由孙子即位。这种跨代继承王位，就抹掉了过去历史的记忆。

周桓王心想“我乃王也”，而郑庄公通过自己的所见所闻，相信“王在我的辅佐下才能勉强生存”。

桓王即位三年时，郑庄公入朝，却受到冷遇。因为三年前，郑人曾侵入王的领土，拿走了粮食。

郑庄公大发雷霆：“这是怎么回事？居然对我这么冷淡！三年前的确发生过那件事，可是桓王你也不想想，周王室依靠谁才能维持到今天啊？想一想我的功劳，拿你一点粮食还不是鸡毛蒜皮的小事吗？”

现在的社会到处都有类似的情况。第二代老板，或许和周王室的继位一样，也是跨代继承，就往往以为整个公司都是自己的。他不知道创业之苦。但是，在大掌柜看来，一手遮天的新老板的态度实在令人讨厌。

周本来就是破产的公司，几乎完全依靠大掌柜的努力才东山再起，而新老板对大掌柜的一点点越权行为就这样吹毛求疵。

于是，周王室重用虢公，其目的自然是为了对抗大掌柜郑庄公，就是对郑庄公发出“不许你横行霸道”的警告。这和公司老板为了削减大掌柜的权限，在重要部门任命自己心腹的做法相似。

虢和郑曾共同辅佐过幽王，的确有资格成为周的重臣，但是，虢国比郑国更小。如果让大国直接辅佐，周王室会感觉巨大的压力，存在被大国压碎的危险，所以尽量选择小国来辅佐，这是脆弱的周王室的智慧。

《竹书纪年》记述幽王死后，虢拥立别的王子即位，而不是平王；还说平王四年（前 767 年），郑灭虢。其实虢有两个国家，分别由武王的两个叔父——虢仲和虢叔为领主，都称为虢，但习惯上将前者称为东虢，后者称为西虢。这两个虢国像一对双胞胎，不过亲近周王室、与郑对抗的是西虢。

虢公受到重用，这对郑不是好事，郑庄公入朝也受到冷遇。“是谁让你当上王的？这个忘恩负义的家伙！”郑庄公立即采取报复行动，把领地的一部分与鲁交换。

郑国有一块地方叫祊，位于鲁国的势力范围内，离郑的国都（新郑）很远。现在山东半岛有一条河叫祊河，其沿岸是费县。

鲁国有一块地方叫许，离鲁的国都曲阜很远，位于郑国的势力范围内。许就是现在的许昌市（河南省），就在新郑的南面。

为什么郑和鲁都在对方的势力范围内拥有自己孤岛般的领地呢？因为土地的拥有伴随着侍奉周王室的义务。

郑有代替周王祭祀泰山的义务，而由“祊”承担祭祀的费用。

鲁得到“许”，是因为便于入朝周王室。

将对方势力范围内的自己孤岛般的领地索性让给对方，同时将自己势力范围内的对方孤岛般的领地拿过来，查看一下地图，这样的交换其实十分合理。

但是，这样的领地交换无疑意味着“郑不再代替周王祭祀泰山”“鲁不再入朝洛阳”。

郑、鲁在郑庄公受到王室冷遇的两年之后，即周桓王五年（前715年）

进行领地交换。这个故意炫耀的行动无异于宣告："周王室的权威已经不能令行天下了。我们可以随心所欲地行动！"

亲藩中的亲藩郑国不再入朝，周王室的权威受到挑战。周王室认为不能置若罔闻，不入朝是对王室的背叛，镇压叛逆者是周王的职责。不伐郑，无以维护周王的权威，无以示范于天下。

于是，周桓王决定率陈、蔡、虢、卫诸侯的军队伐郑。

陈是在周朝初期寻找到圣王舜的后裔分封的诸侯，因为是圣人的后裔，势力不强。

蔡、虢、卫都是姬姓，均以文王之子为始祖，卫略大，其他为中、小国。

郑庄公起而应战，命重臣祭仲、高渠弥等率兵与王师作战，大破之。祝聃箭中周桓王胳膊。祝聃欲追之，郑庄公阻止道：

犯长且难之，况敢陵天子乎？

普通的犯上都受人谴责，何况对方是天子，岂敢欺凌？其意是说对方打进来，把他们赶回去就行了。

当天晚上，郑庄公命令祭仲去慰问受伤的周王。

令人感觉牧歌般的温馨，这大概就是春秋与战国的不同之处吧。

郑庄公是和弟弟段进行激烈争斗后才继位成为领主的。兄弟俩都是申侯的女儿武姜所生，但武姜偏爱弟弟段。之所以厌恶哥哥，据《史记》记载，是因为生哥哥寤生时难产。

武公病重时，夫人武姜要他明确弟弟段为接班人，但武公没有同意。武公亡后，庄公继位，封弟弟段于京。京这个地方，面积比国都新郑还大。重臣祭仲认为不妥，表示反对。庄公回答道："姜氏欲之，焉辟害？"

然而，段在京加强军事力量，于庄公二十二年攻郑，母亲武姜充当内应。

庄公发兵，击退弟弟段的进攻。段从京逃往鄢，再逃往共，看来庄公的追击是步步紧逼。庄公头疼的是这个母亲。她也是自己的母亲，却与叛军里应外合，按理说应该依照国法处置，可是又不忍心杀母，于是把她送到城颍，并发誓道："不至黄泉，毋相见也。"意思是说：我不杀死你，但是你上黄泉路之前，我不会见你。

庄公认为，不采取这样的措施，不足以警示他人。但是，作为人子，其实也想见到母亲。

颍谷的考叔献礼品给庄公，庄公表示感谢，赐予饮食。考叔请求把饮食带回去给母亲吃。庄公说："我甚思母，恶负盟，奈何？"考叔回答说："穿地至黄泉，则相见矣。"

庄公听从他的主意，掘地见黄泉流出，与母亲相会。这段春秋时期的佳话在《史记》中也有记载。

郑庄公在击退王师的第二年，派太子忽率兵救援受北戎侵犯的齐国，解救齐国于危难之中。这样，郑国的英武勇猛名震天下。但是，当在位四十三年的庄公死后，由于继位者的争斗内讧，大大地消耗了国力。

庄公除太子忽外，还有突、子亹、婴几个儿子。

忽的母亲是一个名叫邓的小国的公女（诸侯的女儿）。庄公迎娶邓国公女的时候，由他的宠臣祭仲担任使者。

突的母亲是宋国重臣雍氏的女儿。雍氏的后盾自然是宋。宋是殷的微子启受封国。因为是殷的遗民，在周朝初期觉得抬不起头，但也因此具有坚强的凝聚力，此时已经发展到相当强大的国力。

忽被立为太子，但他母亲的娘家邓是一个小国，相比之下，突的身后是中等强国宋。

上面说过，率兵救齐的将军是太子忽。北戎的进犯被击退，齐大为高兴，提出要把女儿嫁给忽为妻。忽却以郑是小国、齐是大国，不相配为由辞婚。这时，在一旁的祭仲认为忽不应该推辞这门婚姻，他说：

君多内宠，太子无大援将不立，三公子皆君也。

君，即父亲庄公宠爱后宫妇人甚多，生子不少。虽然你现在是太子，但如果没有强大的后盾，也有可能无法即位。三公子——你的弟弟突，还有子亹、婴都在觊觎君主的座位。

那么，太子忽是否迎娶齐国公女为妻呢？《史记》没有记述。

下面讲述庄公亡后的郑国内讧，这似乎是春秋这个时代的“原型”。虽然有点复杂，但有助于了解春秋是什么样的时代。

首先，太子忽即位，称昭公，成为郑国的第四代君主。

宋得知后，非常不满。宋满心希望宋的重臣的女儿所生的突成为郑国的第四代君主。但是，宋想不出应该使用什么样的计谋策略，便把郑国的重臣祭仲诱骗到宋，不仅如此，还把突带到宋。

当时宋的领主是庄公。各国诸侯喜欢使用庄、桓以及惠、康、厉、武这些字作为名字。有几个人同名，弄得后人分辨不清。

宋的君主威胁祭仲说：“你回国以后，让突即位。否则，你的命就没了！”

不知道是因为祭仲在郑国实力强大，还是因为新君主昭公忽不得人心，当昭公一听到突和祭仲从宋回国的消息，就仓皇逃到卫国去了。

《诗经·国风》有一首题为“山有扶苏”的诗歌。对这首诗歌的解释各种各样，其中一种说法是讽刺昭公的人事十分糟糕。从对这首诗歌可以做这样解释这一点来看，大概昭公忽不是什么好君主。

突在宋的扶持下成为郑国君主，称厉公。虽然他的靠山是宋，但真正拥立他上台的是祭仲，所以无论何事，都要征求祭仲的意见。他和周王一样，最厌恶的正是扶持自己坐在这个王位上的势力。

郑厉公非常讨厌祭仲无论什么事都要摆出一副舍我其谁的面孔，打算除掉这个家伙。要杀掉他，必须找一个既能接近他，又不被怀疑的人。厉公看上了雍纠。

这个雍纠可以轻易地接近祭仲，因为他的妻子是祭仲的女儿。厉公命令雍纠：“把你的岳丈杀掉！”

雍纠非常痛苦，不知如何是好，便把这件事告诉妻子。雍纠的妻子竟然和母亲商量。不过《史记》记述她没有将此事告诉母亲，只是问母亲：“父与夫孰亲？”母亲的回答有点怪异：“父一而已，人尽夫也。”雍纠的妻子听了母亲的这一句话，才把暗杀祭仲的阴谋告诉她。

祭仲怒不可遏，抓住雍纠，杀死曝尸。厉公的阴谋败露，他对掌握实权的祭仲束手无措，无可奈何，却反过来怨恨雍纠：“谋及妇人，死固宜哉！”

这下子雍纠死也不能瞑目了。

由于这件事，郑国君主厉公突和掌握国政实权的祭仲之间的关系开始恶化。

祭仲拥立厉公，原本就是迫于宋的威胁，其实内心还是倾向于先前的太子，曾一度即位的昭公忽。当忽辞婚齐国时，也是他劝说忽“重新考虑”。

雍纠事件发生于公元前697年。这一年夏天，厉公到栎这个地方去，国都空虚。祭仲认为天赐良机，立即把亡命在外的昭公接回来。

厉公被祭仲乘虚偷袭，只好留在栎，杀掉当地的官员，自立为君主。

厉公突的背后，自然是宋的支持。宋把武器和兵员提供给厉公，所以昭公忽也无法攻打栎。尽管厉公获得宋以及其他诸侯的援助，但尚无力量赶走昭公，重返君位。

昭公忽和厉公突之间的兄弟争斗牵连到许多人，到了几乎无法收拾的地步。他们你死我活的权力斗争完全为了一己之私利，却搅得社会鸡犬不宁。郑国民众甚至认为，不管谁当君主都可以，只求能够安居乐业。

前面说过，郑国击败王师，取得辉煌胜利的战争指挥者是祭仲和高渠弥。祭仲还是庄公迎娶昭公忽的母亲时前往邓国的使者，也曾劝说忽和齐国联姻，可见他和昭公的关系还是不错的。

但是，高渠弥和昭公的关系不和。原因是上一代君主庄公打算重用高渠弥的时候，儿子忽表示反对，但庄公未予采纳，还是按照自己的意思任命高渠弥为大臣。

高渠弥知道忽讨厌自己，担心一旦忽即位，自己早晚要死于他手。自己要免遭杀戮，最有效的方法就是除掉对方。于是在陪同昭公狩猎的时候，高渠弥射死昭公。此事发生于郑昭公二年，即公元前695年。

郑国没有了君主。两个君主中，死去的只是昭公忽，按理说，应该顺理成章地把栎地的厉公迎回来，但是两个重臣都不同意。

如果厉公重新上台，必定会清洗拥立昭公的人，首当其冲的就是祭仲这些人。于是，祭仲和高渠弥商量，立第三公子子亶为君主。但他即位不久就被杀，连谥号都没有。

这一年，齐襄公会诸侯。从史料看，后来诸侯间经常会盟。一个诸侯召集其他诸侯，如果响应者不多，召集者觉得有失脸面，就对不来的诸侯进行讨伐。有的诸侯害怕挨打，只要有召集，都要参加。但也有的诸侯自信能够击退来犯的敌人，满不在乎地不去参加。

只有国力强大的诸侯，才能会盟。这样的诸侯称为“霸主”。

春秋时代被称为“五霸的时代”。在两百多年里，出现五个霸主。第一个霸主就是齐。

齐襄公还是公子的时候，就和郑的子亶打斗过，结下冤仇，至今尚未解决。祭仲劝子亶不要去。子亶不听，说道：“他总不至于在会盟的场所报小时候打架之仇吧。我国有厉公在栎。如我不去，正好给齐以借口，率诸侯伐我，迎厉公回来。”

会盟的地点在卫国的首止。高渠弥随子亶前往，祭仲称病不去。

子亶在首止果然被杀。其实，如果他就小时候打斗一事向齐襄公道歉也就平安无事，但是他有他的人格，认为无须赔罪。看来齐襄公这个人很记仇。高渠弥仓皇逃回来。

高渠弥和祭仲商量，把另一个公子婴从陈国召回来立为君主，称为郑子。厉公依然在栎坚守，这颗可怕的定时炸弹不知道什么时候爆炸。

郑子八年，那个记仇的齐襄公在管至父叛乱中被杀。

郑子十二年（前 682 年），郑国的中流砥柱祭仲死去。祭仲在世，栎的厉公无法复辟，祭仲一死，厉公认为时机已到，开始复辟的行动。

厉公诱骗郑国大臣甫瑕到栎，强迫他帮助自己复辟。甫瑕被释放回来后，果然遵照对厉公的承诺，杀了郑子及其两个儿子，从栎迎回厉公。

厉公结束了长年的流亡生活，回来之后，要报仇雪恨。第一个要清洗的人物自然是祭仲，但祭仲已死，于是厉公叫来伯父原，责备说：“我亡国外居，伯父无意入我，亦甚矣？”原回答道：

事君无二心，人臣之职也。原知罪矣。

遂自杀。原曾仕于昭公、仕于子亹、仕于郑子，他们都是“君”。一边仕于君主，一边策划亡命栎的厉公复辟，这是“二心”。但是，在厉公看来，没有这个“二心”便是罪，所以原说自己“知罪”，自杀以赎罪。

厉公把为自己的复辟有功的甫瑕叫来，责难道：

子之事君有二心矣。

遂诛之。如果没有甫瑕的努力，厉公不可能实现复辟。在甫瑕的主君郑子看来，甫瑕是有二心的人。甫瑕临死前，说了这样一句话：

重德不报，诚然哉！

“重德”就是大恩。甫瑕杀死政敌郑子，使厉公的复辟成为可能，可以说这是给予厉公的重德大恩。那个时代似乎就已经有“重德不报”这个成语吧。小恩小惠，令人高兴，但大恩大德分量太重，无法回报。而且嘴里念念不忘这份恩情，受恩者也会觉得不愉快。

对于厉公来说，甫瑕是一个无法承受的重负，便以“你有二心”为由将他除掉。甫瑕不仅杀死主君郑子，甚至还斩草除根，杀掉郑子的两个儿子，对这个恩德如何回报，大概一直沉重地压在厉公的心头吧。

厉公即位四年亡命，在栎十七年，复辟后七年（前 673 年）死去。

每个国家都会发生与此相类似的家族争斗。上面详述郑国的内讧，因为他具有代表性，从中可以知道春秋这个时期的时代现象。

祭仲、高渠弥这样的重臣具有左右君主的倾向。高渠弥杀昭公，但自己没有取而代之，只是认为自己会被杀而采取的先发制人的行为。

仕君不得有二心，这是原则，但未必恪守。只是在对自己有利的时候，拿出来做武器。

周王室越发衰微，但没有灭亡，需要的时候，还要把他抬出来。郑击败王师，射伤周王，但不再深究，不仅如此，还派人表示亲切慰问。

公子们的继位之争，似乎都以妻子、母亲的娘家作为后台，但是后台不会到前台来直接篡位，只是做到适可而止。这样做法令人感觉还带着些许牧歌式的温情。

说到歌，与制作青铜器的工匠一样，周的音乐家也散居各地，所以地方的音乐水平也相当高。《论语·微子篇》这样记述：

大师挚适齐，亚饭干适楚，三饭缭适蔡，四饭缺适秦，鼓方叔入于河，播鼗武入于汉，少师阳、击磬襄入于海。

这段文章列举的似乎都是周王室的著名音乐家的名字。“大师”大概是王室的音乐总监。当时，王室每次吃饭都要奏乐。“亚饭”是第二次吃饭时的音乐指挥，“三饭”“四饭”是第三次、第四次吃饭时的音乐指挥吧。如此看来，王室一天吃四顿饭。“播鼗”是一种类似双拨鼓的乐器，“少师”恐怕是音乐总监助理吧。“击磬”是敲击磬的乐手。

音乐家离国出走，也许是这个国家衰亡的前兆。《史记》在记述殷朝末期情况时也说：

殷之大师、少师乃持其祭乐器奔周。

在祭政一体的时代，祭祀紊乱乃亡国之兆。祭祀必奏乐，所以认为乐师最接近神，或者说是介于神与人之间，起到传递联络的作用。如果连最了解神的意志的乐师都抛弃，那这个国家就已经穷途末路了。

西周末期的王室乐师不是集中迁移到某一个地方，而是分散到不同的诸侯国，而且是有计划地分散。当时的乐师多有盲人，也称为“瞽师”。因为丧失视觉，其他的感觉器官就比较发达。正是通过这种异常敏锐的感觉，才能最接近神。盲人之间具有强烈的连带意识，应该也很团结，他们在一起商议，有计划地分散到不同的地方。

王室乐师分散各地，有助于大大提高地方文化。

郑国音乐也称为“郑声”，十分有名，但不是什么好名声。这是因为，在可以说是中国人的“圣经”——《论语》的《卫灵公篇》里有这样的记述：

颜渊问为邦。子曰：“行夏之时，乘殷之辂，服周之冕，乐则韶舞。放郑声，远佞人。郑声淫，佞人殆。”

弟子颜渊问治国之道，孔子回答说要吸收历代王朝的长处。例如历法应该使用夏的。孔子是周的礼乐的赞美者，唯有历法，承认夏的比殷周的好。周历以冬天为岁首，万事起始的时候缺少温暖的氛围。夏亡以后，历书《夏小正》依然流传下来。现在我们所说的阴历或者旧历其实就是夏历，以春天作为岁首。

“辂”是路车，即天子乘坐的车子。殷的辂质朴坚固。周衣冠整饬。说到音乐，还是舜的时候的韶乐最好。

“放郑声”，就是放逐郑国的音乐。“佞人”是阿谀奉承的小人。“远佞人”是理所当然的，却与“放郑声”并列在一起。

就是因为“郑声淫，佞人殆”。

“淫”是好色，“殆”是危险的意思。溜须拍马的佞人口是心非，的确很危险。孔子断定郑国音乐和佞人一样危险。

“淫”原本有“过”的意思，指的是过头、越出常规。于是有人认为，郑声并非好色，只是有一些越出常规的地方，例如音乐的速度太快，等等。日本的荻生徂徕[①]（1666—1728 年）就是这样解释的。因为孔子编纂的《诗经》收入郑风——郑国的歌谣，所以郑声不应该是好色之音。

但是，孔子在筛选郑国歌谣的时候，自然会把好色的部分排除在外。与别国的歌谣相比，郑国歌谣在表现男女爱情方面的确显得更加大胆。

---

① 荻生徂徕：日本江户时代儒家学者，其学派被称为“古文辞学派”和“蘐园学派”。——译注

《诗经·郑风》有一篇《将仲子》，第一章是这样的：

将仲子兮！
无逾我里，
无折我树杞。
岂敢爱之？
畏我父母。
仲可怀也，
父母之言，
亦可畏也！

伯、仲、叔是兄弟的排序，最小的称为季。仲子，指的是次子。

仲子哟，你不要偷偷到我的村里来了，也不要折断我种植的柳枝。不是我可惜柳树，而是害怕我的父母亲。仲子哟，虽然我很想念你，可是我害怕父母亲的斥责啊。

恋人经常来相会，当然很高兴，可是又害怕父母亲责备。诗歌充分表现出年轻姑娘提心吊胆的矛盾心情。

但是，解释《诗经》的一部古书《毛传》认为这是一首政治诗。

《诗经》传为孔子所编，被经典化，各种解释众说纷纭。大家都认为，孔子不会挑选内容单纯浅显的诗歌，貌似单纯，其实蕴藏着深刻的含意。解释《诗经》，有齐、鲁、韩、毛四家。其中毛家最具权威，一说《毛诗》，指的几乎就是《诗经》。毛家对《诗经》的解释称为“毛传”。从《毛传》中看，频繁出现的不是恋人，而是郑国宰相祭仲；主人公不是年轻的姑娘，而是郑庄公。

郑庄公的母亲武姜宠爱庄公的弟弟段，甚至试图让他登上领主的地位，只是由于武公的反对，未能如愿。但是，段受封于比国都面积还要大的京。祭仲劝谏庄公，这样做会造成国家的混乱，弟弟羽翼丰满以后，可能会造反，必须趁早除掉。庄公面对祭仲逼迫自己做出决断，就用上述这首诗歌予以回答。虽然我理解祭仲所说的弟弟段很危险，但这是母亲的意思，我又有什么办法呢？这样的解释感觉理解略嫌艰深。

南宋朱熹（朱子）认为，不应该视为隐晦曲折的政治诗，原本就是天真无邪的恋爱诗。

《毛传》那样的古注倾向于政治性诗歌的解释，而朱子学派等主张按照字面内容进行解析。《诗经》里的诗歌不能说完全没有讽刺和政治批判，但把所有的诗歌都那么解释，那就过分了。

有一首诗歌《褰裳》：

子惠思我，
褰裳涉溱。
子不我思，
岂无他人？
狂童之狂也且！

如果你觉得我可亲可爱，那就撩起衣襟涉过溱水来相会。如果你不思念我，我又不是没有别的男人。你这个狂童有什么可狂的啊！

这是一首多么热情奔放的恋爱诗啊！

“郑卫之声”，卫国的音乐也被视为和郑声一样“淫”。但是，郑卫两国的差异在于卫国的恋歌多是男子呼唤女子，而郑国多是女子呼唤男子。上述诗歌的第二句“褰裳涉溱”，解释为“涉过溱水来相会”，但或许也可以解释为“涉过溱水去相会”，似乎郑国女子比较主动。

海音寺潮五郎[①]（1901—1977 年）的今译是这样理解的：

你喜欢我吗？
要是喜欢就直说。
我为你什么都可以做。
我撩起衣襟涉过溱水，

① 海音寺潮五郎：日本小说家。著有《天正女合战》《武道传来说》《平将门》《天与地》等。——译注

奔到你身边。
你要不快说我可不管你，
又不是就你一个男人。
你这个狂童难道还不明白？

分明是一首通俗易懂的诗歌，《毛传》却视为政治诗。昭公忽即位时期，其弟弟厉公突亡命栎，虎视眈眈，图谋复辟。国家一分为二，国民苦不堪言。这是国民希望大国出面调解的诗歌。请求你这个大国出面调解，如果你不愿意的话，那也没关系，并非没有其他可以请求的大国。

上面只提到诗歌题目的《山有扶苏》的第一章是这样的：

山有扶苏，
隰有荷华。
不见子都，
乃见狂且。

山上长有扶苏木，浅水里盛开着荷花。这是很正常的，该有什么的地方本应该就有什么。然而我出门见不到可爱的子都，却遇见一个疯疯癫癫的男人，实在是事与愿违。

这首诗歌的内容显然是哀叹未能见到自己的心上人，古注却认为是对昭公的责难：本应该任人唯贤，人尽其才，而昭公忽的人事任命糟糕透顶。自己升官的希望落空，流露出失望沮丧的心情，这首诗歌或许隐藏着混乱的人事任命批判者的心态。

《诗经》收入郑国歌谣二十一首。后汉许慎认为，其中向女子示爱的九首，但朱熹认为应该更多，淫奔的诗歌达到七分之五以上。过去视为政治讽刺的诗歌中，也有不少认定为单纯的恋爱诗。

朱熹所说的“淫奔”之诗，的确比其他地方的民谣显得大胆直率，但并非不堪阅读，反倒令人发出会心的微笑。

郑是新国，而且建国不久又从陕西省的华山旁边举国远迁新郑。春秋初期，大概还能感觉到这次民族大迁移所造成的余震。国家根基浅薄的危险性和由此产生的灵活、果断的特性是形成国民性的要素。

郑国有溱河、洧河，那么，似乎也会举行日本古代那样的“歌垣”[①]。“撩起衣襟涉水来”的那首《褰裳》，也许就是在这个场合歌唱的吧。

周朝有三月上巳日举行祓禊的习惯。在三月的第一个巳日，日以十二支计算，所以最晚的上巳日是三月十二日。当然每年不是同一天，也许觉得这样不方便，至三国的魏，即3世纪时，就不再拘泥于巳日，改为三月的第三天。这个仪式传到日本，成为三月的一个节日，至今犹存。

10世纪末北宋编纂的百科事典《太平御览》的“时序部”有这样一段话：

《韩诗章句》曰：溱与洧，方涣涣兮。谓三月桃花水下时，郑国之俗，三月上巳于此水招魂续魄，祓除不祥之故也。

因为是祓禊，必须在水边举行。曲水流觞也是在这一天举行。置酒杯于回环弯曲的水渠里，酒杯顺水流下，停在谁的前面，谁就饮酒做诗。这实在是风流优雅的活动。这个雅事传到日本，称为“曲水之宴”。

没有迹象表明中国在汉朝以前就有曲水流觞的活动，但人们在祓禊仪式结束之后的确游戏玩乐。在郑国，青年男女聚集在一起进行对歌，在水边采摘兰花以消灾避邪，男女之间互赠芍药等。

《诗经》的《溱洧》生动地描述青年男女欢乐交流的景象。

另外，据说淫奔诗歌之多可与郑国并列的卫国是殷的故地，也许还残留着根深蒂固的饮酒习惯，风俗也比较颓废。其实，旧国卫和新国郑的风俗具有不同的历史演变的背景。

---

① 歌垣：日本古代的一种风俗。在农村，春秋两季男女聚集在一起对歌、歌舞等娱乐活动。——译注

开疆辟土

中国说“河”，指的是黄河；说“江”，指的是长江。

正如尼罗河是埃及文明的母亲，中国文明是由这两条巨大的江河哺育出来的。

我在前面的讲述主要以中原——黄河的中部流域为中心。但是，并非只是中原有历史。甲骨文、金文等文字记录的历史的确中原比较多，但从新石器时代的遗址分布情况来看，长江流域以及南方地区在古代就已经存在相当高度发达的文化。

日本把长江称为“扬子江”，外国则称为“Yangtse-Kiang”。

与日本因缘深厚的鉴真和尚，其故乡扬州附近有一个名叫扬子津的渡口，据说那个地方的江称为扬子江，是当地人对那一段长江的称呼。当外国人询问那个地方的江名时，当地人回答的是本地的称呼。

扬州在长江北岸，镇江市位于与之相对的长江南岸。溯长江而上，感觉这一带是南京的入口，所以也称为京口。还有一个地方叫丹徒，隋炀帝修建的大运河就从这个地方沿长江北上。

日本的遣唐使船等大概也是先在这一带休息一下，再进入运河的。现在镇江和对岸的瓜洲之间有轮渡来往。

在镇江的长江轮渡渡口东面，可以看到金山寺塔。金山原先是长江上的一个小岛，也叫作“浮玉”。但不知道从什么时候开始，这个小岛和南岸的陆地连在一起。

上田秋成[1]（1734—1809 年）的《雨月物语》中收有《蛇性之淫》，是以中国的《白蛇传》为基础创作的小说。秋成大概想到安珍、清姬[2]的道城寺传说，所以小说的舞台选择在纪国，而中国《白蛇传》的舞台是杭州的雷峰塔和镇江的金山寺。

金山寺和尚法海见到前来寺中参拜的年轻男子许仙，看破与他结婚的白娘子其实是蛇妖，便将许仙藏在金山寺的法座后面。白娘子前来寻夫，与法海大战。这一场双方的斗法是京剧的精彩场面。水漫金山，白娘子拼命死战法海，但终因怀孕在身，力尽败逃。不过，中国现在演出的《金山寺》故事结局是白娘子和许仙的爱情力量战胜法海的法力，夫妻终于团圆。

金山寺是这个传说的舞台，它附近还有一处与古代历史关系密切的地方。

1954 年 6 月，镇江市龙泉乡烟墩山（当时的行政区划属于丹徒县）的农民在翻地时发现三座古墓。从中出土十多个青铜器，其中一个的铭文有一百二十多字。虽然有破损，一些地方字迹无法辨认，但经过郭沫若的考证，还是解读了大致的内容。这是称为“簋”的器具。

簋是一种容器，用以盛放谷物供于神前。当时制作青铜器，一般都具有纪念的性质。纪念什么，铭文上有说明。制作这件簋的人名叫夨。

据铭文记述，这个夨就是虞侯，但周王封其为宜侯，为了让大家知道周王的恩宠，就为虞的先君父亲丁公制作这件祭器。

说到虞君，就是殷朝末期和芮君发生纠纷，一起去当时还是西伯的周文王那里请求裁断的那个人。他们看到周的农人在田埂上互相谦让的景象，都十分惭愧地返回。夨大概是虞君的后代。从上面这个故事推测，虞在殷灭亡之前就已经臣服周。

这件青铜器称为“西周宜侯夨簋”。铭文记述周王视察武王和成王讨伐过的地方，并进而东巡，因此可以断定这是成王之后康王时代的东西。

---

① 上田秋成：日本江户后期通俗小说作家、国学家。代表作有《雨月物语》、《春雨物语》等。——译注

② 安珍、清姬：安珍和清姬是日本道城寺传说中的两个人物。清姬爱上前往熊野参拜的僧人安珍，变成一条蛇在后面追赶，后来在道城寺把藏在吊钟里的安珍烧死。——译注

周王巡狩途中，来到宜这个地方，站在社（祭祀土地神的场所）前，命令虞侯今后成为宜侯。铭文记载，王还赐予弓箭、土地、随从、庶人等。获得王赐予的弓箭，就意味着获得王的授权，对那些不驯服者，可以代替王予以讨伐。弓箭计有：彤弓（涂成红色的弓）一，彤（涂成红色的箭）百，旅弓（涂成黑色的弓）十，旅矢（涂成黑色的箭）千。

《春秋左氏传》记载，鲁僖公二十八年（前632年），周襄王赐予晋文公“彤弓一，彤矢百，旅弓十，旅矢千”。在康王之后近四百年，这种授权形式几乎完全一样。

另外，康王时代的青铜器中，大盂鼎非常著名，清道光元年（1821年）在陕西省郿县出土，现藏上海博物馆。铭文记述盂这个人所得到的赏赐，其中“庶人六百又五十又九夫”，即六百五十九人。相比之下，宜侯夨簋的记述是“庶人六百又□六夫”。“□”无法辨认，因为只有一个字，推断为“十”。

既然是被赐予的人，大概不是自由民，其数量二者几乎相同。

宜侯夨簋高十五点七厘米，而大盂鼎高一百零二厘米，是一件巨型器物。

盂是将军，夨是跟随康王巡狩，大概也是从军的将军，把占领地作为领地赐给他。

盂和夨似乎都是周的重臣。

不知道夨受封的“宜”位于何处。江苏省的太湖西岸有宜兴，不知是否与其有关。但是，簋是在江南地区出土的，可见周康王时代的统治势力已经跨过长江，远及南方。

说到江南，周在取得天下之前，古公的长子太伯和次子仲雍为了将王位让给最小的弟弟季历，一起逃往荆蛮之地，传为美谈。

据《史记·吴太伯世家》记载，周武王战胜殷纣王后，曾派人寻找太伯、仲雍的后人，结果找到周章。太伯无子嗣，其弟仲雍接替他成为荆蛮之地的首领，周章是仲雍的曾孙。因为当时周章已成为该地的首领，其弟虞仲便受封于周在北方的原先夏的故地，列为诸侯。

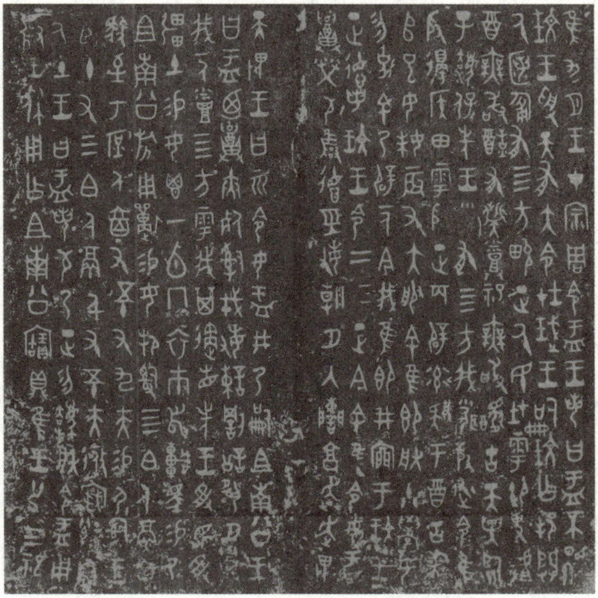

大盂鼎和大克鼎等都属于最大型的鼎。铭文十九行二百九十一字，是整个西周时期最具代表性的金文，非常著名。制作者盂是杰出的武将，在康王二十五年讨伐异族鬼方，功勋卓著，受到各种赏赐。该铭文刻有康王颁发给盂的诏书的全文。内容赞颂周王朝开创者文王和武王的高德，命令盂代替承先王之天命巡幸国民及土地的康王巡察地方。文中还说，殷之所以丧失天命而灭亡，是因为诸侯百官耽于饮酒、怠于祭天，应引以为戒。

大盂鼎　　西周前期（康王）上海博物馆藏

中国历史学家唐兰在《宜侯夨簋考释》中推断宜侯大概才是周章。

古代文字中，“虞”和“吴”通用。康王南巡狩猎时，大概任命已为吴地首领的旧亲戚为宜侯。根据这个推理，康王所征服的江南之地宜离宗周太远，所以将其交给同为姬姓的首领周章管理。

我的推断是：被封为宜侯的应该是周章的弟弟虞仲或其后人。周武王找到的那个周章在武王的孙子康王时代已经不在世。虞仲由于虞侯的关系，其子或孙就是虞侯。这个虞侯夨跟随康王南征，于是康王就命令他：“江南之地是你的老家，你就当宜的领主吧。”

事情的来龙去脉另当别论，周的统治势力扩大到江南地区是不争的事实，与殷代相比，周的确扩大了“天下”。

不仅南方，周也扩大到东方。这从出土文物中就能得到佐证。连辽宁省的喀左县也出土了大量的青铜器。喀左县是喀喇沁左翼蒙古族自治县的简称。1976年在东京和京都举办了中华人民共和国古代青铜器展，一百三十件展品中，蟠龙兽面文罍和兽面百乳文方鼎这两件是喀左县的出土文物。这两件都是1973年出土的西周前期的青铜器。1977年至1978年在名古屋、北九州、东京举办的中华人民共和国出土文物展中，也展出喀左县出土的一件青铜器。

这一件青铜器是1955年在喀左县马厂沟出土的，铭文如下五个字：

匽侯作饙盂

“匽”就是“燕”。这五个字意为燕侯盛饭用的器具。燕是召公受封之国，北京一带为其国都。然而，燕侯的器具在辽宁省喀左县出土，说明燕国的版图向东扩张到相当大的范围。

武王取得天下的时候，周的势力似乎还不是很强大。成王、康王时代，努力扩展版图。宜侯夨簋铭文所记载的周王巡狩，无疑就是远征。扩大版图是将土地、庶人赐予诸侯所必需的。大盂鼎上刻有“受民受疆土”的文字。王受天命，意味着接受了民和领土，但因为是封建制社会，王必须和诸侯分享民和领土。

前面说过，昭王死于南方，似乎是战死于远征途中。领土扩张政策在这里受到一次挫折。

幽王受到犬戎的进攻后，周王室开始衰微，但是封建诸侯的地方版图不断扩大，逐渐脱离软弱的中央势所必然。

终于，“地方的时代”来了，而且天下扩大了。

江南烟墩山的西周墓出土的那件簋，具有典型的中原风格，没有地方特色。大概是在国都宗周制作后运到这里来的，或者是中原过来的技术工匠完全按照中原模式制作的。然而，同一个地方出土的其他青铜器，有的就富有地方特色，青铜器的表面出现南方印文陶器的特点——编织纹的几何图案。

这在1959年安徽省屯溪发掘的两座西周墓中出土的青铜器上明显地表现出来。并非中原文化单方面的冲击，而是本土文化对中原文化的融合吸收。从屯溪出土的文物来看，本土文化绝对没有被冲走。

文化的融合产生新的力量，有时会发展成极其强大的力量。新鲜的刺激往往伴随着意外的新事物的诞生。

周建国时候甚至还不被认可为诸侯的南方“楚”迅速地积蓄力量，发展壮大。本土的充满野性的力量融合周的文化影响以后，产生巨大的飞跃。

据《史记》记载，楚是五帝之一颛顼的后裔，颛顼四代孙里有一个名叫陆终。这个陆终“坼剖”生下六个孩子。所谓“坼剖”，就是身子裂开。这自然是神话传说的一种模式。最小的儿子季连就是楚的始祖。司马迁在《史记》中这样记述楚的谱系：

> 其后中微，或在中国，或在蛮夷，弗能纪其世。

这里所说的“中国”，是国的中心地带或者国都的意思。正如古诗有“中田”一词，指的并非“中间的田”，而是“田的中间”，二者用法一样。楚这个部族时而在国的中心地带，时而在蛮夷的边境地区，似乎四处流浪。

司马迁的这段记述也可以解释为楚部族有时和中原政权保持关系，有时又断绝关系。如果这样的话，楚就不是流浪的部族。在中原政权看来，楚是一个时而浮出水面、时而长期无声无息的捉摸不定的地方势力。司马迁所说的“弗能纪其世”，也可以理解为在中原政权的记录里，楚这个部族时隐时现，两次出现的时间间隔太长，所以无法联系起来。

楚的祖先大概是三苗。所谓帝颛顼的后裔，肯定是后来编造出来的。

舜时代，大臣禹报告说，四海皆治，但“苗顽不即功”。就是说，只有苗族不臣服。舜南巡狩猎，死于江南，其实大概就是远征讨伐苗族。

苗族也有许多部族，统称三苗。在中原战败，逃往南方，所以也被称为南人。虽是战败者，却十分勇敢，绝不屈服，充满自豪的感情。

殷代祭祀的时候，经常杀人作为祭品。这在甲骨片中有大量的记载。被杀的大抵都是羌人，南人极少被杀。大概因为南人——苗族勇敢，不容易被抓到的缘故吧。

楚不说自己是三苗的后裔，但他们居住的楚蛮之地——湖北一带是三苗的势力范围，因此可以认为是三苗的一个部族。

《史记》记载，周文王时，楚的首领名叫鬻熊，其子仕文王。这个时期，楚人大概时而来到中原。周武王伐殷时，在武王的召集下，其他部族的军队也参加。牧野之战时，武王发表誓言。这篇誓言收入在《尚书》里，题为“牧誓”，其中有这样号召的话：

> 及庸、蜀、羌、髳、微、卢、彭、濮人，称尔戈，比尔干，立尔矛，予其誓。

对于这些少数民族，有种种说法，有人认为其中的“髳”就是苗。如果楚的首领的儿子仕于周，其军队也会被动员参加牧野之战。参加牧野之战的首领的儿子死得早，其子熊丽继承首领之位。熊丽的孙子熊绎生活在周成王时代。

周成王对开国功臣的后裔赏赐封侯。熊绎受封于楚蛮，授予子爵爵位，此时大概得到周赐予的土地。他本来就是楚地的首领，封侯意味着周王室承认楚的首领是诸侯。此后熊绎称为楚子。

熊绎赴周，不过只是为了让周王室承认他对一直统治的土地具有正式的拥有权。成王时期是周的黄金时代，征淮夷，破奄，武功显赫，威震四方，敢有不服者，恐怕就要出兵讨伐。楚依然故我，时而赴周入朝。

周成王曾召集诸侯在岐阳（陕西省岐山南面）。会盟的理由不外是祭祀和会议，其实就是为了炫耀国威。敢于无视召集，不参加会盟的诸侯就要做好讨伐的准备。如果参加者不多，召集者的权威就会受到质疑。如果没有实力讨伐不参加者，就不会召集会盟。

会盟由天子召集，但春秋时代则由强有力的诸侯召集。能够召集会盟的诸侯称为“霸主”。

会盟时，在神前宣读盟约，杀牲歃血。实际上只是把牲畜的血抹在嘴边。不言而喻，歃血的顺序从高位者开始。

楚子熊绎也赶去岐阳参加会盟，但周成王没让他参加歃血仪式，只是命令他担任守燎（看守篝火）。尽管熊绎是子爵，但毕竟是荆蛮，不能不说是极大的歧视。

《国语·晋语》记述，晋平公（前558—前532年在位）时，有会盟，楚最先歃血。这时，叔向对赵文子说了一段话，其中有这么几句：

昔成王盟诸侯于岐阳，楚为荆蛮，置茆蕝，设望表，与鲜牟守燎，故不与盟。

周成王处于大约公元前一千年的时代，当时不能正式参加会盟的楚在五百年后成为会盟的头领。叔向的内心大概觉得十分可恨。

“茆蕝”是茅草编制的表示座位的标志，“望表”是祭祀山川时表示神位的木头，都是会盟使用的道具。楚和鲜牟（有的版本为“鲜卑”）看守篝火，不让熄灭。鲜牟也是受歧视的部族。他们只是从事整理道具、准备会场、看守篝火之类的杂事。

心气甚高的楚自然无法忍受。

从四川顺流长江而下，有著名的三峡。过瞿塘峡和巫峡，便进入湖北省。在出巫峡、即将进入西陵峡的地方，古称丹阳。这一带是楚的初期的国都。

这一段长江流域以及流入长江的汉水流域应该属于楚国的版图。汉水与长江的汇合处是汉口，现在与汉阳、武昌一起合为武汉市。

楚背叛周，不仅仅是因为受到歧视，勇敢自豪的楚人一定是梦寐以求尽快独立。只是因为当时周十分强盛，才不得不臣服。

或者对方衰弱，或者自己强大，这时才有独立的机会。楚迅速壮大起来，而周逐渐衰弱下去。

出土的周青铜器铭文时而刻有“伐楚荆”的文字。昭王在汉水损失六师，其对手显然是楚。

汉水既是周、楚相斗的战场，也是楚吸收周文化的渠道。

楚之所以会迅速强盛起来，就是因为野性的力量与中原文化的理性力量相结合的结果。

周夷王时，楚的首领是熊渠。他让自己的三个儿子全部称王，长子康为句亶王，次子红为鄂王，幼子执疵为越章王。

“天无二日，地无二王”，这在当时是一个常识。能称王的只有周王室，楚一下子就制造出三个王，简直令人震惊。

熊渠狂妄地说道：

我蛮夷也，不与中国之号谥。

他公开宣言：只有周王室可以称王，那是国的中心地区的规矩，我是蛮夷，不受这个规矩的约束。

到战国时代，诸侯也都纷纷称王。不过，春秋时代，中原的诸侯没人称王，楚是头一个。春秋时代称王的，还有吴、越，不过他们晚于楚很长时间，而且在中原眼里也是“蛮夷”之国。

周厉王时代，楚大概还是感到害怕，取消王的称号。虽然周厉王后来被国人驱逐，流亡外地，但此人性情暴虐残忍，稍不顺心，说不定就会发兵征讨。

周幽王被犬戎所杀那一年，是楚的若敖在位第二十年。

东周平王三十年（前741年），熊通继位楚的首领。这是一个异常激进的人物。他之前的首领是其哥哥蚡冒，兄一死，熊通便杀兄之子，自己继位，所以是一个极其可怕的人。

长江的支流溳水流域，离河南省信阳市很近的湖北省内有一个随县。这里有一个姬姓的诸侯国随。熊通伐随。随侯说：“我没有做任何得罪你的事啊！”《史记》记述熊通是这样回答的：

我蛮夷也。今诸侯皆为叛相侵，或相杀。我有敝甲，欲以观中国之政，请王室尊吾号。

熊通模仿他的祖先，也是狂妄叫喊“我蛮夷也”，对随侯威胁讹诈。

如今诸侯们都在干坏事。我楚国有点军队，想参与国家核心的政治，封给我子爵的爵位太低了，你替我向周王室请求赐予我更高的爵位。

随和周王室同为姬姓，有亲戚关系。在楚的威胁下，随向周王室转达了楚的愿望，自然遭到周王室（当时是周桓王）的拒绝。

周桓王一定认为楚的熊通简直是岂有此理！

熊通大为恼怒："王不加位，我自尊耳。"于是恢复废除已久的王的称号，自称楚武王。这一年是周桓王十六年（前 704 年）。

楚武王和随签订盟约，这意味着随成为楚的附属国。

自封王的称号其实并不是熊通的心血来潮，因为楚已经具备如此强大的国力，周王室也无力伐楚。

楚武王在位五十一年死去，其子继位，为文王。文王从丹阳迁都郢。长江在湖北省沙市拐弯处的西面有一个江陵县。江陵县的北面有纪南城遗址，就是楚国都城郢。

楚文王伐申，伐蔡。这两个诸侯国都在现在的河南省内。蔡国哀侯被俘虏，接着楚国又伐邓，灭之。

楚国周边的小国对楚胆战心惊。

楚的强大使中原诸侯深感危机。

那时，周王室的亲信郑国开始衰弱，齐国逐渐发展崛起。

前面说过，所谓"霸主"，就是代替天子成为会盟盟主的诸侯。春秋时代，出现五个霸主，称为"春秋五霸"。第一个霸主就是齐桓公。

我还要在后面讲述霸主。值得注意的是，楚的威胁是中原产生霸主的一个重要因素。

因为深感危机，中原的诸侯就考虑到联盟，可以成为针对楚国的联盟。要联盟，就要开会。要宣誓恪守会议形成的誓约，就要召集诸侯会盟。

开疆辟土，同时存在以下三种模式。

第一种是中原政权移封诸侯于以前视为边境的地方。吴国先祖宜侯夨大概就是这种受封的模式。

第二种是本土势力吸收中原文化的影响而中原化。似为三苗后裔的楚就是这种模式。

第三种是诸侯开拓边境。喀左县的出土文物可以说是燕向东北地区发展的典型例子。

屈原的《天问》实在是一座神话的宝库。但是，我读《天问》，总有百思不得其解之处。

屈原是楚人，据说在秦南下的公元前277年左右投汨罗江而死。这大概距离楚国先祖的势力在汉水大破周昭王六师之战七百年。楚第一次称王是在屈原生活的时代五百年前，楚伐随、虏蔡侯也是在四百年前。屈原的祖国楚具有值得讴歌的辉煌历史。

然而，神话宝库的《天问》几乎没有涉及楚的神话。有人认为女娲传说是苗族的神话，但《天问》中只出现一次她的名字，却非常热心地讲述禹的传说，同时也频繁涉及夏、殷、周的神话传说，详细叙述周灭殷的情况。屈原为什么不讲述楚的神话呢？虽然也说到周昭王南巡不归，但也只是说“南土”，不是写“楚”。

《天问》只提到昭王之死，却没有描述头插白雉羽毛的祖先们击败中原军队的英勇奋战的场面。

《天问》中有一些诗句不知何意，或许这就是有关楚的部分。然而，晦涩难懂，让后世的注释家束手无措，大概因为这些诗句所涉及的神话故事未能流传下来的缘故吧。这部分诗句数量不多，大学者朱熹也无法解释的只有末尾的八十九个字。其中有这样一句：

荆勋作师，夫何长！

“荆”是楚。楚的将军（荆勋）率领军队是何等威武啊！屈原对楚国的现状忧心忡忡，这使他回想过去国家强盛的时代。过去有卓越的将领，感叹现在的国祚衰弱。但是，凭这几个字根本无法知道过去将军所建树的功勋。

据说《天问》是书写在祖庙的壁画上，描绘的题材并不是屈原挑选的。祖庙壁画所描绘的神话故事大多是中原的，那么，楚国的神话故事怎么会消失得无影无踪呢？

据此我推测是因为楚推行急剧的中原化。楚试图抛弃自己几乎所有的东西，接受中原文化，进行自我改造。

楚的强大，勇敢善战、土地肥沃是重要的原因，但是自我改造的勇气能量也产生了巨大的活力。

楚人“一根筋”，现在的湖北、湖南还有不少“玩命认死理”这种性格的人，听说还有“不要和湖南人吵架”这样的俗话。一旦吵架，没完没了，纠缠不休，那是很麻烦的。

这种性格的楚人一旦认准要中原化，不难想象，就容易走极端，不会半途而废的。大概正是由于这种彻底精神，楚人才主动抛弃自己的神话传承。

我读《天问》，不能不认为楚就是一个不折不扣的中原国家。

不仅仅是扩大了天下，更是凝聚了天下。

上面说过，中原世界的扩大有三个模式，但西方的秦似乎是三种模式兼具。

以黄河中游流域为中心的中原世界向西扩展是周的巨大功绩，但幽王被犬戎所杀、平王迁都成周（洛阳），感觉中原世界在西部有所后退。

东逃的东周平王将原先的大本营交给秦，这时秦才成为诸侯。

就连狂妄叫喊“我蛮夷也”、以蛮夷作为自己的招牌的楚，在成王时代也被授予子爵，成为诸侯。那是在公元前一千年左右的事情，比平王（前770年开始在位）时代秦的受封要早两百多年。

秦是诸侯的晚辈。第一种模式是移封诸侯于边境，此前秦不是诸侯，所以谈不到移封，而是新封。

《史记·秦本纪》说秦的先祖也是帝颛顼，当然这也是编造的。后来秦统一天下，就必须制造出适合天下之主的先祖。秦和楚一样，虽然是帝颛顼的后裔，却也是“或在中国，或在夷狄”。这只能说出身地不明。

舜的时代，秦的先祖伯益娶和舜同姓的姚姓女子，他“佐舜调驯鸟兽，鸟兽多驯服”，大概是在王室从事饲养动物的工作。殷汤王讨伐夏桀王的时候，据说秦的先祖费昌担任御者。

周穆王喜欢旅行，据说曾到西方的昆仑山会见西王母，担任御者的也是秦的先祖造父。

《史记》记载，周孝王时，秦的一个名叫非子的先祖善养马，孝王命他管马。

周的马场在渭水和汧水之间，所以秦在封侯之前就已经把陕西省相当大的地区圈划为自己的地盘。

这个部族与动物有着深厚的渊源，那时是战车作战的时代，马是最重要的战斗力。秦拥有马匹，尽管还不是诸侯，却已经发展成为具有相当于诸侯的强大的部族。由于牧场在西部边境，接近戎族的势力范围，秦和戎的交往应该很多。所谓交往，既有战争，也有和平外交。

周厉王因国人叛乱而逃亡的时候，西戎似乎乘机破坏了周的牧场。秦的先祖击败西戎，反攻追击，再败西戎，终于在庄公时代重创西戎。这时“共和”时期已经结束，进入周宣王时代，《史记》说这次作战，周宣王送给庄公七千士兵。

庄公之子襄公时代，襄公的妹妹嫁给戎的丰王为妻。秦和戎的关系，忽而战争，忽而联姻。这个时候的秦，由于担任“马政长官”的职务以及管辖地的关系，大概更具有浓厚的西戎的性格，也许还可以认为其实就是西戎的一支。秦的先祖曾在中原王朝担任御者，我怀疑也是秦中原化以后编造出来的。

如果我的怀疑成立的话，那就适用第二种模式。秦和楚一样，也是充满野性的、剽悍的、富有战斗力的部族，受到中原文化的影响，逐渐中原化，最后为中原世界的扩大作出了贡献。

幽王在骊山脚下被杀的时候，秦襄公率兵飞驰前往。正是因为秦襄公飞兵救援，才使得平王最终能够平安逃到洛阳。

秦立下如此汗马功劳，却不是诸侯，周王室无论如何是要授予爵位的。秦是具有浓厚的西戎性格的部族，也许这也是迟迟不封侯的原因之一。

第三种模式是通过诸侯开拓周边地区以扩大中原世界，秦也符合这种情况。

结束长达五百五十年的春秋战国时代，实现天下统一的是秦。最年轻的诸侯秦却能吞并天下，有各种各样的原因，其中之一，正如所有的史学家异口同声指出的那样，就是成功地开发巩固后方，尤其是四川这个大后方。

我想强调的是：与其说春秋战国是一个分裂的时代，不如理解为天下扩大到中原政权这个容器无法容纳的时代更为合适。

九合诸侯

天子亲信郑国操纵周王室、执中原政权牛耳的时代已经过去。代替天子引领诸侯的是霸主。第一个被诸侯认可的霸主是齐桓公。齐是周建国时候的大军师太公望吕尚的受封国。太公望本姓姜，夏、殷时，姜族因治水有功，受封于吕、申，皆在河南省。太公望是受封于吕的姜族后裔，因其所分封的土地，改姓吕。基本可以确定，姜族属于藏系。

分封太公望于齐，也含有防备东部的异族和东南部的蛮族的意思，他们都是周的强敌。担任周成王摄政的召公对太公望命令道：

东至海，西至河，南至穆陵，北至无棣，五侯九伯，实得征之。

所谓“五侯”，是指被授予公、侯、伯、子、男爵位的诸侯。当时天下分为九州，各由牧伯管之。

周在东南各地的诸侯，也许都获得天子的授命，可以讨伐不驯服的部族。

桓公七年（前679年），齐召集诸侯在甄（山东省濮县）会盟，从而被公认为霸主。这时离太公望的时代约三百七十年。在这期间，齐并非一直强盛。

可以说，发生内讧、国力衰弱是不可避免的规律。

大概从太公望的第五代孙开始，齐国出现哀公派和胡公派，开始斗争。

哀公和胡公是同父异母兄弟。

哀公因受人谗言，被周王烹杀，胡公取而代之。

哀公的同母幼弟山杀胡公，自立为献公。献公将胡公派的家族尽行流放。但是，至献公之孙厉公时代，被流放的胡公派的公子回国，攻杀厉公，不过自己也战死，结果两败俱伤。于是，齐国人立厉公之子赤，为文公。文公把杀死父亲的胡公派七十人全部诛杀。

这样的内斗连续不断，齐的国力自然日渐衰弱。

周东迁时，齐国是文公之孙庄公时代。

至庄公之子釐公时代，北戎攻齐。此时的齐，很被人瞧不起了。前面说过，此时齐求援于郑，郑派公子忽率兵救援，击退北戎。釐公为表示感谢，提出将自己的女儿嫁于忽为妻，忽以郑小齐大不相匹配为由婉拒。

齐不仅国力衰退，道德也开始沦丧。

釐公之子襄公与妹妹文姜私通，后文姜嫁给鲁桓公。襄公四年（前694年），文姜和丈夫一起回到她的故里。鲁桓公得知自己的妻子和她的哥哥襄公的关系后，怒火中烧，但是襄公指使身怀绝技的彭生杀死桓公。彭生装着扶持醉酒的桓公时，用手指折断他的肋骨。

鲁国自然愤慨，齐襄公便将对桓公直接下手的彭生处死，向鲁赔礼道歉，了结此事。这可以说是卑鄙的做法吧。

《诗经·国风》收有几首谴责讽刺襄公和文姜乱伦的诗歌，其中一首题为“南山”：

南山崔崔，
雄狐绥绥。
鲁道有荡，
齐子由归。

这是第一章。吉川幸次郎[①]（1904—1980 年）这样翻译其末章：

何以劈柴？
非斧不可。
何以娶妻？
非媒不可。
既已娶之，
何让其胡来？

《诗经·国风·敝笱》记述襄公妹妹文姜带着大批随从嫁到鲁国去。

敝笱在梁，
其鱼鲂鳏。
齐子归止，
其从如云。

“鲂”和“鳏”都是大鱼。虽有鱼笼，却有破洞，多大的鱼儿都可以自由自在地进进出出。这似乎责备文姜的丈夫鲁桓公控制不住妻子。带领众多随从嫁到鲁国，文姜在夫家大概也是飞扬跋扈吧。

鲁是周公旦的后人的受封地，起先也想成为大国，但没有出现一个霸主，国家从春秋一直延续到战国时代，未能成为战国七雄之一，是一个二流国家。只是因为孔子生于鲁国，鲁国的历史因孔子的《春秋》传于后世，所以有相当高的知名度。

齐和鲁都在现在的山东省，边境接壤。

《史记》记载：周在建国初期实行“大封建”的时候，封周公旦于鲁，但周公旦本人在国都辅佐天子，其子伯禽赴封国执政。三年后，

① 吉川幸次郎：中国文学研究家，专攻中国古典文学。著有《元杂剧研究》、《杜甫私记》等。——译注

伯禽向摄政的周公汇报执政鲁国的状况。周公问道："何迟也？"伯禽回答说：

变其俗，革其礼，丧三年然后除之，故迟。

而受封于齐的太公望在五个月之后就向周公汇报执政齐国的状况。周公问道："何疾也？"太公望回答说：

吾简其君臣礼，从其俗为也。

周公叹一口气，说道：

呜呼，鲁后世其北面事齐矣！夫政不简不易，民不有近；平易近民，民必归之。

政治不简化，人民惧怕，难以亲近。人民亲近，说明心悦诚服。政治简化的齐国将越来越繁荣，而强行改变本土民众的风俗，强迫他们接受复杂礼法的鲁国将逐渐衰弱。周公预言，总有一天鲁会成为齐的家臣。

齐鲁互为邻国，又都是周建国元勋的后裔，联姻一定不少。鲁和周王室同为姬姓，规格理应在齐之上，但正如周公所预言的那样，二者实力差距拉大，齐反在鲁之上，所以嫁到鲁国的齐文姜会那样横行霸道。

杜甫是与李白并称的唐代大诗人，日本人通过《唐诗选》对他也很熟悉。他一生不得志，在长安谋求仕途未能如愿，对世态炎凉深感怨恨，写有这样的诗句：

翻手为云覆手雨，
纷纷轻薄何须数。
君不见管鲍贫时交，

此道今人弃如土。

这首诗题为“贫交行”，收在《唐诗选》里。大概是被朋友出卖，抒发心中愤懑吧。

如今的世间，翻手为云，覆手为雨，冷暖炎凉，说变就变，前后态度截然不同。这样翻云覆雨的轻薄男人比比皆是，已经不足为奇。你看看管仲和鲍叔贫困时候的交友吧！那种纯真的友情之道，今人弃之如泥土——实在令人遗憾啊！

这首诗里出现的管仲正是让齐国成为霸主的最大的功臣。管仲才高八斗，但如果没有好友鲍叔，也不会出人头地。从这个意义上说，是鲍叔让齐国成为霸主的。

齐襄公和亲妹妹文姜，在她嫁人以后还保持乱伦关系，这不能不说是一个无耻的人。文姜嫁鲁，是在齐釐公二十一年（前710年）。随她回故里的鲁桓公在齐被杀，是在齐襄公四年（前694年），兄妹私通十六年多。这期间，似乎两人经常幽会。《诗经·国风·载驱》就是描述这个内容的。海音寺潮五郎以“幽会堂堂”为题这样翻译：

坦荡大路通鲁国，
襄公匆匆从齐发。
车声辚辚，威仪堂堂，
文竹铺席，竹帘低垂，
红色柔皮蒙车窗。
文姜闻之，夕发迎之。

襄公好像有性格缺陷，随心所欲，反复无常，动辄惩罚、杀人，周围的人一个个都胆战心惊，最害怕的是具有首领继位权的弟弟。妹妹备受宠爱，弟弟就没那么幸运了。因为害怕灾祸及身，二弟纠和小弟小白都逃往别处。

他们的父亲都是釐公，母亲各不相同。纠的母亲是鲁国公女，所以他就逃到母亲的老家鲁国去。鲁和齐之间有着如此错综复杂的姻亲关系。小弟小白的母亲是卫国公女。小白为躲避可怕的哥哥，没有逃到母亲的老家去，也许是因为卫国离得太远，要经过鲁、曹两国，难以前往。

可是，从后来发生的情况来看，感觉小白在离齐国不远的地方潜伏下来，对将来是有所考虑的。他逃到莒。

莒，就是现在山东省的莒县。据说是周武王寻找到黄帝的长子玄嚣（少昊）的后裔所封之国。这和寻找到舜的后裔封于陈的情形一样。

所寻找到的人是否真的是黄帝、舜的后裔，难以知道真情。大概有的地方豪族把自家的谱系与神话联系在一起，而周王朝需要尊崇古代圣人这块招牌，就把小块土地封给这些豪族，只是为了表示一种敬意。这和江户时代封给五百石、至多一万石的土地的做法很相似。

小白逃往的正是这样的地方，离齐很近，随时都可以重返齐国。

这两个亡命公子的故事暂时到此，下面讲述管仲和鲍叔的故事。他们是好友，但管仲非常贫穷，两人曾一起做过买卖。买卖所得几乎全被管仲拿走，对此，鲍叔认为“他很穷”，没有任何不满。鲍叔出资，交给管仲运作，结果亏本，但鲍叔说“做事业的时机有利和不利的时候”，并不认为管仲愚蠢。能做到这样确是很难的。

他们分别仕于这两个亡命的公子，管仲仕于亡命鲁国的纠，鲍叔仕于亡命莒的小白。

他们当时已经预见到性格怪异的襄公很快就要没落，将来齐的主子不是纠就是小白。于是约定，现在分别仕于纠和小白，将来不管谁成为齐的主子，我们都互相照顾。

襄公的没落缘于他的施虐狂。他的父亲釐公十分疼爱先于自己死去的同母弟夷仲年的孩子公孙无知，所有的待遇都和自己的儿子太子一样。

这个太子就是襄公。父亲死后，他一继位，就撤销所有给予公孙无知的优厚待遇。这自然引起公孙无知的不满。

那些不满分子拥戴公孙无知，终于杀死了襄公。襄公喜欢杀人，连妹夫鲁桓公也不放过，所以对他恨之入骨的人不少。这些人拥戴最受襄公欺辱的公孙无知可以说是势所必然。尽管公孙无知深受釐公所喜爱，但他不是公子，只是侄子，不是正当的继承人。

襄公死后，最正当的继承人就是他的弟弟纠和小白。

公孙无知杀死襄公后，当了几个月齐国的主子，立即被杀。这时是公元前685年。

接着，纠和小白兄弟之间为争夺继承权骨肉相残。纠的后台是母亲的老家鲁，由管仲担任军师。小白方面虽有军师鲍叔，但小白母亲的老家卫距离很远，而且也没有力量。从客观情况来看，纠处于绝对有利的地位。

但是，小白比纠更具有强烈的权力欲望。同样都是逃亡，一个跑到母亲的老家，一个就在靠近国境的莒苦守坚持，二者就有相当大的差距。

纠有鲁国的军队。当他们得知公孙无知被杀的消息后，便开始回国继位的竞争。小白的军队虽然弱小，但他离齐国很近。纠的军师管仲率领一支机动队，阻挡小白回国。管仲的军队和小白打仗时，一支箭射中小白的带钩。从远处看去，不知道箭射中的是带钩，小白佯装被射死。管仲欢天喜地，向鲁国报告。于是，一支鲁国军队护送着纠慢悠悠地向齐进发。然而，就在这期间，小白乘坐辒辌车（灵车）疾驰回国，继位成为齐的首领，并且率领齐国军队抵御前来进攻的鲁军，将其包围。

管仲被俘。

小白——此时已经继位称为齐桓公，对管仲恨得咬牙切齿，要将他千刀万剐。鲍叔劝道："如果君主仅仅是治理齐国，我鲍叔辅佐就足够了。但如果想成为天下的霸主，非管仲辅佐不可。"

果然，管仲辅佐桓公，对齐国的飞跃性发展作出巨大的贡献。

齐桓公即位第二年，南方的楚国俘虏蔡哀公；即位四年前，楚伐申；即位两年前，楚征随。中原诸侯害怕楚国北进，期待出现一个盟主。齐桓公在这个时候应运而生，可以说成为中原诸侯的救星。

齐桓公逐渐吞并周边的小国，被吞并的国家数量，《韩非子》说三十国，《荀子》说三十五国。总之是大吞并。

第一个被吞并的是郯（谭），现在的山东省内。桓公逃往莒的时候，经过这个国家，但受到非礼。

这体现了“有恩报恩，有仇报仇”的思想。

接着，齐伐鲁。讨伐的理由不言自明，鲁曾为纠出兵，现在兴师问罪。这时纠在鲁已被杀。

在对鲁战争中，齐桓公三破曹沫率领的鲁军，双方在柯这个地方媾和。鲁国战败，自然要割地，将遂这个地方割给齐。

《史记・刺客列传》的开头这样记述曹沫：在柯举行媾和会议，决定割让遂。就在齐桓公和鲁庄公即将歃血盟誓的时候，鲁将曹沫突然跑到坛上，手持匕首，逼近齐桓公，要求他归还鲁国割让的土地。

齐桓公如果不答应，就会没命，无奈只好答应归还。曹沫听罢，扔掉匕首，走下盟坛，回到面北的原先的座位上，面不改色，像什么事也没有发生过一样，表情如常。

齐桓公大为恼怒——拿刀逼人，这算什么！在匕首威胁下的承诺不算数！他要撤销刚才对曹沫的承诺。管仲劝谏他不可这样：

弃信于诸侯，失天下之援，不如与之。

尽管是在受到威胁时做出的承诺，但一经承诺，就要坚决恪守。齐国的这种态度得到诸侯的高度评价，此后齐国的言行都得到诸侯的信任。这件事为齐国成为霸主发挥了巨大的作用。虽然没有得到鲁国的土地，却得到了更加宝贵的东西。《史记・管晏列传》评论道：

知与之为取，政之宝也。

也许这已经意识到《老子》里“将欲取之，必固与之”这句话的含义吧。

管仲采取一系列富国强兵的政策，把全国分为二十一个乡，推行具体细化的政治。管仲的政治政策中，最引人注目的是废除公田制。

周朝的制度以及礼乐，在后世尤其被儒家所推崇赞美。周的崇拜者把周的公田制视为理想的制度而赞不绝口。公田制也称为井田制。

将九百亩（周的一亩约为一点八二公亩）正方形的土地九等分，中间形成井字形。把这些土地平均分给八户，每户耕种一百亩，中间的一百亩由八户共同耕种，收获交公，即政府。不过，这井田制是否真正实行过，无法确认。

从《诗经·小雅·大田》这首诗歌的以下这一节可以知道当时确有公田和私田，不过对“整齐九等分”的说法颇有人质疑。

有渰萋萋，
兴雨祁祁。
雨我公田，
遂及我私。
彼有不获穉，
此有不敛穧。
彼有遗秉，
此有滞穗：
伊寡妇之利。

这是期盼下雨湿润土地的诗歌。因为小雅是在正式场合吟唱的，所以这种愿望只能是先湿公田，后湿私田。

收割后残留在田间地头的稻穗、遗落的稻捆，都被寡妇捡拾回去以补贴自己或家庭的生活。这似乎是一种福利制度。

男子二十二岁可分有田地，六十岁将田地归还。能否机械地实施井田制，八户人家在耕种公田的时候是否不发生纠纷，疑问甚多，认为井田制只是虚构的制度的说法似占上风。

我个人推测，应该实行过井田制。周是以农神后稷作为自己的祖先、十分重视农业的部族。由于保留着浓厚的氏族社会的色彩，即使在共同耕种公田的时候，大概也不会发生现代人那样自私自利的冲突。而且周的首领和管理层具有强大的领导能力，殷的主流思想是求神，周却是人本主义。井田制是将人的力量应用于自然，所以更像是周的制度。

不过，这只是周的地盘还在豳、岐山脚下那个时期实行过的制度，待到灭殷、获取天下以后，这个朴实的制度就无法维持下去了。

细读《大田》这首诗歌，农民的期望是雨水先下在公田里，再逐渐湿润私田。如此看来，并非井田制那样的公田在私田之中，可以认为公田和私田是分开的，不在同一块地方。

也许公田制此时已经发生蜕变，变得徒具形式了。

随着氏族共同社会时代的远去，私有观念的增强是必然的。王和诸侯早就开始实行世袭制了。

有人认为，尽管制度已经徒具形式，但保留下来总比消失得好。但是，这种形式的不合理性反而会妨碍生产力的发展。

齐国大概就是这种情况。《诗经》里有一首题为“甫田”的齐国民谣，从中可以知道，至少在齐襄公之前，还保留着公田制，变成了棘手的空壳。

无田甫田，
维莠骄骄。
无思远人，
劳心忉忉。

一般认为，这是一首抨击齐襄公既无实力，却还想干涉别国的民谣。想象古人是很累心的事情，但作为诗歌的解释，也只好这样。值得注意的是，认定这是一首抨击齐襄公的诗歌，是因为它着眼于不耕大田、杂草丛生的场景。

为了增加国家的财政收入，大概就会扩大公田的面积，让人们耕种。公田虽然增加了面积，但未必都是肥沃的土地。而且，因为是公田，人们无论多么认真地耕作，其收获都不是自己的。这时的人民已经不是太古时代的人民，已经不是氏族共同生活，拥有家族和私有财产的人多了起来。不会给自己带来利益的劳动，往往马马虎虎，所以公田里杂草丛生。这种情形大概很多。

公田制是不合理的制度，变成负担，但因为是祖法，无人敢动。管仲毅然快刀斩乱麻地予以废除。

管仲是一个极其务实的政治家。他认为，不论是传统多么悠久的制度，只要变得徒具形式，成为障碍，就应该毫不留情地予以废除。他废除公田制，改为征税制。根据土地的肥瘦状况，设计不同的税率。农民努力耕种，提高收成，上缴规定数量的农作物。这样的话，农民就有积极性尽量提高收获量。生产发展，税收也随着增加。

《史记》记述整顿军事编制也是管仲的功绩之一。

连五家之兵。

五家为一轨，十轨为一里，四里为一连，十连为一乡，五乡为一军。每家出一个兵员，一轨五人，称为“伍”，齐称为“轨长”。一里五十人，一连二百人，一乡二千人，也称为“旅长”。一军五个旅，有一万人。国有三军，其中的一军由齐国首领亲自指挥。

三军有十五个旅，即由十五个乡组成。管仲为整顿内政，把全国分为二十一个乡，其中的六个乡是工商业者居住，以制造业、物资流通业为本行，免除兵役。他们专心致力于自己的本行，可以为增加国家的财富作出更大的贡献。这体现出管仲利益优先的思想。所以，必须服兵役的就是十五个乡。

《史记》接着记述道：

设轻重鱼盐之利，以赡贫穷，禄贤能。

所谓“轻重”，大概是物价统制令。同时努力发展渔业和制盐业。齐国拥有山东半岛，土地多靠海。渔业和盐业的发展使齐国大大富裕起来。

不仅在经济方面进行改革，而且在人才制度方面，也大量选用品德贤良、真才实学的人，齐国出现生机勃勃、充满活力的景象。

人们纷纷来到这块富有魅力的土地，各地的人们云集齐国首都临淄。物资流通的发展，吸引着利欲旺盛的商人。由于重视人才，能工巧匠都争先恐后地来到临淄。能干的商人推动经济活动更加繁荣活跃，国家的税收自然日益增加。在出类拔萃的人才领导下，齐的国力越来越强大。

临淄在淄河西岸，现在是一个同名的小城。现在的临淄城墙是后来修建的，周长不过两公里，但在其北面有一座周长约二十公里、残缺不全的古城墙遗址，从中可以窥见春秋战国时代的齐是何等的繁荣昌盛。

现存的《管子》二十四卷是管仲的著作。其中有的部分已经逸失，还有的部分是后人的文章，有的地方说到管仲死后发生的事件，所以无法完全相信，但至少主干部分是管仲的真实思想。其中有这样的话：

万乘之国，必有万金之贾。千乘之国，必有千金之贾。百乘之国，必有百金之贾。非君之所赖也，君之所与。

拥有一万辆战车的大国，必定有拥有万金之资的巨商；拥有一千辆战车的中国，就有拥有千金之资的富商；拥有一百辆战车的小国，只有拥有百金之资的小商人。不同规模的国家，各自拥有与之相对应的不同实业家。但是，作为君主，不能考虑依靠对实业家征税来增加国家财富。这段话是管仲和齐桓公的谈话，管仲认为，实业家能够到这里来做买卖，是君主给予他们的恩惠。

政治开明，国家富裕，商人就会云集而来。不是商人缴纳的税金使国家富裕起来，不要只想着增加税收之类的小事，应该努力把握大局，把政治搞得更好。

国多财，则远者来；地辟举，则民留处。仓廪实，则知礼节；衣食足，则知荣辱。上服度，则六亲固；四维张，则君令行。

这是《管子》开卷第一页中的话。可以说这段话凝集着管仲的思想。

他认为，知礼义廉耻之心也必须有经济基础。也许从中可以看出他的经济至上主义思想。但是，从他规劝桓公恪守在曹沫的威胁下被迫做出的承诺这一点来看，管仲也是非常重视信义的人。

齐桓公三十五年（前651年）会盟葵丘时，周王室送来礼品。周王的使者传达王室的意见说，桓公接受礼品时，可以不下堂拜受。桓公正打算不拜礼就接受礼品，还是管仲表示反对，建议他按照惯例，下堂拜受。桓公也接受了管仲的建议。

齐桓公晚年显得傲慢骄狂，会盟诸侯多达九次，以为自己的功绩盖过受天命的以前的帝王，打算在泰山举行只有帝王才可以举行的封禅仪式。也是由于管仲的极力劝谏，桓公才打消这个想法。

因为后面还要经常谈到封禅，先在此做一简单说明。

“封”，就是筑土祭天；“禅”，就是除地祭地。

封，要靠近天，在泰山的高处举行；禅，要离地近，在泰山脚下的梁父这个地方举行。只有帝王才可以举行封禅仪式，但一般的帝王没有这个资格，只有开创出太平盛世的圣天子才能封禅。后来的皇帝中，也有的认为自己“还没有这个资格”而不接受群臣的封禅建议。因为这不是一般的仪式。

周天子身居洛阳，尽管有名无实，但一定觉得试图举行封禅仪式的齐桓公傲慢狂妄。

公元前648年，周王室发生内乱，被管仲平定。周襄王褒奖管仲的功绩，赐予上卿礼遇，予以接见。但管仲三次辞谢，说：“我是齐臣，不过是周王的陪臣，岂敢受此大礼！”最后以下卿之礼拜谒周王。

从这件事可以看出管仲绝不是一个满脑子权势的权力至上主义者。

周公、召公、太公望等都是距离我们过于遥远的古人，难以知道他们的具体事迹。就我们所能了解到的情况来看，要说中国第一个大政治家、名相，大概都会说是管仲吧。

司马迁写《史记》列传的时候，把伯夷、叔齐两个义士置于卷首，接着就是管仲的传记，可以说这是理所当然的。

但是，孔子在《论语》中说：

管仲之器小哉！

而且批判他既不知节俭，也不知礼。为什么说他不知节俭呢？头一条理由是管仲拥有“三归”（三处府邸）。也有人认为“三归”指的是三个妻子。第二条是他“官事不摄”。诸侯的重臣为官，似乎都要让一个家臣干各种事，但管仲在所有的部门都设置专门负责的官员，而不是让家臣同时兼职。

拥有三处府邸，也许略显奢侈，但各部门设置专职官员，可以提高效率，是为了实行富国强兵政策的需要。

孔子在这里显得有点过于吹毛求疵，但他在别的地方极力称赞管仲：

桓公九合诸侯，不以兵车，管仲之力也。如其仁！如其仁！

齐桓公九次会盟，与诸侯订立和平条约，这不是战争以后的媾和，而是和平谈判的结果，归功于管仲的力量。孔子两次发出赞叹：谁的仁能比得上他呢！

管仲相桓公，霸诸侯，一匡天下，民到于今受其赐。微管仲，吾其被发左衽矣！

这也是《论语》中孔子说的话。管仲辅佐桓公成为诸侯的霸主，于是天下一统，可以抵御当时十分嚣张的楚以及其他夷狄的进攻。连两百年以后的孔子时代的人都能够享受到管仲的恩惠。如果没有管仲，我（孔子）恐怕还不戴冠，散乱头发，衣襟左开吧。“被发左衽”是夷狄的习俗。其意是说，如果没有管仲的话，今天的中原一定被夷狄占领，人们也变得和夷狄那样。这段话是对管仲最高的赞辞。

齐桓公四十一年（前645年），管仲死去，经鲍叔推荐任齐国宰相起，尽心竭力长达四十年。

管仲说：

生我者父母，知我者鲍子也！

孔子说享受到管仲的恩惠，大概也可以说为“享受到鲍叔的恩惠”吧。

可以说，由于管仲的力量，使得齐桓公能够代替天子掌管天下。

亡而存之——“存亡”也是齐桓公的功绩。卫曾被狄灭亡，但齐桓公率诸侯击退狄，筑楚丘，立亡命齐的燬为君主，即卫文公。

卫是齐桓公的母国。周朝初期，为了统治殷的遗民，封武王的幼弟康叔于此地。当时这里就已经存在比周朝发达的殷文明。前面说过，卫的音乐与郑的音乐一样，被评为“淫奔”，大概一开始就具有颓废的要素吧。

卫懿公九年（前660年），狄族攻卫。懿公喜欢鹤，不惜重金养鹤，还授予鹤爵位，养鹤比加强军备更重要。所以当狄攻打进来的时候，军队不肯打仗，连大臣都说“君好鹤，鹤可令击狄”。

攻打进来的狄杀了懿公，国人立戴公，但此人即位当年就死去。之后，齐桓公立文公为卫国君主。

“继绝”——齐桓公作为霸主，代替天子平息鲁国的家族纷争。齐桓公的妹妹哀姜也卷进这场风波。她嫁给鲁庄公，但未生子。这倒没什么，问题是她和丈夫的弟弟庆父私通。

这场家族纷争极其复杂，一两句话无法说清。

总之，齐桓公将行为不端的妹妹哀姜召回齐国，杀之，然后将尸体送回鲁国。

哀姜成为祸乱鲁国的淫荡恶女。但她就没有令人同情之处吗？

她的丈夫鲁庄公的母亲就是那个文姜。在哀姜看来，丈夫是她姐姐的儿子，而且这个姐姐和哥哥齐襄公近亲乱伦。坊间议论说不定鲁庄公还是齐襄公与妹妹文姜的孩子。

哀姜当然知道这些传闻，肯定心里非常苦闷，自己的丈夫竟然是亲哥哥与亲姐姐所生的、血缘混乱的孩子。

庆父是丈夫的同父异母弟，从血缘上说，比较清楚。比起血缘关系错综复杂的丈夫，哀姜喜欢庆父的心情似乎可以理解。

齐桓公没有资格杀害这个可怜的妹妹哀姜。

《春秋左氏传》就齐桓公将哀姜的尸体送还鲁国这件事评论道：

君子以齐人杀哀姜也为已甚矣，女子，从人者也。

这种写法令人感觉是对哀姜的同情。

中原的诸侯承认齐桓公的领导地位，是因为只有齐具有遏制楚国北上的实力。公元前656年，齐桓公肩负着中原诸侯联军的共同期待，发兵伐楚。这是在杀哀姜三年之后。

齐国出兵的借口是楚不向周王室进贡以及追究周昭王南巡不归的责任。楚向周王室进贡祭祀用的苞茅是一项规定，但是，楚的首领已经称王，就故意停止进贡。

中原诸侯显示出联合对楚的态势，面对联军，楚的确没有胜算的把握，最终在召陵会盟议和。

对于齐的责任追究，楚王这样回答：

贡之不入，寡君之罪也，敢不共给？昭王之不复，君其问诸水滨！

没有进贡，确为事实，寡人之罪，以后送上贡品。至于昭王南巡不归，与己无关。你要是想知道的话，那就去问汉水吧！

周昭王南巡不归，那是三百年前的事，现在搬出来追究责任，实在说不过去。不过，从这个问责可以知道，昭王败于楚或者楚的祖先当时已是众所周知的事实。

齐桓公三十五年（前651年），会盟诸侯于葵丘。尽管有天子的许可，但齐桓公在管仲的劝谏下，还是下堂拜礼。可以说，这个时期是齐桓公作为霸主的巅峰期。

所谓会盟，一般是发生了什么问题，诸侯开会讨论，达成一致意见，形成盟约。但是，葵丘会盟没有具体讨论的问题，主要是达成伦理上的规约。这是葵丘会盟的特色。

这次著名的葵丘会盟，《史记》没有记述具体内容。《春秋左氏传》也仅有简单的记述：

夏，会于葵丘，寻盟，且修好。

将这次葵丘会盟的内容告诉我们的是孟子，记载在他的著作《孟子·告子下》里。孟子是生活在葵丘会盟以后三百年的时代的人。

据孟子说，葵丘会盟首先在会盟形式上发生巨大的变化。《周礼》记载会盟的形式是“杀牲歃血”。葵丘会盟时，虽然也杀牲，但似乎没有歃血，并且把盟书放在牺牲上。

歃血这种做法，显得比较野蛮。免去歃血，具有人性化，可以说是很大的进步。

纸发明之前，写字使用竹简或木简，特别重要的写在帛上。盟约大概写在帛上。

盟约的文字称为“命”。据孟子说，葵丘会盟恭恭敬敬地写有五条“命”。其内容如下：

初命曰：诛不孝，无易树子，无以妾为妻。

再命曰：尊贤育才，以彰有德。

三命曰：敬老慈幼，无忘宾旅。

四命曰：士无世官，官事无摄，取士必得，无专杀大夫。

五命曰：无曲防，无遏籴，无有封而不告。

这其中最能体现诸侯会盟外交关系的主题内容是三命的“无忘宾旅”和五命：要求对方国家保护旅居在该国的本国国民。流经各国的江河，不得随意弯曲堤坝，否则会给下游造成麻烦；饥馑灾荒时，需要紧急进口粮食，粮食富裕的国家不得采取禁止出口等措施；另外，各国的重要人事变动必须向盟主报告。

此外是伦理和单纯的内政问题，其中也包含从现代感觉来说似为谴责干涉内政的事项。引人注目的还有“官事无摄”项目。这是孔子责难管仲的话。孔子认为，一个官员可以做各种各样的事，设置专职官员，无法节省经费。然而，这次会盟，依然禁止一人多职，主张设置专职官员。

到这个时代，政治已经变得相当复杂了。一个人不可能什么都干，而且一人多职的兼任也是制造独裁者的温床，还是分权比较安全。另外，岗位增加，使用人才的机会也随之增加。

如果诸侯只是协商具体事务，大概就不会涉及伦理和内政的问题。可见当时的会盟不仅仅是事务性会议。

昭示伦理，晓谕教诲，对诸侯的内政提出种种要求，本应该是天子才有的资格。

葵丘会盟之所以有名，就是因为齐桓公在这次会盟中显示出代天子号令天下的态势。周王室也派使者参加这次会盟，这个使者名叫宰孔（担任太宰的孔），他一定感觉很不舒服。

这次夏天的会盟之后，秋天，齐桓公又召集诸侯于葵丘。桓公越发傲慢，诸侯感到厌烦，有九个国家不去参加。

宰孔又作为周王室的使者前往葵丘，出席开幕式后就马上回国。回国途中遇见晋献公。晋献公因为生病，去得晚了。宰孔对他说：“齐侯骄矣，弟无行。”劝他不要去。晋献公一听，立即掉头回国。他知道有九个国家缺席，自己也就没必要勉强去。

齐桓公在管仲死后的两年，公元前643年死去。

齐桓公死去的前一年，亡命狄的晋国公子重耳来到齐。

重耳听到管仲死去的消息，以为齐国现在正需要人才，期待自己有机会受到重用。齐国十分隆重地迎接这个亡命的公子，将公女嫁给他。

齐对重耳予以优厚的贵宾待遇，却没有给予重要的政治地位。

一年后，齐桓公一死，齐就完全变样了。

晋公子重耳亡命的经过，我将在后面讲述，也是因为继承问题的纠纷。重耳在本国晋看到惨不忍睹的权力斗争，来到齐国以后，又见到这种情形，一定感觉厌烦透顶。

五霸交替

春秋无义战。彼善于此，则有之矣。

这是孟子在《孟子》中对春秋的评价。

这里所说的“春秋”，是指孔子编纂的以鲁国为中心的史书。孟子熟读《春秋》，认真研究其中记载的许多战争，不禁感叹道：没有一次战争可以说是义战。

他也说：虽然没有义战，但那一次战争比这一次战争要好一点的情况倒是有的。

孟子脑子里的“义战”是什么呢？那就是“征”的形式的战争。孟子接着说道：

征者，上伐下也，敌国不相征也。

天子发兵惩罚有罪的诸侯，这就是“征”。维护世界的伦理秩序，惩戒背叛者，这是天子的职责。

但是，春秋时期的天子周王国力衰弱，无法讨伐那些不义的诸侯。只要不是天子发兵的战争，都不能说是义战。春秋时期，天子从未亲征，所以没有义战。

孟子所说的“敌国”，不是仇敌之国的意思，而是“匹敌之国”，即同等的国家。诸侯国中，有的和周王室同为姬姓，有的是异姓。诸侯也有公、侯、伯、子、男的爵位的差异。然而，这些均为周天子所封，诸侯之间不存在上下的关系，都是平等的国家，所以，例如齐鲁之战就不能使用“征”这个字。

如果有人取代周成为天子，那另当别论，但春秋战国的五百多年里，没有人取代周成为天下的主人。尽管周国力微弱，却无人取代，并不是因为周的品德高尚的缘故。

我再说一遍，那是因为所取得的天下过于辽阔的缘故。周取代殷的时候，所谓的“天下”，不过是以黄河中游流域为中心的地区。周通过“大封建”制度扩大天下，后来还继续扩张，所以即使自己的力量衰弱，天子的位置却安然无恙。这种不可思议的时代竟然持续了五百多年。

如旭日东升之势迅猛发展、看似不久就会获取天下的霸主，也因为死后的继承人纷争，丧失了苦心积累起来的影响力。对于周王室来说，霸主的老龄化及其死亡是一种“安全阀”。既然是人，就无法逃脱这种“安全阀”的控制。

一个诸侯要取得天下，必须把生产力提高到相应的水平。生产力是国力的基础。虽然铁的发明使生产力产生飞跃性的发展，但在很长的时间里，还是赶不上领土的扩大。

从齐桓公可以看到霸主交替的一种模式。

桓公生年不详，即位时的年龄也不知道。他不是继承父亲，而是继承哥哥（襄公）的位置，即位时应该年龄不小。在位长达四十三年，鼎盛时期是会盟葵丘的三十五年。齐桓公的确是一个霸主，但还是未能独霸天下。

楚没有参加葵丘会盟，说明南方的强大势力不承认齐桓公的霸权。

不仅是楚，北方最大的强国晋，在前往葵丘途中，听从宰孔的劝说，中途返回。晋已经看到齐的弱点，即使自己不参加，齐也不会出兵发难。

西方的秦，当时还不是很强大，但也没有参加。如此看来，齐桓公成为霸主的葵丘会盟也就是中原规模的会盟。

还不能说齐桓公是天下的霸主，他具有可能成为天下霸主的基础，可惜的是年龄不饶人。

我过于强调年龄的话，大概会遭人反驳。亡命齐国的重耳后来成为大霸主，年龄也已经相当大了。就桓公而言，也许更应该强调的是因为他失去了管仲。

齐桓公还是公子的时候，曾逃亡莒。身居国外，可以客观地观察祖国，也可以增加见闻。正由于有过这样的生活经历，才会把太子昭寄放在宋襄公那里。《史记》说这是齐桓公和管仲的计谋。

宋是殷的后裔的受封地，可以说是旧国，宋襄公也是一个出类拔萃的人物，太子的“留学地”，没有比宋更合适的了。

齐、宋相邻，关系极其友好。葵丘会盟时，宋襄公刚刚即位，父亲的丧事尚未料理，但还是赶去参加。

《春秋》记载有参加这次会盟的诸侯名单，其中写有“宋子”这个名字。这里说宋为子爵，其实宋是公爵之国。

《春秋左氏传》解释说，当时宋还在服丧期间，所以不说“公”，而说“子”。

宋虽是殷的后裔，亡国之子孙，但先祖曾是天下的主人。受封国虽然不大，爵位却很高。不管怎么说，周以前是殷的臣下。

周王室祭祀远祖文王和武王的时候，都把胙分给同族姬姓的诸侯。所谓“胙”，就是供神祭祀后分送给人的肉。

齐虽是大国，因为姜姓，没有分到胙。宋也是异姓之国，但因为是先前的天子之国的谱系，就分到胙。这是一种特殊待遇，宋为亡国后裔，备受轻蔑，却同时也受到尊敬，实在是一个不可思议的国家。所以这个国家既有忍受歧视的毅力，又有极大的优越感。

我想象，管仲送太子昭去宋国留学，是因为如果他留在国内，就不会学好。他是下一代的首领，一天到晚被一群阿谀奉承的人包围着，把他惯坏，弄得骄横跋扈。

管仲深谋远虑，可是死在桓公之前。年迈的桓公失去管仲以后，仿佛换了一个人，变得十分窝囊。

首先，桓公宠幸三个管仲死前就告诫“不可用”的人：易牙、开方、竖刁。易牙善于谄媚逢迎，曾杀子烹羹，献给桓公，可以说是一个妖魔。开方是逃亡齐国的卫公子。竖刁为了能够出人头地，自行阉割，以太监之身侍奉桓公。

葵丘会盟时，齐桓公命诸侯“无易树子”，自己却被妖魔易牙的花言巧语所蒙蔽，更换太子。

连英雄豪杰桓公也因为老年和疾病，判断力出现问题。另外，他的后宫很多。王姬、徐姬、蔡姬这三个正室都没生子，所以事情就变得麻烦起来，没有嫡出的儿子可立。桓公有子十余人，都不是正室所生。继承人的资格，从大道理上说，应该是平等的。管仲和桓公商量，挑选郑姬所生的太子昭送往宋国，他应该最有资格条件。

长卫姬与桓公身边的那三个奸臣暗中勾结，要把自己所生的无诡立为继承人，死乞白赖地磨着年迈的桓公把无诡立为太子。

桓公一死，易牙入宫，和竖刁一起杀掉反对派的大臣，拥立无诡为君主。其他公子都噤若寒蝉。

自桓公卧床以后，五个公子结党争斗，霸主之国的根基开始动摇。不仅如此，五个公子忙于残杀争斗，将桓公的遗骸扔在一边，谁也不管，根本无法为他举行葬礼。

《史记》这样描写桓公死后的惨状：

及桓公卒，遂相攻，以故宫中空，莫敢棺。桓公尸在床上六十七日，尸虫出于户。

太子昭也从宋回国，自然主张自己才是正统的太子，认为父亲是在病重丧失判断力的情况下被奸臣逼迫才立无诡为太子的。

太子昭的理由是：八年前，先君在葵丘会盟诸侯时，就相互誓约不换太子。作为盟主，父亲不可能打破这个盟誓。立无诡不是先君的本意。

但是，无诡派在宫中的力量最大，昭又不得不亡命。逃亡之地自然还是宋。

春秋五霸，是说春秋时代出现五个霸主，但不同书籍，五霸的名字有所不同。

五行说在战国时代开始盛行，在其影响下，出现把所有的一切都往水、火、木、金、土五行上套用，或者归结于“五”这个数字的倾向。

根据各人的主观意愿，挑选五霸的方法也不一样，但不论是谁，都一定要选入齐桓公和晋文公这两个人。晋文公就是桓公末年逃往齐国的晋公子重耳。“齐桓、晋文”成为霸主的代名词。

接着是楚庄王。几乎所有的史料文献都选他为五霸之一，只有《汉书·诸侯王表序注》将他排除在五霸之外。大概作者非常厌恶楚国吧。公平地说，楚庄王可以当之无愧地与“齐桓、晋文”并称霸主。

另外两个人，各书说法不一，有秦穆公、宋襄公、越王勾践、吴王阖闾、吴王夫差等。这些人，与其说是霸主，不如说怀有霸主之志，却未能成就霸业，可以视为“准霸主”吧。

齐桓公这个霸主因死（前643年）而落幕。在下一个霸主晋文公出来之前的这一段时间，可以看到准霸主宋襄公的一些身影。

成为霸主的资格，既要当上会盟的盟主，也要具备干涉别国的实力。

因为过去有着与齐的那种关系，宋襄公决定介入齐的继承人争斗。齐桓公和管仲商量后，将太子昭送到宋国留学。既然受到齐的委托，宋襄公自然打算把帝王学教给昭。然而，齐桓公变更太子，无诡成为君主。昭回国后，又被迫返回宋，继续他的亡命生活。

葵丘会盟时，宋襄公正在为父亲服丧，却依然前往参加。他的思想是“天下之事大于家事”。

宋襄公是一个罕见的理想主义者，太子时代，要把宋的继承人地位让给哥哥目夷而名噪一时。目夷是宋襄公的哥哥，但因为其母不是正室，所以无法成为太子。目夷品格优秀、远见卓识，宋襄公认为，从国家利益考虑，他成为君主更加合适。但是，父亲不同意。襄公即位以后，立即任命这个庶兄目夷为宰相。

宋襄公刚刚即位，就赴葵丘参加会盟，把国家交给目夷。如果目夷有野心，此时正是篡夺王位的绝好机会，但目夷没有这样做。襄公对这个庶兄坚信不疑。这件事也表现出襄公的理想主义。他一直相信葵丘会盟上的誓约。

八年前发誓“无易树子”的盟约，如今被齐国撕毁了。当年还誓约“无专杀大夫”，但是易牙等残酷肃清反对派的大夫。理想主义者宋襄公认为必须讨伐撕毁盟约的齐国，而且被赶下太子位置的昭还在宋国。

宋以送昭回国为借口，率诸侯之兵攻齐。所谓诸侯，其实也就是曹、卫、邾等近邻国家，都是小国。然而，霸主之国的齐未能战胜这些小国的联军。

不是因为小国联军很强大，而是齐国过于衰弱。霸主的没落令人惨不忍睹。英明杰出的桓公在大政治家管仲的辅佐下辛辛苦苦创建的霸主之国，由于五个公子权力斗争的内乱，已经非常脆弱。

管仲创建的“五家之兵”又怎么样呢？军队的优秀指挥员大概都已经被易牙等全部肃清。在易牙这些佞臣小人眼里，掌握军队的指挥员是最危险的敌人，必须首先清除掉。

齐国无力击退宋为盟主的小诸侯国杂牌军的进攻，有军队，却没有指挥的将领。即使有优秀的将领，也一定不会获胜。因为齐人对易牙这样的野心家已经恨之入骨，不会为易牙所拥立的无诡拼命战斗。不论有多大的数量，士气低落的军队打不了胜仗。

并没有经过多长的时间，光辉显赫的霸主桓公的遗体刚刚入殓，还没有埋葬，昨天的大强国就变成了弱国。

齐国人不和攻打进来的军队交锋，而是杀死了刚刚即位的无诡。即位的诸侯应该都有某公的谥号，但无诡连谥号都没有。

如果长卫姬没有让自己的儿子成为齐国继承人的欲望，无诡大概可以尽享天年吧。

无诡被杀后，宋襄公认为目的已经达到，便率军退去，心想昭可以自动即位。然而事情并非尽如人意，觊觎首领地位的公子还有四个，各自结党营私，兴风作乱。在他们的猖狂进攻下，昭又一次逃到宋国。

这是三月发生之事。五月，宋襄公再次发兵攻齐，大破四个公子的军队，扶植昭即位，即齐孝公。八月，终于为桓公举行葬礼。

介入齐国的继承人纷争获胜后，宋襄公似乎获得了自信，打算继齐桓公之后成为霸主。他原本就对一统天下深感兴趣，理想主义者想在这个土地上实现自己的理想。

宰相目夷对襄公的这种性格感到忧虑。怀有远大理想是好事，但宋不是大国，周王室赐予殷的后裔宋很高的爵位，分封的土地却很小，所以不可能积聚实力、争霸天下。

目夷劝谏襄公说：

小国争盟，祸也。

争盟，就是像齐桓公那样成为盟主。齐是大国，宋是小国，逞强争霸很危险。

成功介入齐国的继承人纷争以后，宋襄公完全一副国际政治家的气势派头。

宋襄公一心想当盟主，在齐桓公死后四年（前639年），决定春天在鹿上（山东省）召开预备会，秋天会盟。春天的预备会上，齐和楚同意承认宋为盟主。秋天在河南的盂会盟，召集有楚、陈、蔡、郑、许、曹等诸侯参加，但是，楚羁押宋襄公，发兵攻宋。

这一年的十二月，诸侯在亳开会，决定释放宋襄公。这次事件极大地伤害了宋襄公的自尊心。他本应吸取教训，放弃盟主之争，却反而激起他报仇雪耻的强烈欲望。

目夷忧心如焚，感叹道：

祸犹未也，未足以惩君。

灾祸并未结束，遭到监禁，还不吸取教训、就此罢休，也许事情会更加糟糕。

第二年夏天，宋襄公发兵攻郑。郑原先臣服宋，不知道什么时候投降了楚。襄公怒从心头起，楚是竟然监禁自己的南方野蛮之国，而郑居然降楚，所以对郑必须严惩不贷。

祸在此矣！

目夷大声叫起来，但无法阻止襄公。

入秋以后，楚果然派兵救郑。襄公要和楚军决战，目夷竭力劝谏：

天之弃商久矣，不可。

天抛弃殷已经很久了，没有得到天命之恩惠的殷的后裔宋国不可能战胜楚这个大国。千万不能打！目夷劝说得口干舌燥，宋襄公却充耳不闻。被监禁的屈辱记忆犹新。

宋、楚两军在泓水两岸对峙。

泓水在今河南省，但山东和安徽两省边界的一块狭小的地区属于楚的势力范围。楚的中心地带在湖北的长江沿岸，可见其势力扩大到相当大的范围。宋襄公非要打这一场本可不打的战争，大概是因为楚太扩张势力范围，已经逼近宋的都城，宋不能置之不理吧。

宋在鹿上和盂的会盟上，所期望的其实并非天下的盟主，只是中原的盟主。楚的势力扩大到中原，可以说到了尽头。感觉楚承认宋在楚的这个末端边远地区可以拥有主导权，但是双方在地区的划分上未能达成一致，于是楚采取强硬的手段，把宋襄公监禁起来。

尽管楚的力量强大，但末端边远地区未必强大，楚不得不承认别国对本国的地区性霸权。这从释放宋襄公的做法上表现出来。从这样的政治交易可以知道，当时无论哪个国家的领土扩张都没有达到能够揽入天下的程度。

宋败于泓水之战。这个失败很有特点，成为历史上著名的战例。

楚是大军，正面交锋，宋不能取胜。夹水对峙，先过河的一方不利，害怕在过河途中遭到对方的攻击。楚仗着兵多，开始过河。目夷以为时机已到，建议襄公趁虚攻击，但襄公不同意，未发出攻击的命令。

楚全军过河后，在岸边立足未稳，阵容混乱。目夷又建议襄公“趁其布阵混乱之时攻击之”，襄公还是不同意出击。很快，楚军布阵完毕，队列整齐。

到这时，襄公才下令进攻。双方兵力悬殊，胜负不言自明。宋军大败，连守护在君主身边的卫队（称为“门官”）也全部被歼灭，全军覆没。襄公也大腿负伤。

打仗怎么会这么愚蠢呢？宋人自然怪责襄公。据《春秋左氏传》记载，襄公这样回答：

君子不重伤，不禽二毛。古之为军也，不以阻隘也。寡人虽亡国之余，不鼓不成列。

“不重伤”，就是不再次伤害已经受伤的人。“二毛”，就是白发和黑发，指的是头发花白的老兵。白发老人不会上战场，但头发花白的中年人似乎还会被征兵出战。对于这样的老兵，不要抓虏他们，放过他们，这才是君子之道。襄公如同旧国君主那样阐述他的理想论，古时候的战争不能利用“阻隘”（狭窄之地、山谷、隘路、河川之中等）取胜。

“亡国之余（子孙后代）”，宋是殷的后裔，虽然是亡国遗民的后代，正因为如此，更要堂堂正正地打仗。这就是襄公的审美意识，这个身负重伤的君主还理直气壮地说：对方布阵未完，就不能击鼓攻之。

目夷简直目瞪口呆，不无挖苦地告诉他“兵以胜为功”——战争以胜利为标准。如果“君子不重伤”，那一开始就不要伤害敌人。

宋战败这一年，晋流亡公子重耳来宋。襄公赠以马二十乘，给予很高的礼遇。

第二年夏天，襄公因战争之伤而去世。

人们把这种可笑的理想主义讥讽为“宋襄之仁”。

但是，司马迁对宋襄公予以一定的评价。他在《史记・宋微子世家》的末尾这样写道：

襄公既败于泓，而君子或以为多，伤中国阙礼义，褒之也，宋襄之有礼让也。

《管子》记载管子对齐桓公说过这样的话：

阴王之国有三。

说到“王”，原则上指的就是周王一个人，但王以下的诸侯，其实力与王者匹敌的称为“阴王”（不张扬，暗地里的王者）。这阴王之国有三个，管仲认为是齐、燕、楚三国。

齐有渠展之盐，使该国成为阴王。盐是生活必需品，具有极大的力量。

燕有辽东之煮。“煮”也是盐。

楚有汝汉之黄金。楚的强盛，也许黄金贡献了力量。

燕是封给召公后裔的诸侯国，历史悠久，但远离中原，特立独行的色彩十分浓厚，没有成为霸主。

前面说过，只要说到霸主，必定会有齐桓公和晋文公。齐有盐，晋有什么与之相当的东西呢？

晋当上了霸主。晋靠什么成为霸主的呢？

晋依靠的是打仗。

周成王时，成王之弟叔虞受封于唐（今山西省翼城县），其子时代称为晋。这也许是传说，但如果周封诸侯于此地，其目的是为了防御北方的狄族。就是说，晋是守卫边防之国。

地处边境，又经常和狄交往，晋也逐渐具有狄族那样的性格，或许晋原本就是狄。

这和秦的情况十分相似。秦受封于此地，就是为了防御戎，自然而然地沾染戎的性格。于是深有疑问的历史学家认为秦也许就是戎。

中国最早成立骑兵的是战国时代的赵。晋在战国时期分裂为赵、魏、韩三国，所以赵继承晋的谱系。

传说的时代另当别论，但春秋时期的晋是一个经常动用武力的国家。

周幽王时代，晋的君主是文侯，他封弟弟成师于曲沃。这是所谓的分家，然而分家逐渐强大起来，至成师之孙武公时代，公元前679年，终于发兵消灭本家，自己取而代之，成为晋的君主。这一年，齐桓公召集第一次会盟。

武公灭亡本家时，获得许多战利品。武公把这些财宝献给周王室。于是周王室承认武公为晋的正式君主。王室接受贿赂，对这种恶劣行径听之任之。

从晋这个国家的成立过程也可以看出，春秋时期的晋是一个充满血腥的“军国主义”国家。

如果武公是晋国的始祖，那么晋就是一个新兴之国。建国不久的新国家都有一个问题，就是建国元勋很多。这些元勋都有特权，君主的实权往往会被削弱。

如何削弱功臣及其家族的权力，这是留给武公之子献公的难题。献公的性格是主动出击。他一个接一个地杀掉君主家族的公子。《史记》说这是大夫士𫇭的主意。

所谓“公子”，不仅仅只是君主之子，也包括君主的兄弟、堂兄弟、叔父、外甥等君主家族的所有男子。

献公还把国都迁往绛。

如此一来，晋国似乎动荡不安，但也可以说是借着篡夺本家的凶猛势头，诛杀公子、迁都都是乘势而上，雷厉风行。

晋献公具有强烈的个性。即位五年，伐骊戎。

对于居住在骊山的戎族，有各种说法。

将周边的民族按东西南北的方向分为东夷、西戎、南蛮、北狄，是后来的事情。夷、戎、蛮、狄只是笼统的对非汉系民族的称谓，文献上的使用也很混乱。

“戎”这个字由“戈”和“𠂇”（甲骨文意为“甲”）构成，大概是武装的战斗集团的意思。他们居住在陕西、甘肃一带，和氐、羌一样，恐怕也属于藏族系统。

献公讨伐骊戎，其中一个成果就是得到了骊姬及其妹妹。当时献公应该年事颇高。这两个姐妹不仅漂亮，而且聪明，紧紧抓住献公的心，深受宠爱。

献公十二年（前 665 年），骊姬生一男孩，名叫奚齐。

当时晋国已立太子，是才能出众的申生。申生的母亲是齐桓公的公女齐姜，已经故去。齐姜所生的申生的妹妹是秦穆公的夫人。申生与东方的霸主齐国有亲戚关系，与逐渐强大起来的西方的秦国也有亲戚关系，所以申生为晋太子可以说是十分理想的人物。

献公有八个儿子，其中贤明有才的据说有三个，其中一人自然是太子申生，另外两个是重耳和夷吾。重耳和夷吾的母亲是亲姐妹。

据说重耳的母亲是狄的狐氏之女。戎和狄分别是西方和北方的周边民族，而他们都进入晋君主的家庭里。戎似为武装集团的部族，而狄，据王国维考证，此字的含意源于“远”，也写为“翟”，意为“雉的羽毛”。和南人一样，也许北人的部族也有头上装饰长长的野鸡羽毛的风俗。他们以游牧、狩猎为生，都是富有灵活机动性的勇敢者。

春秋时期的文献把戎和狄明确区别开来，王国维对戎和狄为同一民族进行过考证，但没有定论。白鸟库吉认为戎属于藏系，狄属于蒙古系，但有人认为狄和后来的铁勒、突厥一样，属于土耳其系。其共同点是头音为“T”，紧接着是“K”音。这个说法似乎颇有说服力。

重耳和夷吾的母亲是狄女子，他们在献公的孩子中，与太子申生一样出类拔萃。

戎的美女骊姬入宫受宠后，献公就开始逐渐疏远三个儿子。骊姬一生下奚齐，就考虑将来让自己的儿子接班。不言而喻，骊姬在对献公吹枕边风时，一定极力要求他给予自己的儿子的未来一个明确的保证。

献公分别派太子申生前往曲沃、重耳前往蒲、夷吾前往屈赴任。曲沃是武公之前分家时代的国都。献公这样做，或许也是有意让申生他们分家吧，这是一个谜团，但献公应该不会允许他们分家。因为现在的晋就是分家消灭本家的结果，献公比谁都明白，对分家绝对不可掉以轻心。

说到霸主之国晋，脑子里会不由自主地浮现出文公的名字，但是晋的霸业其实始于文公之父献公。献公增强军备，先后吞并了霍、耿、魏、虞、虢等诸国。

虢原是周王室的亲藩，被郑灭掉的是东虢。公元前655年，被晋献公灭掉的是西虢，其后裔守住极小的国家，称为小虢，但后来被秦灭掉。虢在黄河南岸，说明晋献公的霸业往南扩张。

晋的分家武公攻打本家的时候，虢曾救援过本家，还接收了逃命而来的本家的公子。这就是晋伐虢的理由。

就在献公的霸业蒸蒸日上的时候，发生了太子申生自杀事件。

晋灭魏、霍的第二年（前660年），太子申生被任命为将军。晋献公将军队一分为二，称为上军和下军。献公亲自指挥上军，下军由申生指挥。这时，大夫士蒍劝申生亡命。

或为君主，或为罪人，二者择一，没有第三条道路。士蒍曾向献公建议诛杀公子们，熟知权力结构。二者必居其一，在士蒍看来，申生成为君主的可能性极小，不如亡命他国。士蒍劝他道：

为吴太伯，不亦可乎，犹有令名。

周古公的长子太伯为了让位给幼弟而出走，所有的人都称赞太伯的高尚仁慈。成为君主并不是唯一的人生，像太伯那样，不也是受后人所景仰吗？但是，申生没有听从士蒍的劝告。

骊姬是一个绝顶聪明的女性，她从未明确要求献公立自己的儿子为太子，相反，当献公说废嫡申生，欲立奚齐为太子时，她痛哭流涕，表示拒绝。

奈何以贱妾之故，废嫡立庶？君必行之，妾自杀也。

千万不要为我这样做啊！如果无论如何要立奚齐为太子，我就只好自尽了……献公听了她这一番真诚的表白，一定感动不已。

然而，骊姬暗中一步一步地实行她的计划。柳田国男[①]（1875—1962年）对骊姬陷害申生这样评论道：

女性的黠智更具有自由而美丽的东西。

献公二十一年（前656年），骊姬对申生说：

君梦齐姜诉曰："苦饥无食。"必速祭之。

齐姜是申生死去的母亲。

当时习俗，梦见故人，故人之子必定要去祭祀，并且把供品赠送给梦见的人。齐姜的祠庙在曲沃。申生急忙赶去祭祀母亲，并将供品酒和肉送给父亲献公。

骊姬悄悄地在酒肉里放进毒药。献公出外狩猎，两天（《春秋左氏传》作六天）后回来，欲"飨"此胙。饮食胙称为"飨"。骊姬在一旁说道：曲沃离得很远，还是先试一试再吃吧。

于是，酒洒地上，土隆起；肉喂狗，狗死；又让小臣（太监）吃，人也死。

骊姬痛哭，哀叹太子之残忍，竟然要杀害老父："我们母子性命朝不保夕，请求准许我们出国或者自尽吧。"

襄公自然勃然大怒。

申生闻说，逃往新城。献公诛杀申生的傅（太子太傅）杜原欵。有人劝申生："肯定是骊姬放的毒，太子为什么不申辩呢？"申生回答说："我君已老，没有骊姬，他一天也活不下去。如果我申辩，我君必怒骊姬，实在无奈。"

有人劝申生亡命，但申生说自己负此恶名，大概没有一个国家能接

---

① 柳田国男：日本民俗学家。创建日本民间传承会和民俗学研究所。著有《雪国之春》《远野物语》《蜗牛考》等。——译注

受自己的，于是选择自尽。

无论是《史记》还是《春秋左氏传》，这一段写得最具小说化。我们读后，不禁产生和近代人一样的疑问：这就是历史的真实吗？不，谁能够全部讲述这个故事呢？柳田国男在介绍这段骊姬的故事后，这样评述：

此条如物语，前半部分除太子之外无人讲述，后半部分为公独自详细的亲眼目睹，所以自始至终的当事人唯那个人面兽心的人（作者注：指骊姬），但是她肯定永远欺骗自己的记忆。然而并非恶人的左丘明这个盲人历史学家究竟有什么能力能看见其光景如现眼前，而且如此生动简洁地书写下来？这是因为如同他忠实于史实一样，未能极其冷静地对待时代传承的结果。实际上，在左氏所凝视的人生中，女子小人以及其他凡庸之辈似乎比任何一个时代都更加机敏地活跃。

——筑摩书房版《定本柳田国男集》第七卷《不幸的艺术》

的确令人费解。但是，从连细节都如此清晰的传承故事的内容里，我们可以感觉到，这其中包含着晋人对申生安魂的祈祷。骊姬的儿子继位后，立即被杀，没有给他机会修改对母亲很不光彩的传承。

孔子编纂的《春秋》，记述极其简洁，如同年表。阅读之时，希望他在具体的项上能稍做详细的说明。能满足读者这个愿望的是“传”。作《春秋》之传的是左丘明、公羊高、穀梁赤三人，他们的著作分别称为《左氏传》《公羊传》《穀梁传》。

左丘明的解说，叙述史实最为详细。例如这则故事，在孔子的《春秋》里，只是在“鲁僖公五年春”的项中简单几个字：

晋侯杀其世子申生。

前面说过，瞽史，就是自古以来口述记忆传承历史的，多为盲人。左丘明也是盲人。写史的人，在这三传中，从《左氏传》的受益最大。

晋文公并不想成为霸主，甚至也不太想成为君主，到他意识到的时候，就不能不当晋的君主，而一旦坐上晋侯的交椅，发现眼前伸展着通往霸主的道路。

后来成为晋文公的重耳不得不逃离晋国的原因，自然是因为骊姬。骊姬逼太子申生于死地，还不得安心，因为奚齐尚幼，献公还有重耳、夷吾这两个优秀的儿子。

骊姬向献公进谗言说："申生的毒药事件，重耳和夷吾也是知道的。"重耳和夷吾觉察到这种气氛，都回到各自的居城，但没有进宫报告。如果麻痹大意地进宫报告自己已经回国，说不定当场就会被关押起来。然而，回去以后不来报告，这更加深了父亲献公的疑心，断定他们是申生毒药事件的同谋，派兵去抓他们。

身处生死攸关的危急时刻，晋的三个公子的态度各不相同。

太子申生既不申辩也不逃亡，而是慷慨自决。

夷吾回到居城曲，加强防备，与父亲派来的晋军进行顽强的战斗，晋军最终也未能攻陷屈城。

重耳立即逃跑。献公派来的宦官勃鞮劝重耳自尽，威胁说不自杀就杀掉你。但是重耳不予理睬，拔腿就跑，勃鞮提刀紧追。重耳翻墙而过，勃鞮一刀砍下去，砍断重耳的衣襟。

重耳逃到母亲的故国狄，那一年他已经四十三岁，开始了漫长的流亡生活。

晋献公在重耳亡命之后五年死去。他前往齐桓公召集的葵丘会盟时迟到了，途中遇见周王室的使者宰孔，听从他的劝说回国之后很快就死去了。

骊姬果真是个聪明人吗？果真认为只有当上君主才是自己儿子最大的幸福吗？她杀害深孚众望的太子申生，肯定为晋国人所仇恨。也许她对自己的影响力过于自信。献公在，她才有力量；献公一死，她的影响力如泡沫般消失得无影无踪。

葵丘会盟这一年（前 651 年）九月，晋献公死。十月，大臣邳郑、里克作乱，杀死骊姬之子奚齐。骊姬派的大臣荀息立骊姬的妹妹所生之子悼子，但十一月也被里克杀掉，荀息殉死。

里克等派使者去狄，请重耳回国即位。重耳以自己违背父命而出逃，无法参加父亲葬礼为由固辞。

反骊姬派没有办法，只好决定请夷吾回国。

固守居城高喊彻底抗战的夷吾在献公的第二次进攻下，也逃到梁。夷吾的母亲也是狄女，他起先也打算亡命狄。但大夫冀芮认为去狄危险，因为夷吾的哥哥重耳已经逃到那里，如果兄弟俩同时亡命狄，晋必定派大军攻打。于是，夷吾决定逃往离秦比较近的梁，这也暗藏着借用秦国力量的用意。

夷吾接到晋请他回国的要求后，没有马上动身，但也没有像重耳那样推辞。他要先安排人事。夷吾几乎没有军队，在祖国也没有可以信赖的朋友，所以必须网罗同党。

夷吾派使者去秦，约定如果即位成功，将晋的河西（黄河以西）割让给秦。于是，秦穆公派军队护送夷吾回国，霸主齐桓公也率诸侯之兵协助夷吾。

齐桓公作为维护天下秩序的霸主履行自己的职责，但秦穆公的出兵，目的在于得到夷吾所承诺的河西之地。

这样，夷吾军队在手，接着要在祖国网罗亲信。他给里克送去一信，承诺只要他协助自己即位成功，就封他为汾阳领主。

夷吾经过充分细心的准备，回国即位。但是，他在即位以后，单方面地毁约，甚至还杀掉里克。

杀里克的理由是“贵殿杀二君一大夫”。但如果里克不杀二君，夷吾岂能即位？夷吾即位，是为晋惠公。

惠公四年（前647年），晋发生饥荒。按照葵丘会盟的约定，这种时候，诸侯要给予粮食援助。因为晋毁约在先，于是秦的大臣有的主张趁机讨伐晋。但秦穆公说：“其君是恶，其民何罪？”仍然给晋送去大批粮食。

第二年，秦遭受饥荒，向晋求援。晋惠公决定利用这个机会攻秦。这种恩将仇报的行径也实在太过分了。秦大怒，动员军队攻进晋国，俘虏惠公。晋惠公完全是自食其果。

秦穆公对这个新仇旧恨的晋惠公打算杀以祭天。然而，秦穆公的妻子是晋惠公的姐姐，她身着衰绖（丧服），哭诉求情。

惠公最终被放回晋国，但必须将太子圉送到秦国当人质。

昏君实在是无可救药的。惠公认为自己在晋国的地位之所以不稳，就是因为哥哥重耳还在国外，说不定什么时候霸主齐桓公会宣布立重耳为晋的君主，于是，打算派刺客去狄暗杀哥哥。

重耳闻到风声，立即离开狄。他亡命在狄十二年，已经五十五岁。重耳前往齐国。前面说过，管仲死后，齐急需人才，重耳期待得到重用。

赴齐途中，经过卫，受到冷遇。甚至在一个名叫五鹿的地方乞求食物时，当地人把土块放在碗里给他们吃。流亡的日子备尝艰辛。

重耳在齐受到优厚的礼遇，还娶公女为妻。齐桓公本身有过在莒流亡生活的经历，所以很同情重耳的处境吧。重耳在齐五年。这期间，齐发生五个公子的权力斗争，重耳冷静地观察。

重耳没有野心，他的妻子对丈夫的淡泊无争反而感到焦躁不安。看来重耳喜欢这个齐的公女，打算就这样在齐定居下去吧。妻子催促丈夫奋发进取，但重耳回答说：人生安乐是第一位的，我就打算在这里终老了。齐公女说道：

子一国公子，穷而来此，数士者以子为命。子不疾反国，报劳臣，而怀女德，窃为子羞之。且不求，何时得功？

这段话说得相当严厉，但重耳依然故我，无动于衷。

公女又气又恼，就与重耳的家臣赵衰密谋，设计把重耳灌醉，装在车上，离开齐国。

途中，重耳酒醒，尚有醉意。他心有火气，抓戈要杀咎犯。咎犯是狄人，重耳的舅舅。

咎犯说："杀了我，你能成功。这正是我所希望的。"

重耳说："不成功，我就吃舅氏的肉。"

咎犯说："不成功，我的肉都腐烂了，你吃不了。"

《史记》生动地描写醉醺醺的重耳和忠诚的舅舅之间的上述对话。

重耳一行经过曹国，曹共公没有给予礼遇，只是用好奇的眼光看他。当时人们传闻说晋公子重耳“骈胁”，就是肋骨紧密排在一起，看上去像一块。长一块肋骨的人极为罕见，曹共公很不礼貌地提出想看看什么样。

但是，曹国大夫僖负羁对重耳真诚相待，私下给他送饭，悄悄地把宝玉藏在饭里。重耳只是接受了饭食，把宝玉还给他。接着，重耳一行从曹进入宋国。

此时宋襄公在泓水之战中身负重伤，正处在战败后的困难时期，但是他依然热情迎接重耳一行。

重耳这一次奔波已经不是漫无目的的流亡，他开始认真考虑回国的问题，虽然略嫌“晚熟”，心里却也有了明确的目标。

宋国已经发展到准霸主的程度了，却由于“宋襄之仁”遭到挫折。宋的“国防部长”司马固和咎犯是密友，他坦率诚恳地劝说道：现在宋受到楚的欺负，十分艰难，没有余力支援别的国家，你们还是寻求其他大国帮助吧。

于是，重耳一行从宋来到郑国。同为姬姓之国，重耳有所期待，结果这个期待也落空了。

当叔瞻建议郑文公厚待重耳一行时，郑文公回答说：“路过我国的亡命公子很多，总不能一个个都接待他们。”叔瞻说道：“如果不厚待，那就索性杀了他们。这些人都不是平庸之辈，恐怕会成为我国的后患。”郑文公只是冷笑一声。他瞧不起这样的流亡公子，认为他们一事无成。

有意思的是，对重耳十分冷淡的卫、曹、郑都是和晋同为姬姓的国家，而热情接待重耳的齐、宋却是异姓国家。

重耳一行离开郑，前往楚。楚自然是异姓之国，重耳在楚受到厚待。《史记》这样记述：

以适诸侯礼待之。

所谓“适诸侯礼”，就是楚成王把重耳视为与自己同等的诸侯而礼遇之。

重耳本想谢绝这样的礼遇，但赵衰劝他接受。因为也许已经时来运转，不能错过好运的兆头。

重耳和楚成王的会面在中国历史上是非常著名的。

子即反国，何以报寡人？

楚成王问帮助你回国对我有什么报酬。晋惠公（夷吾）曾向秦承诺割让河西之地，却又毁约，这件事已经广为人知。楚成王的问话含带一点嘲讽之意。你的弟弟可是拍着胸脯承诺的啊……

重耳回答说：

羽毛齿角玉帛，君王所余，未知所以报。

我考虑过各种各样的财宝，可是这些东西楚多得是。所以，送你们什么好呢？我还没想好。

当然，楚王也是希望重耳能割让土地。于是又问道：

虽然，何以报不谷？

言外之意，除了财宝，不是还有土地吗？诸侯有时也自称“不谷”。这时，重耳大概表情略显为难地回答道：

即不得已，与君王以兵车会平原广泽，请辟王三舍。

如果将来两国在战场上交战，我愿意退避三舍。“舍”是军队行军一天的距离，定为三十里。周代的一里约为四百零五米，一舍约为十二公里。退三舍，就是后退三十六公里，这就是给你的报酬。

楚将军子玉听罢大怒，对楚成王说：这个像野狗一样到处流浪的公子，却出言不逊，索性杀了他！

楚成王不同意，说道：

晋公子贤而困于外久，从者皆国器，此天所置，庸可杀乎？且言何以易之！

成王的这段话说得漂亮。并不因为将来晋可能成为楚难以对付的对手，就现在杀掉他。这是上天的安排，没有办法。仔细想来，重耳也说不出别的话来。《春秋左氏传》记述成王这段话的结尾是这样的：

天将兴之，谁能废之。违天必有大咎。

如果天要兴晋国，这是人的力量无法阻挡的。违背天意，必遭天谴。

重耳在楚逗留数月，这期间楚的形势发生很大的变化。

在秦当人质的太子圉得悉父亲惠公重病的消息后，逃脱回国。晋惠公有几个儿子，他一死，尽管已有太子，但太子在秦当人质，大夫们就有可能立别的公子为君主。所以，圉无论如何必须在父亲死之前回国。

人质逃跑，秦大为恼火。以前就发生过许多事情，晋饥荒的时候，秦曾援助过，而当秦饥荒的时候，晋却发兵攻打，过去的事都被翻出来。不能再容忍了！

晋惠公于十四年（前637年）死去，回国的圉如愿以偿地即位。然而，当时他不知道即位对他的命运是幸还是不幸。也许他庆幸自己及时回国，但他也能想象秦对人质的逃跑怒不可遏。

这个晋国的新君主一定对已经年过花甲的伯父重耳的存在胆战心惊。圉即位，谥号怀公。

晋怀公明白，一旦秦攻晋，肯定要拥立重耳，为了在重耳回国时国内不会出现里应外合者，晋怀公对与重耳有关系的人进行调查。这样做就是恐怖政治。国人对惠公厌恶之后，对怀公也绝望了。

与重耳有关的人也许已被清除，但晋国人民未必全部都支持怀公。

重耳在回国之前就对这种情况了如指掌。

楚成王送重耳赴秦。楚、晋不相邻，中间隔着几个国家。秦、晋国境接壤，这一点对重耳的回国十分方便。重耳在秦受到贵宾的待遇。厚待重耳的还是异性之国。

这说明姬姓各国已经失去了以周王室为核心的同族连带感。构建王室屏障的封建精神已经荡然无存。

听到重耳入秦的消息，晋国有的大臣就派人来劝他尽快回国。

晋人，尤其是年轻人不知道这个流亡国外十九年的重耳，但不论哪个晋国人，都认为没有比惠公和怀公更坏的君主了。

秦穆公在晋饥荒时送去大批粮食，从这件事也可以看出，他是一个优秀杰出的君主，不是光顾眼前的利益，具有高瞻远瞩的眼光。

前面说过，秦俘虏晋惠公，欲杀之以祭天，穆公夫人身着丧服，痛哭求情。秦穆公夫人是晋惠公的姐姐，重耳是晋惠公的哥哥，也是穆公夫人可爱的弟弟，而且这个弟弟不像惠公（夷吾）那样胡作非为，而是稳重踏实。

秦穆公借兵给夫人的弟弟重耳，帮助他回到晋国。

《诗经》里的晋的民谣称为“唐风”。晋以前的国号为唐。但是，唐风所收入的晋的民谣都是在重耳的父亲献公时代之前，没有后来的时代的民谣。

有意思的是，同样是《诗经》，秦的民谣“秦风”里收入有送重耳回国的诗歌。这首诗题为“渭阳”。“渭”是河的名字，即渭水。“阳”，说山的时候，指山的南面；说水的时候，指水的北面。所以“渭阳”指的是渭水之北。

我送舅氏，
曰至渭阳。
何以赠之？
路车乘黄。

我送舅氏，
悠悠我思。
何以赠之？
琼瑰玉佩。

重耳是国母（穆公夫人）的弟弟，所以秦人称他为“舅氏”。似乎秦人对重耳怀有亲切的感觉，舅氏回国，来到渭阳送行，分别之际，送你什么礼物呢？

就送给你路车乘黄吧——“路车”是乘坐的车子，“乘黄”是四匹黄马拉的车子。

就送给你琼瑰玉佩吧——“琼瑰”似乎是仅次于玉的石头，还有玉的佩饰。

秦饥荒的时候，有一个“舅氏”攻打过来。那个“舅氏”的儿子从秦逃跑回去。秦人不喜欢那个“舅氏”，却对这次来秦的“舅氏”重耳的高尚人品景仰敬佩。这样的民谣流传下来应该值得重视。即使如此，重耳还是不想成为君主，人们从他的为人感觉到淡泊潇洒的心态。

另一方面，晋怀公和他的父亲惠公一样，名声极坏，已经失去民心。

这一场决斗从一开始就胜负已定。

重耳回到晋国，怀公逃到高梁这个地方，被杀。

流亡十九年，六十二岁的重耳终于即位，称为文公。

这是政权的交替。尽管惠公和怀公是人心丧尽，但毕竟父子两代的政权，有的人会紧紧追随当上大官的，例如吕省和郤芮，不能立即转变立场，支持文公，于是他们发动叛乱。晋文公借助秦的力量，平定内乱。秦发兵三千，护卫文公。

后来成为霸主代名词的晋文公在刚刚回国的时候也需要借助秦穆公的力量，从这个意义上说，秦穆公也是霸主。

晋文公回国那一年，周王室发生内乱。周襄王因其弟弟带造反，逃往郑，同时向同姓的大国晋求援。

晋文公很想救援周襄王，但因为新政权刚刚成立，国内局势还不稳定。就在交涉拖拉的过程中，第二年，秦开始在黄河边上集结军队，要助周襄王一臂之力。

从重耳十七岁时就一直侍奉他，后来跟随他共同流亡十九年的赵衰主张无论自己多么艰难，都应该援助周襄王。“让我君主成为霸主”——这是这个老臣的宏愿。

尽管周王只是徒有其名的天子，但此时伸出援助之手，正是自己成为霸主的绝好机会。

虽然是王室，却如同江户时代的日本皇室，没有实权，形同一个诸侯国，而且还是二流的诸侯国。这样的王室发生内乱，没什么了不起的。

作为和王室同姓的大国，在援助王室这件事上如果被异姓之国秦抢了先，那就很没有面子。晋文公采纳赵衰的建议，发兵包围将哥哥赶走的弟弟带所居住的温。二流诸侯国的造反，带的兵力不堪一击。周襄王重返周王室，带被杀。由于晋文公立下汗马功劳，周王室将直辖领地河内和阳樊赐予晋。

晋文公四年，即周襄王复位两年后，楚攻宋。宋求救于晋。宋在由于“宋襄之仁”被楚大败之后，还热情接待流亡的文公，如今宋有难求救，如果坐视不管，那就是忘恩负义之徒。

这时，那个咎犯说道：“楚刚刚吞并曹，与卫联姻，如果我们攻打曹和卫，楚必救援，定然调动包围宋的军队。这样，宋就得救。”

文公采纳咎犯的建议，攻曹。曹共公曾经对流亡时候的文公很不礼貌，竟然说想看他的“骈胁”。卫对流亡的文公也非常冷淡。这一次，晋文公狠狠地蹂躏了当年把土块当食物给他吃的那个卫的五鹿地方。但是，晋文公命令军队不许进入曾送食物给他，并且要把宝玉送给他的那个曹的大夫僖负羁的领地。

晋文公对流亡时代的恩怨进行彻底的清算。

楚成王见势不妙，解除对宋的包围，撤军而去。楚虽是强国，但在中原争霸时，因为离根据地太远，战线拉得太长，对自己很不利。然而，楚成王对这个超群绝伦的敌手深怀好意，他认为晋文公未来的运气是天意，不可违背。

当听到退避三舍的回答而震怒欲杀文公的那个楚将子玉反对撤兵，他说服成王，由他指挥一部分楚军。

此时晋已经和宋、齐、秦这些都可能成为中原霸主的国家联合起来。齐、秦的军队由将军统率，宋的军队由宋成公亲自率领。

中原各国联军阻止强大的楚北上，这一场城濮之战成为春秋时期最典型的战争。

在这场战争中，晋军在没有受到楚军攻打的情况下，全军一直主动后退。不言而喻，这是晋文公履行自己对楚成王做出的“退避三舍”的承诺。

城濮之战的结果，楚军败北。

子玉大败而归，受到楚成王的叱责，自尽。成王责备的并非城濮之战的失败，而是成王为首的所有楚国领导都认为应该尽量避免和以晋文公为盟主的中原联军作战，只有子玉一个人主战。

其实楚成王完全可以坚持全军撤退的方针，阻止子玉主战的主张，但是他采取不彻底的态度，撤走主力，只把少数兵力留给子玉。子玉立功心切，大概心想如果能打败联军，自己就会有大本钱。这并不是成王缺少决断力，他一方面决定避开作战，同时又抱有万一打胜的侥幸心理。尽管不能说是游戏，但可以说是玩弄谋略。君主喜欢谋略权术，各种各样，花样翻新，但玩过头就会引火烧身。深谋远虑另当别论，否则容易心血来潮。君主的意志难以抑制，年轻的时候还有灵活性，年老以后，仿佛动脉硬化，越来越随心所欲，恣意任性。

可以说，子玉是成王恣意任性的牺牲者。表面上看，子玉违背成王的决定，固执地坚持自己的主张，其实成王心里在冷笑：“要是打赢那就太好了！”明知打不赢，还要让部下去送死，所以这只能说是君主的恣意任性。不久，成王也成为自己恣意任性的牺牲者。

成王起先立商臣为太子，后来欲废商臣立其庶弟子职。这是君主的随心所欲，但于对方却是生死攸关的大事。于是商臣起兵抗命，包围了父王的宫殿。

王请食熊蹯而死。

被围困的成王向儿子哀求，但商臣甚至都没有满足父亲这最后的愿望。成王自尽，商臣即位，是为楚穆王。

成王临死之前向儿子提出的最后要求是吃熊掌，看来成王是一个出色的美食家。熊掌要煮好几天，其实成王的真正目的是争取时间，等待援军。这点小计谋，儿子当然一眼看穿。

城濮之战发生在楚成王四十年（前632年），六年以后，成王被儿子所杀。他在位四十六年，应该相当高龄。身为太子的商臣老老实实地等一段时间，大概会当上君主的，不过，如果他老实等待的话，老父亲就要立庶弟子职为太子。成王宠爱的女人很多，而且楚还有尽量立年少者为太子的惯例，所以商臣等不及了。

为了慰劳从城濮凯旋的晋军，周襄王亲自到践土这个地方迎接。晋文公在践土修建王宫，他任盟主，齐、鲁、宋、蔡、郑、卫、莒国诸侯在此会盟。《春秋左氏传》记述当时的盟誓：

皆奖王室，无相害也。有渝此盟，明神殛之，俾队其师，无克祚国，及而玄孙，无有老幼。

如果违背誓约，该国就没有老幼，就是都得死去。这实在太可怕了。盟约的内容其实很简单：扶植王室，互不战争。与葵丘会盟相比，显然缺少具体内容。大概因为葵丘会盟的不更换太子、饥馑灾荒互相援助粮食等条款还有效，所以不再重复吧。

或许也有具体条款规定，只是记录未能留下来。葵丘会盟的誓约内容，只是记载在后代的《孟子》里。

这一年冬天，晋文公又召集诸侯，在温（今河南省）会盟。《春秋》记述参加者有“公（鲁僖公）、晋侯、齐侯、宋公、蔡侯、郑伯、陈子、莒子、邾子、秦人”。以爵位称呼诸侯，但把大国秦放在最后，而且不称秦伯，而称秦人，大概秦穆公本人没去，只是派大臣参加的缘故吧。

《史记》说晋文公作为盟主，原本打算率领这些诸侯入朝谒见，但担心自己实力不足，有人反对，改为请周襄王从践土的宫殿到河阳来。

的确，郑、陈、蔡等诸侯曾经臣服楚，不能不担心他们会反叛。不过，他们都是小国，晋文公的本意大概是想向他们显示盟主的威严吧。

《春秋》记述“天王狩于河阳”。天王就是周襄王。他是被晋文公叫到河阳去的，并非是为了狩猎。《史记·晋世家》记载说：

孔子读史记至文公，曰“诸侯无召王”、“王狩河阳”者，《春秋》讳之也。

诸侯把天子叫出来，伦理上是不可能的，所以只好写为“狩”。虽然伦理上不可能，现实中却有可能。把《春秋》视为孔子对现实的历史进行批判的人认为这是使用“春秋笔法”责难文公。

被霸主诸侯从王宫里叫出来，周王室的权威已经完全坠地。

城濮之战胜利两年后，晋、秦联合攻郑。讨伐的理由似乎是郑在城濮之战中帮助楚，还有郑对流亡时候的晋文公没有礼貌。

楚国北上时，经过郑。郑不能不借道，否则就要遭殃。流行淫奔之歌郑声的国家，军队不会强大。楚失势后，郑立刻参加践土会盟，后来也参加河阳会盟，已经表现出悔改之意。至于冷落流亡时期的文公，那是七年前的事情，现在还拿出来作为讨伐的理由，只能说明晋文公记仇很深。欲加之罪何患无辞，只是弱肉强食而已。

郑的大夫叔瞻说的“如果不厚待重耳（文公），那就索性杀了他们”这句话大概传到晋文公的耳朵里，叔瞻知道后，自尽。郑持叔瞻的首级到晋乞求原谅，但是得不到晋的宽恕。晋文公要羞辱的是郑的君主，目标是郑文公。

郑在两个大国的夹缝里，对春秋时代的力量格局尤其敏感。郑派使者赴秦的阵营进行游说：“郑如果灭亡，大概会被收入晋的版图。不如留着郑，成为秦在东面的友好国家，这对秦不是更有利吗？”

秦也想到自己迟早要和晋进行较量，于是考虑对郑卖个人情，应该保留与东面的郑的关系。秦撤兵，接着晋也撤兵。

两年后（前628年），同样谥号的晋文公和郑文公在同一年死去。经过十九年流亡生活的晋文公回国后，在位时间不过九年，但是他扶植周襄王复位、作为联军盟主击退楚的进攻、把周襄王叫出来会盟等，留下了显赫的事迹，可以说不愧是名副其实的霸主。

齐失去桓公以后，也失去了霸主之国的力量。但是，晋失去文公以后，依然保持着强国的地位。

从《史记》读晋文公的故事，总觉得写得太完美，在文公流亡时对他没有礼貌、态度冷漠的那些国家后来都遭到报应。

楚在城濮之战中被击败，但曾经热情接待文公的楚成王没有出现在战场，而是曾经欲杀文公的将军子玉引咎自尽。曹的君主不知礼貌，要看文公的肋骨，而曹的大夫僖负羁赠送食物和宝玉，所以他的领地安然无恙。城濮之战时，晋军恪守承诺，退避三舍。这一切如同编造的故事，有始有终，令人感觉像是伏笔完整的推理小说。

这无疑是贵胄的流亡故事，但既不是日本少彦名神[①]那样的神话，也不是流放须磨的光源氏[②]或者《山椒大夫》里安寿姬姐弟[③]那样的小说，而是无法确定年代的、在各国史籍都有记载的历史人物的故事。

所有的伏笔都会有合理的结局，这样的推理小说有时让读者扫兴。同样，文公的故事也有让我们怀疑之处。年代以及他所走过的国家，文献的记载是正确的，但细节也许含有后来编造的成分。

文公的故事能以这样的形式流传下来，反映出传承者，而且是历代传承者的心情。

喜欢左右对称的中国人的性格在这里也显现出来，必须做到前后呼应。但是，不能为了做到有始有终，就歪曲历史事实的框架。中国人尊重史料记录，但同时为了做到有始有终，也会在大框架内编造故事情节。不管怎么说，总不会把城濮之战的输赢颠倒过来这样地歪曲基本史实。

---

① 少彦名神：日本神话里高皇产灵神之子。身体小而敏捷，富有忍耐力，与大国主命一起足迹遍及全国，开发国土。——译注

② 须磨：地名。位于日本兵库县，濒临大阪湾。《源氏物语》描写光源氏在权力斗争失利后隐居于此。——译注

③ 《山椒大夫》：日本作家森鸥外以安寿姬和厨子王的传说为素材创作的小说。安寿姬和厨子王与母亲一起寻找被流放到筑紫的父亲陆奥太守，途中被人贩子卖给人家。母亲卖到佐渡，姐弟卖给山椒大夫，受尽折磨。后来姐姐以死帮助弟弟逃跑，弟弟厨子王诛杀人贩子和山椒大夫报仇。——译注

楚穆王不同意父亲成王想吃熊掌的最后请求，冷酷无情。即位后，他接连攻灭江、蓼（均在今河南省）、六（在今安徽省）等小国。楚再次开始北上。

穆王在位十二年，死后其子侣即位，为楚庄王。几乎所有的人都认可他是春秋五霸之一。庄王即位八年，在洛水东岸的陆浑大破戎，威名大震。

此时周王室恰是定王元年（前606年）。楚庄王在帝都附近采取军事行动，大获全胜，周王室必须派遣使者前去慰劳。派去的使者是周的大夫王孙满，楚庄王问他九鼎重量的谈话是历史上著名的故事。“问鼎之轻重”这句话就出于此处。

九鼎是帝德的象征。从舜传到夏，从夏传到殷，殷失帝德，乃传到周。

所谓九鼎，大概相当于日本的三种神器[①]。问鼎的重量，其言外之意大概是“我想搬一个回楚国，到底有多重呢”？

这是对周王室的蔑视。“问鼎之轻重”表明王位受到威胁，典出于此。

王孙满回答说：

天命未改，鼎之轻重，未可问也。

楚庄王听罢，不再说话。在他眼里，这样的权力象征毫无意义。尽管现在周王室拥有九鼎，可是毫无帝王的权威。

接着，楚庄王骄横狂妄地对王孙满说道：

子无阻九鼎！楚国折钩之喙，足以为九鼎。

你不要抱着不过是一种象征的九鼎不放。我楚国折断的钩戟尖头（折钩之喙）多得是，把这些收集起来，足以铸造九鼎。破碎的兵器残片就可以铸造九鼎，可以解读为以武力夺取天下的宣言。

---

① 三种神器：日本指历代天皇相传继承的三种宝物，为皇位的象征，即八咫镜、天丛云剑和八尺琼曲玉。——译注

楚北上，可怜的是郑。被围三个月，最终郑襄公“肉袒牵羊”投降。肉袒，就是脱去衣服，露出上身。这个样子牵着羊，是诸侯降服的象征，也被视为成为奴隶侍奉主子的象征。这是楚庄王十七年（前597年）。而此时救郑的晋军正在南下。

晋军南下途中，听到郑已降服的消息，晋军内部对此发生意见分歧。一派认为郑已投降，没有了救援对象，也就失去了真正目的，主张返回；另一派认为晋是霸主，定要和楚一战。主战派私自进兵，结果拖着全军一道前进，军队自然完全未能进入战斗状态。

楚庄王亲率大军在黄河之滨大破指挥混乱的晋军，大获全胜。战场在黄河南岸的邲，晋在黄河北岸，残兵败将争先恐后地上船逃命。

《春秋左氏传》的描述十分凄惨：

中军、下军争舟，舟中之指可掬也。

先上船的人将抓着船舷要爬上来的人的手指砍断。这么多人挤在船上，就要翻船。船上掉落很多人的手指，多得甚至可以用手捧起来。

晋军惨败。

在这场邲的战斗中，降楚的郑也参加楚军和晋作战。被救援的对象和救援者作战太不像话。

这次胜利使楚庄王的霸主地位得到诸侯们的认可。

郑降楚，就受到晋的讨伐；郑臣服晋，又会受到楚的讨伐。翻来覆去，左右为难，这可以说是小国的悲哀。

晋、楚不务德而兵争，与其来者可也。晋、楚无信，我焉得有信。

这是《春秋左氏传》记述的郑公子（襄公之弟）子良的一段话。晋和楚只是进行无德之战，既然他们都不讲信义，我们又怎么能有信义呢？只好谁强大就依靠谁。——子良的话实在是小国的哀鸣。

子良是郑送到楚的人质。

大胜晋军的楚庄王，在六年后（前 591 年）死去，共王立。

受楚的压制抬不起头的晋终于击败北方的强敌狄，让他老实下来，恢复到过去那样的强大实力。

晋厉公六年（前575年），晋、楚在鄢陵大战，楚共王的眼睛被箭射中，败逃。晋想成为霸主，但此时没有可以称霸天下的人物。

楚、晋南北对峙，齐、秦东西互相牵制，都不是拥有决定性力量的国家。

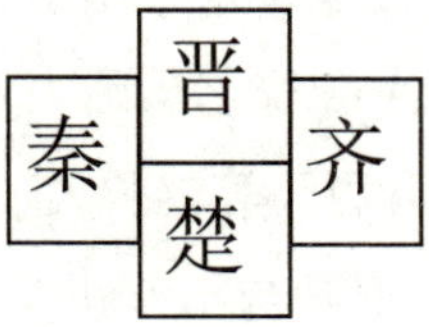

形成四强时代，而夹在他们之间的小国时而跟随这个，时而跟随那个，无所适从。

在晋、楚之间走钢丝的郑不知不觉地成为臣服两国的、所谓的“两属之国”。

算得上春秋五霸的齐桓公、晋文公、宋襄公、秦穆公、楚庄王这五人几乎是同时代的人物。楚庄王在其祖父成王死后十二年即位，略微年轻，但青少年时候定然见过其他霸主的风采。

霸主的集中出现是在公元前 651 年齐桓公葵丘会盟以后。楚庄王在邲大破晋军是公元前 597 年，这期间大约半个世纪可以说是霸主的时代。

霸主就是实力强大的诸侯。但是，诸侯国后来逐渐是贵族或者大臣得势。大国争霸，中小国家要想在夹缝中求生存，光靠君主一个人的力量是不够的。战争一多，就必须奖赏功臣。不论功行赏，士兵就不会在战场上死力作战。奖品是土地和居民。这一般采取削减君主领地的形式，这样，君主的力量逐渐衰弱，而称为贵族或大夫的重臣阶层的力量逐渐增强。

之所以不会产生霸主，诸侯要花很大的精力抑制国内各种势力也是一个原因。不管哪个国家都在苟延残喘，对付国内矛盾，弄得焦头烂额，根本就没有精力发动对外战争。

在这样的时代潮流中，开始出现谋求缓和紧张局势的动向。宋的大夫向戌提倡缔结和平条约，首先努力取得两个超级大国楚和晋的理解。在他的努力下，公元前546年，十四国的大夫聚会宋的国都，签订楚、晋停战协定。总体上说，战争就是这两国的直接纷争，或者至少与这两国的纷争有关。

这次和平会议称为“弭兵之会”，“弭”是平息的意思。所以，这就是一次停战会议。

两大强国要达成妥协，必须有一方做出让步。在宋国都举行的弭兵之会，晋做出让步，楚掌握主导权。正因为是大国，国内的贵族势力坐大问题，在晋国最为严重。晋厉公等就被大夫栾书、中行偃所杀。

楚的最大问题不在国内，而是与南方新兴的国家吴的对立日益尖锐。

由于晋楚各自都有棘手的问题，所以才能达成妥协。

这个和平条约，尽管也发生过例如楚灵公不遵守这样的例外，总体上还是保持相当长的小康状态。虽然各地也发生这样那样的小纠纷，但至少不像“霸主时代”那样没日没夜地忙于战乱。恪守“弭兵之会”的盟约似乎对所有的国家都有利。与其说各国恪守盟约的真诚，不如说盟约所产生的实际效果得以长期保持小康状态。

聚集在宋国都参加“弭兵之会”的是十四个国家的大夫，而不是以前会盟那样的诸侯，这一点尤其引人注目。不仅如此，在宋举行会盟，提倡者不是宋的君主，而是大夫向戌。另外，在前期磋商阶段，也都是楚的子木、晋的赵孟这样大夫级别的人进行斡旋。

这说明君主一手掌管国政的时代已经结束，实权正逐渐转移到贵族、重臣的手里。

《春秋》记述这一年夏天的事项是这样的：

夏，叔孙豹会晋赵武、楚屈建、蔡公孙归生、卫石恶、陈孔奂、郑良霄、许人、曹人于宋。

《春秋》是记述鲁国的历史，自然将鲁的大夫叔孙豹放在会盟名单的第一位。但是，前面说过，盟主是楚，第一个歃血，所以应该把楚的屈建放在第二位，可是第二位竟然是晋的赵武。

《左氏传》这样解释孔子的意图：

书先晋，晋有信。

由于晋的让步才使盟约得以顺利签订，孔子对此予以高度评价，故意把顺序颠倒过来，先写晋。这就是“春秋笔法”的一个例子。如此简明的《春秋》、后人解说《春秋》的“传”、据此写作的《史记》以及青铜器的铭文等记录，是这个时代的主要史料。但其中极少涉及庶民生活，一点点留在脑子里的也就是被砍断的手指掉在船上之类血淋淋的场面描写。这一点还是《诗经》为后世留下了宝贵的资料。因为我们从中可以清晰地听到庶民的声音。

硕鼠硕鼠，
无食我黍！
三岁贯女，
莫我肯顾。
逝将去女，
适彼乐土。
乐土乐土，
爰得我所！

这可以说是《诗经》里比较容易懂的诗歌。“硕鼠”不是指大老鼠，而是比喻对人民课以重税、对民众疾苦漠不关心的君主。这样的解释已成定论。

逃出此地，向往乐土，这是民众的愿望。然而，乐土又在何处呢？乐土哟，乐土！这反复的吟唱无疑是世间没有乐土的哀叹。

孔子时代

周王室早就名存实亡，各国大夫聚集的“弭兵之会”也没有像以前那样提出对周王室“勤王”的口号。“弭兵之会”只是务实者的会谈。

首先承认现实状况，大家承认并尊重晋和楚各自的势力范围。小国臣服其中的一国，但最终还是变成郑那样的“两属之国”。这次会议也是对小国的重新调整。

这时开始显露战国时代的特点——实力主义倾向。实力者的时代已经来临，那么，究竟实力者是什么样的人呢？

首先必须是能够从事实际工作的人，即所谓的实务家。从身份来看，都是不太高的人。

诸侯以及一等贵族像喜欢体育运动一样热衷于狩猎和宫廷的权力斗争，认为这才是享受快乐的人生。制定详细的法律，决定分配并征收年贡租税、解决诉讼、改善物资流通等这些国家政治不是他们的工作。在他们看来，这是小官员干的活，恐怕是很瞧不起的。

但是，如果没有人从事这些工作，国家就无法运转。在由于上层的权力斗争激化，腐败盛行，或者外国进攻而使国家基础发生动摇的时候，在各个岗位上负责实际工作的实务者才意识到自己存在的价值。当他们知道如果没有自己的工作，这个社会就会停止不动的时候，就会充满自信。正是这种自信把他们推上大显身手的舞台。

他们即使是贵族，连二等也算不上，同是大夫，也要从事实际的工作。

孔子所尊敬的郑的子产、齐的晏婴等正是这种实务家型的新的实力者。

郑有七穆，是穆公的子孙分出来的七个贵族家族。子产出身于七穆，出宰相的家族是固定的，子产不属于这个家族。

齐国晏婴的出身阶层比子产低。

子产、晏婴和孔子基本上是同一时代的人。子产在孔子刚过三十岁时死去，晏婴在孔子五十多岁时死去。

没有产生杰出的诸侯，但产生子产、晏婴这样杰出的宰相，所以这个时代也被称为“贤相时代”。诸侯的实权转移到实力者手里，自然出现这种现象。

子产是现实主义的政治家。作为夹在晋和楚之间的小国宰相，不能不现实。

《论语·宪问》赞扬郑的公文写得很漂亮：

子曰：为命，裨谌草创之，世叔讨论之，行人子羽修饰之，东里子产润色之。

郑国的公文，先由大臣裨谌起草，再由大臣世叔审阅、斟酌，然后由外交大臣子羽增删修饰，最后由宰相子产润色定稿。

夹在两大强国之间的郑尤其在外交上更加慎重，必须考虑周全，不能因外交文书的不当给晋或楚造成寻衅的借口。一份外交文书要经过几个大臣之手，最后由子产定夺。

子产是务实的政治家。郑处在北上的楚和南下的晋之间，必须采取随机应变的政策。在这种情况下，无论具有多么理想化的强烈性格的人，都会成为现实主义者。

郑国的公文可以说是雄辩家的演说文。凭着三寸不烂之舌达到预期的效果，而且绝没有一点破绽让对方钻空子。

到战国时代，中国出现被称为纵横家的集团。这是一群以出色的辩才说服诸侯的游说者。其中最有名的是主张合纵的苏秦和主张连横的张仪，“纵横”这个词就来自他们。

据说苏秦、张仪都师从鬼谷子，所以鬼谷子被视为纵横家的鼻祖。但是，从春秋时代开始就有接受君命、游说诸侯的“行人”（外交官）。他们一定是精通古典、熟知掌故、极善修辞的人，这样才能完成任务。对外交文书能够润色定稿的郑国子产可以视为纵横家的鼻祖。

子产还是一个法治主义者。他铸“刑鼎”，把刑法条文铸在青铜鼎上。

不言而喻，子产的行为遭到传统的德治主义者的反对。晋的叔向得知子产铸刑鼎后，发函表示抗议。第一句就是：

始吾有虞于子，今则已矣。

我起先对你的期待很大，现在对你已经没有指望了。这句话表示他知道铸刑鼎之后的巨大失望。叔向认为，先王之所以不制定法律，是因为担心人民产生相争之心，这种认识是当时贵族的常识。如果大家都知道法律的条文，平民就会钻法律的空子。只要不违法就可以，对上不再害怕。如此一来，不是导致社会秩序的崩溃吗？在他们看来，人民最好是一无所知，人民不论做什么都战战兢兢，提心吊胆，这种状态对于为政者和统治者是最合适的。如果把法律告知人民，一点小事也会以法律为依据进行抗争。叔向不厌其烦地倡导德治主义：

闲之以义，纠之以政，行之以礼，守之以信，奉之以仁。

他在书函的结尾这样写道：

终子之世，郑其败乎？肸闻之，国将亡，必多制。其此之谓乎？

你在执政期间可以这样做，在你之后，郑必亡。国家即将灭亡的时候，法令规制很多，说的就是这个道理。

叔向言辞激烈。子产回信道：

若吾子之言，侨不才，不能及子孙，吾以救世也。既不承命，敢忘大惠！

你说得对。但是我才疏学浅，所做的事情不能惠及子孙后代。我只是考虑当今之世的对策。虽然做不到你所要求的那样，但决不会忘记你忠告的大恩。

对于腹背受敌的郑来说，如何摆脱眼前的艰难困境才是大事，没有精力考虑后世的事情。

子产制定成文法，其目的是限制贵族随心所欲的行为。郑国要繁荣富强，必须发展农业和工商业。如果劳动的成果都被贵族剥削榨取，人民就失去劳动的积极性。产业停滞低迷，国力就逐渐衰弱。如果成文法明确规定利益受到一定程度的保护，人民就会放心。不仅仅是为了调动民众的积极性，提高生产力，即使作为不让民众绝望的“安全阀”，成文法也是必须的。

子产年轻的时候经历过郑国的内乱。《春秋》记述襄公十年（前563年）发生的内乱：

冬，盗杀郑公子斐、公子发、公孙辄。

子产也曾率兵参与镇压这个叛乱。内乱之后，新任宰相子孔制定盟约书《戴书》，决定按官阶安排官职，遭到大夫和诸伺（官员）的反对。子孔欲杀反对者，子产认为这样会再次发生内乱，劝子孔把《戴书》烧毁，安抚反对派。子产说：

众怒难犯，专欲难成。

一旦群众激怒，平息这种愤怒十分困难，而且也难以达到独占的欲望。

子孔听从子产的劝告，烧毁《戴书》，得以平安无事。

子产已经觉察到，旧体制所造成的贵族专制已触犯众怒。适当地缓和、平息众怒，需要成文法。

子产的法治主义并不是为了人民的利益，他首先考虑的是国家利益。但是，国家利益和人民利益很少相一致。《论语》中孔子这样赞美子产：

其行己也恭，其事上也敬，其养民也惠，其使民也义。

《史记·郑世家》有这样一段话：

孔子尝过郑，与子产如兄弟云。及闻子产死，孔子为泣曰：古之遗爱也！

孔子第一次离开祖国鲁外出是在鲁昭公二十五年（前 517 年），子产在五年前就已经死去。孔子到郑，不可能会见子产，和他称兄道弟。但依然流传这样的故事，说明孔子对子产是何等衷心景仰。

所谓古之遗爱，说的是子产的仁爱在现代人身上已经看不到了，只有在子产身上还遗留着古代的仁爱。这是孔子对子产的最高赞誉。

尽管孔子没有见过子产，但闻名遐迩的子产的言行也传到鲁国，孔子一定为之感动。例如《史记》记述：

六年，郑火，公欲禳之。子产曰：不如修德。

孔子对此一定拍腿赞叹：正合我意。郑国首都发生火灾，郑定公打算举行消灾驱邪仪式。子产说："与其如此，不如修德。"《左氏传》的记述是：预言将有大火，郑的大夫打算用珪玉杯和玉酒器消灾，被子产制止。

修德才是消灾避祸的正道，这种想法肯定引起孔子的共鸣。不过，相对子产的法治主义，孔子依然坚持自己的德治主义。

与子产一样对孔子产生影响的另一个贤相是齐的晏婴。《论语》只有一处记述：

子曰：晏平仲善与人交，久而敬之。

晏婴善于交际，对于长期交往的对方依然不失敬意。交往时间一长，成为老朋友，也知道对方的缺点，人们熟悉亲热起来，往往不太尊敬对方。孔子称赞道：晏婴不会这样。

讲述晏婴，避不开崔杼。

齐桓公死后，国家每况愈下，虽然还是大国，却已经没有了晋、楚那样的勃发势头。孔子于公元前551年生于鲁，在此两年前即位的齐庄公可以说也不是明君。

庄公名光，曾被父亲灵公送到晋当人质，起先被立为太子，但后来灵公听从宠姬的愿望，废掉他，立别的公子为太子。灵公一病，光在崔杼的支持下即位，杀太子。

从这件事看，崔杼对庄公有恩，庄公却还和崔杼的妻子私通。所以，庄公的品德十分卑劣。

崔杼的妻子曾是齐的大夫棠公的妻子，姿色秀丽，棠公死后，嫁于崔杼。庄公前往崔杼家里，与其私通。崔杼自然义愤填膺。

莒子（莒的君主是子爵）访问齐国时，崔杼称病，不出席宴会。庄公正想找个什么借口去崔家，探望崔杼的病情正是再好不过的理由。崔杼心知肚明，庄公进门后，崔杼夫妇把自己关在房间里，紧闭房门，同时也把大门关上。崔杼的家臣手执武器攻杀庄公。

庄公逃到高台上求饶，崔杼的家臣不答应。他们说："我们是陪臣，只是听从崔杼的命令，惩罚淫乱的家伙。我们只听从主人的命令。我们的主子现在生病。"

庄公哀求说誓约也可以，只求饶命，但还是不被答应。最后庄公请求在祖庙自杀，也未被同意。结果庄公在崔杼的家里被杀死。

晏婴听到情况紧急，赶忙跑去，站在崔杼家门外，大声说道："我君如为社稷死，我也死；如为社稷亡命，我也跟随亡命。但如为自己死或者亡命，无私暱（个人近臣）之外也随之。”

大门打开，晏婴进去，按照规矩对着庄公的尸体行过哀哭之礼后离去。

这体现他的社稷重于君主的思想。

孔子的思想是将天下置于社稷之上。孔子是鲁国人，但是实现自己理想的国家，并不是非鲁国不可。他是这样想，也是这样做的。

齐太史（史官）直书：“崔杼弑其君。”崔杼怒而杀之。但是太史的弟弟同样这么记录，崔杼又杀之。太史的幼弟还是这么记录，崔杼无奈，只好作罢。

齐在地方也有史官。

南史氏闻大史尽死，执简以往，闻既书矣，乃还。

《春秋左氏传》中的这一段话作为中国史官记录的严格公正的例子经常被引用。南史氏是常驻地方的史官，大概平时负责记录地方发生的事情。这个南史氏听说齐国都临淄的太史全都死去，便带着记录史实的竹简前往国都。当然他是做好也被杀的思想准备而去的。到了国都，听说太史的幼弟已经记录在简，才放下心来，回到地方。

这可以说是壮烈的职业道德，同时也说明中国人是如何地重视历史记录。

太史这个官职似乎是世袭的，而且是家族式的工作。地方史官大概也是同一家族，至少具有密切的连带感。除了史实记录者，制作用于记录的竹简、木简的那些工匠大概也专属于史官集团。

进入实力者时代后，这种具有坚强凝聚力的集团明显抬头，集团的领导人作为实力者自然也会崭露头角。从春秋末期到战国时期，各种各样的集团登上历史舞台。

以孔子为代表的儒家集团也是其中之一。儒家集团是否由孔子创建组织，或者原先就存在某种形式的母体，现在无法知道。

人是社会性的存在，除了作为家族和氏族的成员外，有的还属于某种职能性的集团。从春秋末期到战国时期，这种集团的力量逐渐强大起来。

崔杼的家臣们杀死齐庄公，说明这个集团具有极强的独立性。他们隶属于崔杼，却和崔杼的君主庄公没有关系。

生在乱世，人们作为集团生活者，尽量互相依靠，以便得到更多的稳定感。在这个时代，原有的集团的力量增强，新集团不断产生，这是必然的现象。

齐的贤相晏婴的身后似乎也存在一个强大的集团。《史记》记述：崔杼杀死庄公，晏婴到崔家哀哭一通离去的时候，崔杼的亲信劝崔杼也杀掉晏婴，但崔杼回答说：

民之望也，舍之得民。

他在人民中有威望，留着他，可以得到民心。这种威望只是来自晏婴的人品吗？更具体地说，其实晏婴是强大的集团的代表，如果杀了他，也许就会失去这个集团的支持。

《史记·管晏列传》为管仲和晏婴立传，他们都是齐的宰相，但时间相距一百多年。管仲协助齐桓公成为霸主，但晏婴并没有让齐强大起来。为其立传只是将他作为春秋末期贤相时代的代表。要说贤相，还有郑的子产、晋的叔向、吴的季札等，但如果集中于一人，还是晏婴作为"时代之子"的代表最为合适吧。

前面说过，子产出身于和郑的君主有着血缘关系的七穆，写信反对子产铸刑鼎的晋的叔向也是靖侯的后裔，属于公族成员。吴的季札是吴王寿梦的第四子。

晏婴和齐的君主不是同族，《史记·管晏列传》说他是莱的夷维人。莱在山东半岛的北面，现在的蓬莱县到黄县这一带。此地称为莱夷，是东夷的强国。齐灭莱夷，吞并其领土，是在灵公十五年（前567年）。不过是在庄公即位前十四年，可以说是新领土。

晏婴的家迁居到这个新领土。

据《史记索隐》记载，晏婴的父亲是晏桓子，名叫弱，在消灭莱夷中立下战功，于是在新领土上获得食邑（领地）。看来晏氏是军人家族。

范文澜认为，齐是在吞并莱夷的土地后才从渔业和制盐业中获得巨大利益。

铁产生于春秋时代，起初写为“銕”。炼铁是东夷部族发明的技术。据史料记载，管仲时代，齐学习炼铁技术，将青铜称为良金，将铁称为恶金。良金用于制造武器，恶金用于制造农具。

晏氏家族不仅拥有武力，还通过渔业、盐业、炼铁业等获利，也具有强大的经济实力。这个实力十分了得，连敢杀君主的崔杼也不敢杀晏婴。

据说晏婴死于景公四十八年（前500年）。史籍中第一次出现晏婴的名字是灵公二十七年（前555年）。那时晋齐打仗，灵公想逃跑，晏婴制止他，灵公不听。晏婴说了一句很难听的话：“君亦无勇矣。”

从那时候开始直至死去的五十五年间，他一直都是齐的核心。君主灵公、庄公、景公换了三代，实权派崔杼、庆封、田氏、鲍氏等也交替变化，就是晏婴的地位稳如泰山，简直就是一个不倒翁。他既不是公族成员，对拥立君主也不积极，可谁也扳不倒他。我的推测，他身后肯定存在一个谁都不敢小觑的集团。

庄公被杀时，晏婴不杀叛逆者崔杼，当时就受到责难“岂所谓‘见义不为，无勇’者邪”？晏婴是个敢于当面责备君主“无勇”的人，劝谏的时候，根本不管主君的面色。他不是没有勇气，而是觉得和宰相的妻子私通被杀的庄公虽然死得可怜，却也咎由自取。

司马迁对晏婴极为仰慕，说假如他还在世的话，自己愿意“为之执鞭”。

晏婴出身于在和莱夷作战中立有战功、受封食邑的家族。按照当时封建制的身份，诸侯之下为卿大夫，卿大夫之下为士，士之下为庶人。晏婴的门第大概是士的上层。原则上只对卿大夫授予领地，但对立有战功、殊勋的士，也可以破例赐予领地。

出身于士的晏婴，应该认识到自己不能像卿大夫那样成为君主的个人家臣，所以他才能把君主个人和社稷分开考虑。

孔子作为贤相时代的开道者，率先登上历史舞台。

从身份上说，孔子的出身阶层比晏婴低得多。

西汉时代，儒家学说被国教化，此后两千年，孔子一直被尊为国教的鼻祖。为此，孔子的家谱似乎也被后人美化修改，说他的先祖是宋的贵族，亡命鲁所生的后裔。在宋的时候是否贵族，不得而知，后来由于某种原因移居鲁。宋是殷的后裔之国，从“宋襄之仁”、“守株待兔”这些新成语也能看出，宋多有不谙世事的诚实质朴之人。鲁是周公的受封国。

据传孔子的父亲叔梁纥的身份是士。《史记·孔子世家》的记述问题不少，其中写道：

（叔梁）纥与颜氏女野合而生孔子。祷于尼丘得孔子。鲁襄公二十二年而孔子生，生而首上圩顶，故因名曰丘云，字仲尼，姓孔氏。

《春秋公羊传》等史籍所记载的出生时间比《史记》早一年。野合而生，这不符合圣人的出生状态。所谓“野合”，说法不一，有的认为是未正式结婚的夫妇；有的认为虽已正式结婚，但未完整履行结婚所规定的礼仪；也有人认为年龄相差过大的结婚称为野合。

孔子一出生，父亲就死去。父亲埋在何处，孔子长期不知道。《史记》说明母亲不告诉他的理由是“母讳之也”。对此有各种解释，但“野合”终归还是不理想的夫妻关系。

母亲去世的时候，孔子好不容易才从葬礼车夫的母亲嘴里打听到父亲的墓地，于是将父母合葬于防山。

《史记》说“孔子贫且贱”。司马迁生活的时代，儒学已经国教化，但他一丝不苟地继承不怕死而坚持记录崔杼弑君的史官的精神。尽管是圣人的传记，也必须准确记述传之后世的事情。

孔子家贫，身份低，长大成人后做过委吏（管理仓库）、司职（管理牧场）的小官。他忠于职守，称秤公平，在牧场时牛马繁殖很多，认真勤劳，也很能干。对青年孔子的评价一定是很不错的。

当时鲁国以下凌上的情况非常激烈，典型地反映出时代的潮流。鲁国君主毫无实权，季孙氏、孟孙氏、叔孙氏凌驾于公室之上。

这三公是桓公的后裔，所以称为三桓。

说到鲁桓公，他娶齐襄公的妹妹文姜为妻，当他知道兄妹乱伦的真相时，就在齐被折断肋骨而死，是一个悲剧的君主。这出悲剧发生在孔子出生前一百四十多年。

鲁桓公是悲剧的君主，但他的血统的后裔子孙兴旺，在孔子时代称为三桓，掌管鲁的国政。鲁的军队全部由三桓指挥，君主只是保持虚位。

对三桓专横暴虐的政治也有过反抗。鲁庄公的公子襄仲（公子遂）及其子公孙归父在鲁宣公时代就和晋联手制订讨伐三桓的计划，但这个计划在宣公死后失败，公孙归父不得不逃往齐。这次事件以后，三桓的势力反而更加强盛。孔子出生的时候，公室只剩下虚名。

周王是天子，可是没人在意他的存在，鲁国君主也是如此，鲁侯变得名存实亡。

孔子年轻时当过管理仓库、牧场的官吏，但不是公室，而是季氏的官员。

鲁昭公二十五年（前 517 年），昭公忍无可忍，举兵讨伐三桓，失败。手里不掌握国家军队，不可能取胜。昭公亡命齐。

此后，鲁国一直处于无君主状态。孔子三十四岁时，追随昭公也去齐。孔子不是昭公的随从，不是晏婴所说的那种“私暱”，没有理由陪同亡命。孔子去齐，是因为不想住在三桓专横的鲁国，未必是对昭公表示忠诚。

孔子在齐流浪期间，成为齐的大夫高昭子的家臣。因为他想接近齐景公。孔子没有不仕二君的思想。他在齐没有实现仕途的愿望，但听到韶这种古代音乐是他在齐的收获。《论语》说道：

子在齐闻《韶》，三月不知肉味，曰：“不图为乐之至于斯也。”

孔子对音乐的痴迷倾倒已经到了异乎寻常的程度。《论语》还有这样的话：

子曰：“兴于诗，立于礼，成于乐。”

人的修养从读《诗经》开始，情感兴奋；然后学习礼，保持秩序，心情稳定；最后通过学习音乐，完成人性。可以说，孔子主张音乐至上主义。

昭公亡命七年后殁于齐。鲁确认昭公死后，立其弟定公。孔子在此之前就已回国。

鲁国的三桓时代终于开始逐渐蜕变。凌驾于君主之上的三桓也被卷进以下凌上的狂涛里，被羽翼已丰的家臣取而代之。季氏的家臣阳虎得势兴起。此人在《论语》里以阳货的名字出现。

阳虎肯定是实力派人物，只是因为后来他失势，就被说成是一个恶棍，所谓“胜者为王，败者为寇”。假如孔子要将自己的志向扩展到天下，就要仕于某个人，身居高位，就要谋划各种各样的事情，有时也会显示出蔑视君主、专横霸道的态度。有志者，而且富有自信的人，会变得独断专行。如果成功，那还好说；如果失败，就被视为专横跋扈的人物。

阳虎是一个有志向的人。为了实现自己的理想，必须网罗人才。孔子回国后，开办私塾，设帐授徒。他那个地方，是人才荟萃之处。于是阳虎想拉拢孔子。

《论语·阳货》从阳虎设法接近孔子开始记述。

阳虎欲见孔子，孔子不见，于是阳虎给孔子送去一头猪。当时的习俗，受人之礼，必须亲自登门致谢。阳虎此计就是打算等着孔子上门。然而孔子也有办法，打听阳虎不在家的时候去他家里。可是，想不到两个人在路上突然相遇，他们进行一问一答的对话。首先，阳虎问道：

怀其宝而迷其邦，可谓仁乎？

“宝”，指的是孔子的才能。你身怀超群绝伦的本领，却听任自己的国家混乱不堪，这能说是仁吗？

不可。

孔子回答说：当然不可以。

阳虎紧逼问道：

好从事而亟失时，可谓知乎？

“从事”，就是政治。喜欢政治，却屡次错过时机，这能说是知吗？看来阳虎知道孔子在齐时想接近齐景公而未能如愿的事。

孔子照样回答说：不可以。

日月逝矣，岁不我与。

阳虎试探地说道，其言下之意，如果你有志向，就赶快做我的幕僚吧。

孔子回答说：

诺。吾将仕矣。

对方如此步步紧逼，孔子便一声“诺”——好吧。我要去做官。可是孔子没有说是否到阳虎的手下去当官。其实孔子是在虚与委蛇。

为什么阳虎这么执着地拉拢孔子呢？也许弟子很多是一个原因，不过孔子是一个阐述理想的哲学家，在残酷的政治斗争的战场上起不了什么作用。这种想法也许是过于现代的思维吧。

那个时代，能识文写字的人极少，是具有特殊本领的人。野心勃勃的阳虎垂涎孔子的私学人才集团似乎可以理解，但大概不仅如此。既然能读写文字，这个集团的人都具有某种神力。

古希腊也认为语言超越从嘴里发出的声音，与人的理性以及存在于其深处的神相联系，甚至就是神本身。

日本有“言灵”这个词，也是认为语言里潜存着超越声音的神秘的力量。在相信咒术的时代，能够自由巧妙地操纵并保存语言的人，肯定不是普通的人。

就孔子集团而言，尽管孔子本人拒绝鬼神的参与，坚持以人为核心，但是在外面的人看来，这个集团依然具有浓厚的咒术色彩。

孔子是这个集团的领头人，为了让自己的弟子能够在条件优越的地方就职，也无法彻底否定神灵的力量。不知不觉之中，孔子创建了自己的王国，他本人也成为这个王国的国王。

有人认为，“儒”成为“学”是在孟子以后，在此之前不是“学”，而是“礼”。礼是人的社会的秩序。不遵从礼，社会就会混乱，可以说“礼”在“学”之上。

父母去世时要表现出悲伤形态，丧失父母者都必须遵从这个“礼”。然而，人的一生失去双亲只能经历两次，平时无法学习这个礼。所以在这个时刻，就需要接受行家的指导。

这个行家，大概自古就是一种职业。不仅是葬礼、祭礼，还有冠礼、婚礼等。从事“礼”这个行业的专家，应该有相当大的需要量。

《史记·孔子世家》记述道：

> 孔子为儿嬉戏，常陈俎豆，设礼容。

“俎豆”是祭礼时盛放供品的器具。孔子小时候玩游戏，学着摆放礼器，模仿葬礼、祭礼的样子。这说明孔子生长在这样的环境里。白川静[①]（1910—2006年）认为，孔子父亲早死，与他野合的母亲大概是巫之类的人。这个观点具有较大的说服力。

在人的一生中只能遇到几次的重大场面上出现的“礼的专家”，不论其形式上的身份如何，肯定都具有精神上的巨大畏惧感。

孔子的教团似乎就是以和他的出身相类似的人所形成的集团为母体组织起来的。外人相信他们所具有的神力便成为现实社会中野心勃勃的

① 白川静：日本的汉学家。日本从事古代汉字学研究的重要学者。曾任文字文化研究所所长、理事长。著作颇丰。——译注

人色垂涎的目标。

虽然孔子一直坚称没有这回事，语言并不可怕，但古代人并不这么认为。《论语》记述孔子说：

敬鬼神而远之。

然而，阳虎这样的人还是期待孔子师徒发挥神灵之力。

孔子没有否定神灵，他明确地说要“敬”。对鬼神应该表示敬意，但不可过于接近。

其实，孔子的这句话就是周的精神。殷几乎是神人同居，人过于接近神。殷人喜饮酒，就是因为相信酒是神人联结的中介。周取代殷后，虽然依然敬神，但一直注意不过分接近。

孔子的理想是恢复周的精神。鲁国的始祖周公真正是周建国时期的精神领袖。所以孔子不断地梦见周公，还感叹自己年老梦里见不到周公。

孔子的伟大之处在于，尽管被人们认为具有神灵之力，但是他从来不形诸色，而是一直宣扬人本主义。尽管借助神灵是强有力的武器，但这违背自己的理想。

在孔子还不懂事的时候就死去的父亲应该是下层的士，母亲一定是庶人出身，家庭贫寒。在这样的家庭环境中成长起来的孔子能够富有教养，恐怕是出于礼的专家这个职业需要吧。从孔子的成长过程来看，说明不能歧视人的出身。

孔子的弟子之所以很多，其中一个原因就是不问出身，各个阶层的人都可以在他的私塾里学习。孔子学校的主要课程是，从指导读写开始，进而研究诗、书、礼、乐。《论语》开卷第一页就说：

学而时习之，不亦说乎？

这句话非常著名。“学”就是学习，“习”就是温习。这是通行的解释，但是这个“习”也可以理解为“实习”。学习礼乐，光阅读教材是不够的，还必须实习。例如，同样是拜的礼仪，《周记》里就记载有稽首、顿首、空首、振动、吉拜、凶拜、奇拜、褒拜、肃拜九种。手的位置，男人是左手在上，女人是右手在上。虽然这样的规矩十分烦琐复杂，但礼的专家就必须区分清楚，全部掌握。因此，仅仅阅读是不够的，还要实习。

礼伴随着音乐。孔子对音乐如此敏感，大概因为音乐与礼密不可分的缘故吧。音乐应该也是其中的一门课程。孔子喜欢那个勇敢的弟子子路，但他说：

由之瑟，奚为于丘之门？

对子路糟糕的音乐实在不敢恭维。他幽默地说："这个人怎么在我的门内鼓瑟呢？这么难听，还是算了吧。"

孔子认为，这样学习诗、书、礼、乐，近于完成人格修养，由这样的人所领导的社会和国家就可能进入周公的理想境界。人格修养的完成度和出身无关。诸侯中也有品格卑劣的人，庶人中也有近乎圣人的人。国家领导人与贫富贵贱无关，应该是人格优秀的人物。

从当时的社会通常理念来看，孔子的思想显然是不合时宜的。

昭公出走以后，鲁成为三桓的天下，后来三桓受制于阳虎，所以鲁国真正的主人是陪臣阳虎。

由于阳虎对自己估计过高，或许因为受到公山不狃这个人物的教唆，他考虑除掉三桓，独霸鲁国。不过，阳虎似乎操之过急，还没有把三桓手中的军队完全掌握过来，结果遭到反对派的进攻，阳虎逃到齐国，鲁国重新回到三桓手里。

陪臣的得势，不仅仅是季孙氏的阳虎，孟孙子的公敛处父、叔孙氏的侯犯等，他们掌握的实权都逐渐超过主子。这些人就是所谓的实务家。诸侯不得不依靠实务家的大臣，不是实务家的大臣不得不依靠实务家的家臣，从而形成一种自上而下的"台球现象"。

孔子五十岁左右，声名鹊起。这个时候，他接受季孙氏的家臣、实力派人物公山不狃的聘请。《论语》里的名字是公山不扰，据说阳虎因为受到他的唆使而失败，口碑很不好，但孔子还是接受他的邀请，打算去他那里。血气方刚的高足子路劝他说，公山这个人问题这么多，还是不去为好。孔子回答说：

夫召我者，而岂徒哉？如有用我者，吾其为东周乎？

这句话也成为孔子的名言。“为东周”，就是为了实现在东方的鲁国重现周的黄金时代这个孔子的理想。他断然说道：为了东周，只要有人给予我机会，不管他是谁都没关系。

其实，《论语》记载公山不狃聘请孔子是他在费背叛鲁的时候，当时孔子应该正仕于鲁，年份不符。不过，“只要有人给予我机会，不管对方是什么人都可以”是孔子的一贯想法。与“为东周”这个大理想相比，其他的一切都是小事，不足以成为问题。

《史记》记载，鲁定公十年（前 500 年），孔子随定公访齐，在夹谷这个地方和齐景公会盟。

还传说当时齐在会场演奏夷狄的音乐，孔子逼迫景公停止演奏，并要求对嬉戏表演的倡优、侏儒予以刑罚，为此，齐对自己的无礼表示道歉，归还侵略夺走的鲁国土地。这样的情节是否史实，其可信度似有问题。

孔子当上了鲁国的大司寇（司法大臣），但他的目标是压制三桓，强化鲁国的君权。

公山不狃的叛乱是在这个时候。叛乱被镇压下去，但后来孔子也失势了。压制三桓的方针自然遭到他们的反攻，孔子不得不离开鲁国。

此时的孔子五十六岁，他去往卫、曹、宋、郑、陈、蔡，周游列国。这不是亡命，对孔子来说，只要能够“为东周”，不论哪个国家都可以。他带着弟子游历，在卫和陈逗留的时间很长。

孔子周游列国，游说诸侯，但没有实现自己的目的。他们认为，通过提高教养、完善人格实现“为东周”，这种方法未免过于迂阔。面对邻国扩军备战的形势，如何增加军队、增强武器才是本国的头等大事，同时还要努力增加年收入，发展产业。各国诸侯希望孔子给他们解决具体的问题，孔子却兴致勃勃地大讲特讲仁。

而且，再仔细一听，孔子还说如果不压制鲁那样凌驾君主之上的三桓势力，秩序就会紊乱。这些观点是诸侯的实力派大臣不爱听的。

孔子周游列国长达十四年，经历过许多艰难困苦，但不改初衷。

鲁哀公十一年（前484年），孔子从卫回到鲁国，这一年他六十七岁。此后直至他七十二岁去世之前，一直专心致志地编纂《诗经》以及从事其他文化事业。孜孜不倦，勤奋钻研。

比起孔子所生活的那个时代，他对后世产生巨大的影响。十四年的周游列国，无疑在各地播下孔子思想的种子，奠定了孔子教团的坚实基础。

这样的集团，其他还应该有。

孔子去世前后，墨子出生。《史记》说孔子死于鲁哀公十六年（前479年），墨子出生于公元前480年左右，据说姓墨，名翟，也有人认为“墨”是文身，是判过刑的人。实际上，他是刑余之人，还是因为墨子集团里下层人多，别人对他的一种蔑称，尚不明确。

墨子一说为宋人，一说和孔子一样，也是鲁国人。起先学儒，后创立与儒家对立的思想体系。其主要论点大抵是“兼爱”、“节用”、“尚贤”、“非攻”。

兼爱就是对任何人没有区别地爱，人类之爱。孔子的儒家主张爱有顺序，先爱亲，再慈子，然后及至家族、亲戚，最后逐渐扩展到他人。亲子之间的爱最为亲密，然后随着兄弟、姐妹、亲戚逐渐疏远的关系，爱变得慢慢淡薄起来。但是，墨子批判说这是“别爱”。他主张爱必须无差别性。只有公平地爱所有的人，才能实现理想社会。墨子把这种博爱主义称为兼爱。

“节用”，就是注重节俭。墨子说：

去无用之费，圣王之道，天下之大利也。

他认为奢侈就是敌人。礼的专家集团的儒家主张厚葬，墨子主张葬礼等应该尽量从简，服丧期也要缩短。孔子异乎寻常地重视音乐，主张通过音乐完善人格。墨子认为人们欣赏音乐，要占用生产活动的很多时间，所以音乐是一种有害的东西。《墨子》有一篇文章论述“非乐”，就是非难音乐。部分逸失，部分留存。

不论是兼爱还是节用，墨子似乎都强烈意识到与儒家的对立。

“尚贤”，就是尊重贤者。这一点和儒家观点一致，但是更彻底否定了血统论。

官无常贵，而民无终贱，有能则举之，无能则下之。

墨子不仅不认可官职的世袭，而且对王、公这样的人也要依他们贤和能的程度来决定。

墨子及其追随者，即所谓墨家的人们在战国时代也到处游说诸侯，可是几乎没有人采纳他们的主张。这是理所当然的，如果采纳他们的主张，诸侯、大臣不仅不能把自己的位置传给自己的儿子，自己也随时都会离开这个位置的。

“非攻”，就是非难攻击，是战争否定论。但是，墨家的非攻采取极其积极的态势。虽然极力主张非攻，但攻进来的敌人总是存在的。所以墨家当然认可自卫战争。可以说，墨家是战国时代防御的专家。一听到哪个国家受到侵略，墨家集团就去那个国家帮助防御。

在修建城墙等防御设施方面，墨家发挥其优秀的能力。“墨守”这个词现在是因循守旧的意思，原本是表示墨家善于防守、防卫坚固的意思。

墨子还有这样的故事：楚这个大国攻宋的时候，墨家人按照他们的主义，跑到宋援助他们防守。墨子让高足禽滑厘带领三百弟子去宋救援，自己则跑到楚向楚王阐述攻宋之非。

楚为了进攻宋，公输般制造云梯——用于攻城的高高的梯子。公输般好像是这次攻宋战役的参谋长。墨子和这个公输般在纸上进行模拟作战。

墨子解带为城，以牒为械，模仿成防卫严密的城池。公输般利用攻械（攻城器械）九次攻城，墨子的防守固若金汤。公输般的攻械都用光了，墨子的防御设备还有剩余。公输般虽然在模拟战中失败了，但他说：“我有真正获胜的手段，但是我不说。”墨子也说道：“我知道你是什么手段，但是我也不说。”楚王问究竟怎么回事，墨子说道：“公输般所说的手段就是把我杀了，可是我的弟子禽滑厘率领三百子弟兵，带着我发明的防御武器已经赶赴宋国守城去了。”

于是，楚放弃攻宋。

就这样，墨子化解了这场楚攻宋的战争，化险为夷。墨子从楚回到宋，进城的时候，遇上大雨，他想在城门里避雨，却被守城的士兵赶了出来。

鲁迅把这则故事改编为短篇小说，题目为“非攻”，收在《故事新编》里。结尾部分说墨子被巡兵赶出来后，淋得一身湿，结果感冒鼻子塞了十多天。

宋人不知道墨子为自己立下如此大功。信奉兼爱的墨子的弟子们对别人是否知道自己的功绩表现出无所谓的态度，他们对能够防范战争于未然感到满足。

如果没有宗教般的热情，做不到这一点。战国时代涌现出的许许多多思想性集团中，墨子教团具有最浓厚的宗教色彩。

支援受侵略的国家修建防御工事，有人认为墨家也许是工匠集团，木匠为了定线，随时都带着墨斗，所以这个集团称为“墨家”。建筑业的工匠有木匠、石匠、泥瓦匠等分工，而且具有很强的组织能力。

正如儒家有可能以礼的行家集团为母体，墨家也有可能以工匠集团作为母体。

虽然墨家具有宗教色彩，但它的“圣经”——《墨子》含有科学成分。《墨子》记载有与数学、物理学有关的内容，这一点可以说在诸子百家中大放异彩。这也是认为墨家是工匠集团的原因。

儒教是中国思想的主流，而道教可以说依附于这个主流。孔孟总是意识到老庄的存在。儒与道的关系，虽然曾因基本价值观的不同而对立，却无法在同样的平台上决定胜负，墨家则一直和儒家在同样的平台上进行较量。

战国时代结束，进入秦汉，这场较量的胜负已成定局。墨家思想除了在侠客世界里还留下一点痕迹外，全面衰微，成为儒家的天下。

儒和道都为在现实社会中实现接近于自己的理想社会而努力，双方在这一点处在同样的平台。墨家的衰微有如下几个原因：

第一，墨家的宗教色彩过于浓厚，严厉要求门人必须具有极大的献身精神。在大雨中被赶出城门患上感冒，也没有丝毫的怨言，这对一般人来说，很难做到。在这样严厉的要求下，当然会有人离去，墨家不像儒家集团那样能招集那么多人。

第二，墨子所提倡的“尚贤”有点过激，从世袭制度到身份制度，全盘否定，所以为诸侯等特权阶层所不容。游说的对象是诸侯，说服特权阶级接受废除特权阶级的主张，那是根本不可能的。

儒家的人们至少都可以识文写字，所以可以送弟子就业，当个“下级书记”之类的职务。诸侯对墨家敬而远之，所以墨家人很难找到职业。想在世上出人头地的人一般都是选择儒家，入其门下。只有相当信仰的理想主义者才会入墨家门下。

墨家崇拜神话中的圣王禹。正如孔子景仰周公，墨子将献身于治水事业、十三年三过家门而不入的禹奉为理想的圣人，认为自己的教义就是“大禹之遗教”。

墨家的门人的外表大多奇形怪状，光头赤足，草鞋短褂。当时的风俗，受过刑罚的人才是剃光头，像是身上刺字的刑余之人，所以称为“墨”。虽然墨家否定世俗的身份制度，可是在墨家教团内部，却是等级森严，对命令必须绝对服从。墨子死后，这个集团产生叫作“钜子”的教主，门人世世代代为钜子卖命效力。

试图依靠诸侯的力量实现理想社会，这是墨家的弱点。支持受侵略的诸侯，但从来没有组织、领导民众的反抗运动。

从庶民中涌现出来的墨家的反体制思想重新回到庶民中去。从后世频繁发生的武装起义中，有时能看到墨家的影子。

《史记》说孔子年轻的时候曾受教于老子礼。但老子生卒年未详，这个传说疑为后代的老庄信奉者所编造。不过，认为像孔子、墨子这样为世人东奔西走是徒劳无益的，“无为自然”才是合乎人的本性之道，这样的思想的确早已存在。

孔子的年代可以基本确定，和印度的释迦牟尼几乎同一时代。虽然释迦牟尼比孔子早几年出生、早几年死去，但中国和印度的思想界两大巨人在同一时代度过其大约七十年的生涯。

老子的年代一无所知。据说为老子所著的《道德经》具有浓厚的战国色彩，我不认为是和孔子同一年代的著作。关于老子的传说各种各样，有的说他活到一百六十岁，有的说活到两百岁。然而，老子是否实有其人还有疑问。即使实有其人，也应该远晚于孔子。

郭沫若在《十批判书》中提出，《道德经》是后代人的作品，但老子这个人应该和孔子生活在同一个时代。他把人与著作分开。如果是这样的话，就不能以《道德经》想象老子这个和孔子同一时代的人。

《论语》没有出现老子这个人物，只在《述而》里有这样一句话：

窃比于我老彭。

后汉郑公注释，认为“老彭”指的是老子和彭祖两个人。彭祖是神话时代舜的时候的人物，长寿至几百岁。这个注解显得有点勉强。认为老彭是殷代的一个优秀政治家的说法感觉比较自然。

《史记》说老子是楚人，姓李，名耳，字聃。

楚在南方，后来产生屈原这样具有丰富想象力的诗人。相对于谨慎耿直、自称“述而不作”的北方鲁人孔子，思想完全对立的老子是南方人，这一点令人深感兴趣。

说到楚，孔子周游列国时也曾到过此地。《论语·微子》记载，楚狂者接舆唱着歌从孔子面前走过。其歌如下：

凤兮凤兮！何德之衰？往者不可谏，来者犹可追。已而已而，今之从政者殆而！

“凤”是对杰出人物孔子的称呼。接舆一边叫孔子“凤”，一边奚落“你的道德怎么这样衰颓啊！”过去的已经无可挽回，今后的还来得及。还是算了吧！在这个世上玩政治是很危险的哦！

说是狂者，其实好像是佯狂的隐逸之士。他大概警告孔子为政治东奔西走是徒劳无益的，是很危险的，劝说他像我这样做一个隐士吧。孔子从车上下来，想和他交谈，但是他走掉了。

那个时代，像接舆这样的避世隐居者还是不少，有许多性情刚烈者的楚地要比别的地方隐士更多。老子就是属于这类人。

正如接舆所说的那样，当时的时代参与政治的确极其危险，所以孔子才不得不离开祖国出外周游。鲁国的实权从君主转移到三桓手里，后来又受到陪臣阳虎的威胁。

鲁的邻国是齐，齐桓公时候从陈逃亡而来的田氏随意废黜君主，另立新君。在孔子去世的两年前，田常杀简公，立其弟平公。

在超级大国晋，豪族智氏实行专制独裁。孔子死后二十六年，受到压迫的其他豪族魏、韩、赵三家联合起来灭掉智氏。晋君主和周王一样，都是有名无实。晋分裂为三个国家，魏、韩、赵三国也称为三晋。但周承认这三国均为诸侯，则是在半个世纪以后的公元前 403 年。其实，周是否承认已无关紧要，三晋本来就是堂堂正正的独立国家。

三晋成为诸侯的十七年（前 386 年）以后，田常的曾孙田和也被封为诸侯。七年后，田氏吞并齐国，太公望吕尚后裔的国家齐从此灭亡。田氏同样使用“齐”为国号，为区别起见，称为“田齐”。三年后，三晋消灭本来就是有名无实的晋，徒有虚名的晋静公贬为庶民。留下一条命，也许算是万幸了。

三晋之一的韩顺手消灭了郑。这样，强盛的姬姓国家已经荡然无存。

前面说过，春秋和战国的界线如何划分，众说纷纭，也有人主张应该把春秋战国视为一个时代。

鲁的年代史《春秋》记述到鲁哀公十四年（前 481 年）所谓的“获麟”结束。两年后孔子死去。《史记》的《十二诸侯年表》是在孔子死后两年（前 477 年）完成的。我认为，以魏、韩、赵的三晋在晋阳灭智氏，成为事实上的独立国家的公元前 453 年作为春秋和战国时代的分界线最具有说服力。

司马光的《资治通鉴》从魏、韩、赵被正式承认为诸侯的周威烈王二十三年（前403年）开始记述。

既有以发生重要的政治事件的年份作为时代划分的方法，也有关注时代潮流的区分方法。我认为，从思想开始需要集团的时候，即孔子登上历史舞台的前后，时代发生巨大的变化。这就是“今之从政者殆而”的时代。

春秋时代有大小国家两百多个，司马迁为其中强势的诸侯编制年代表，题为“十二诸侯年表”，但具体数一下，其实有十三个诸侯。有人认为，虽然排列十三个国家，但其中的吴是蛮夷之国，所以故意不计算在内。然而，司马迁把吴置于世家之首，对太伯的后裔深表敬意，上述理由缺少说服力。这十三个诸侯是：

鲁、齐、晋、秦、楚、宋、卫、陈、蔡、曹、郑、燕、吴

这里漏掉一个也是很强势的越国，其实应该是十四个诸侯。

战国七雄——秦、魏、韩、赵、楚、燕、齐，数量减半。但是，魏、韩、赵这三国是春秋时代的晋分裂而成的。当然，这七雄之外，还存在周这样的小国，它们几乎没有发言权。这是弱肉强食更加疯狂的时代。

按照《资治通鉴》的说法，五百五十年的春秋战国时代，战国时期只有一百八十多年。

南风骤起

在这个过渡期，南方发生巨大的变化，吴和越登上历史舞台。

在中原人看来，吴和越好像是突然冒出来的，然而它们的出现其实对中原是一件幸事。

春秋末期，中原的超级大国晋政治混乱，称为六卿的强势家臣进行权力斗争。《史记》记载，平公十九年（前539年），齐的晏婴出使晋时，晋大夫叔向对他这样说道：

晋，季世也。公厚赋为台池而不恤政，政在私门，其可久乎？

我晋国末世已经为期不远了。五年前，吴的季札出使晋国时，与赵文子、韩宣子、魏献子这三个大臣会见后，流露出这样的感想：

晋国之政，卒归此三家矣。

这也许是史籍为了头尾相呼应所使用的伏笔，但晋的政治混乱显然是事实。

晋不稳定，南方的超级大国楚就会猛然北上，把中原收入囊中。在中原面临危机的时刻，吴的崛起使强敌楚面对一个新的对手。同样都是长江流域，吴的力量对楚的北上起到阻碍的作用。

被中原人视为荆蛮之地、没有文明人居住的地方为什么会突然出现一个强大的国家呢？这是因为整个中国没有战争，交流频繁的缘故。长江下游地区本身就有着良渚文化、青莲岗文化等新石器时期的文化，再吸收外来文化，就会产生巨大的能量。

虽然是乱世，但人们的往来似乎没有受到限制。孔子、墨子等都是大旅行家。有这样一句话：

孔席不煖，墨突不黔。

说的是孔子经常出外旅行，席不暇暖。墨子也是去各地游说，或者帮助别人防卫，极少回家，所以他家里的烟囱从来没有熏黑过。可以说，他们这些人显然是有意识地在各地传播文化，此外，无意识的文化传播者应该也还有很多。

司马迁把十三个诸侯的年表只计算十二个，令人感觉无视吴国，其实不是因为蛮夷而轻侮。《十二诸侯年表》的记述始于共和元年，终于周敬王之死（前477年），共三百六十四年。其中十一个在年表开始记述的时间就已经是诸侯，当然从一开始就要记载，第十二个诸侯郑是在宣王二十二年（前806年）新封的，与上一个诸侯之间只有三十五年的空白，而第十三个诸侯吴与上一个诸侯郑之间有二百五十六年一直都是空白，到周简王元年（前585年），才终于写上“吴寿梦元年”这几个字。空白的二百五十六年占整个年表三百六十四年的三分之二多，所以司马迁大概也就将吴作为例外处理，没有算进去。而且，吴并不是周王室封赐的土地，而是自己随便划定，自命为领主的。寿梦只是名字，并没有某公这样的谥号。《史记》正文记述他的名字是“王寿梦”。吴和楚一样，都是蛮夷，所以无视中国的谥号之法。

我在讲述宜侯夨簋的时候说过，中原的小诸侯很早就受封于长江流域。在这个母体的基础上发展起来的国家，强大到可以参与霸主的争夺。

说吴是吴太伯的后裔的国家，这肯定是吴强大以后编造出来的。《史记》说太伯至寿梦共十九代。

寿梦二年，晋派申公巫臣来吴。这个巫臣原先是楚的大夫，但和楚的将军子反对立，就逃亡到晋。晋和楚是宿敌，敌国的大臣跑过来，可以知道对方的秘密情报。巫臣对晋国说：楚的东面是吴国，相当强大，对楚来说，无异于腹部受敌的架势。

吴的进一步强大对晋是好事，为了增强吴对楚的压力，就派巫臣到吴国来。巫臣来吴的目的是提供技术。怎么打仗，战争方法，还是中原先进，这个时期，吴不遗余力地学习以用兵作战为主的中原文化。

寿梦及其子诸樊时代，吴和楚时常打仗。诸樊在其十三年（前548年）与楚作战时中箭而死。

寿梦有四个儿子，分别是诸樊、余祭、余昧、季札，其中四子季札尤其优秀，甚至寿梦死后继位的长子诸樊都打算立即让位给他。将季札立为继承人是寿梦的遗愿，吴国人民也这样期望，但季札无论如何不肯继位。

诸樊死前，表示由弟弟余祭继承王位。大家认为，季札之所以固辞，是因为他尊重长幼顺序，既然是兄弟继承，总有一天会轮到他的。

果然按照顺序，王位由余祭传给余昧。这期间，季札出使诸侯各国，在齐会见晏婴，在郑会见子产，在晋会见三个大臣，预言晋将来是这三家的天下。

余昧即位四年死去，大家都以为终于该由这个贤者继承王位了。但是，季札坚决不肯即位，最后逃跑了。国人没有办法，只好立余昧之子僚为王。

无法容忍的是诸樊的儿子光。父亲没有让自己继位，是因为想传位给四弟季札。但传到三弟以后，季札固辞，所以三弟之子继位。光认为，在季札固辞继位之后，就应该回到原先的顺序上来，由长兄之子，即自己继承王位。

结果光只好成为堂弟僚的臣子，感到十分屈辱。他作为将军，时常和楚作战，建树武功，实力逐渐增强。这就引起吴王僚的警惕。这时，伍子胥从楚逃亡来到这里，成为公子光的上宾。公子光得到一个杰出的参谋。

公元前515年，伍子胥推荐的刺客专诸将匕首藏在烤熟的鱼肚子里，刺杀王僚。光即位，即为吴王阖闾。

伍子胥之所以逃到吴国，是因为他的父亲伍奢和哥哥伍尚为楚平王所杀。平王弑杀两个楚王后自己称王的。伍奢任太子建的太傅，平王听信大夫费无忌的谗言，欲杀太子，太子逃宋。于是，太傅伍奢和打算帮助父亲的伍尚为平王所杀。

伍子胥并非一般的逃亡，而是怀着强烈的复仇之心。为报父兄之仇，他想借助吴的力量。他发誓，为了报仇，可以无所不为。

伍子胥即使成为太子光的贵宾和参谋，脑子里也片刻不忘复仇。他竭尽全力扶植太子光即位，其目的也是为了灭楚，为父兄报仇雪恨。

有一出京剧《鱼藏剑》，就是描写伍子胥从楚逃到吴，策划复仇的故事，十分精彩。

当时吴国的政治舞台上，除了这个性情刚烈的伍子胥之外，还有一个名角，那就是被后人尊为“兵法之神”的孙武，即孙子。他因为是兵书《孙子》十三篇的作者而名扬四海。孙武是齐人，吴在阖闾时代曾一度攻进楚国首都郢。亲手夺取王位的吴王阖闾积极进取，他的手下有伍子胥和孙武这两员虎将，另外，还有贤人季札在国外，定然为吴国与诸侯之间保持友好关系作出巨大的贡献。

在讨楚战争中，一心要报仇的伍子胥当然是强硬的主战派，而孙武似乎认为应该适当节制。阖闾三年（前 512 年），吴攻陷楚的舒，显示出攻取首都郢的势头，大概是孙武制止了这次行动。他说：

民劳，未可，待之。

六年之后，吴长驱直入，攻陷楚国首都郢。此时楚平王已死，其子昭王即位也已十年。昭王逃出首都，躲到云梦。关于云梦，有各种说法，它是湖北的沼泽，云泽在江北，梦泽在江南。

说到仕于楚国太子建的伍子胥的父亲为什么被平王诛杀，问题出在昭王的母亲身上。昭公的母亲是秦的公女，太子建娶其为妃。因为她是绝色佳人，被平王看上，掠为己有。父亲夺走儿媳妇，却想到儿子会怨恨自己，便打算除掉他。正如京剧《鱼藏剑》中伍子胥所说的那一句台词：

恨平王无道乱纲常……

被平王夺走为妃的秦公女生下的儿子就是这个昭王。

昭王逃跑，伍子胥把平王的坟墓挖开，把尸体拽出来，鞭笞三百。

伍子胥在楚国时候的好朋友申包胥在吴军攻打进来的时候，避难山中。他听到伍子胥的这个行径，派人谴责伍子胥，说道："你也太过分了！你曾经北面而仕于他。"伍子胥辩解说：

吾日暮途远，吾故倒行而逆施之。

"日暮途远"，是说自己年迈将死，然而要做的事情还很多，所以心里急躁。因为急躁，难免做了有违道理的事。

伍子胥出逃楚的时候，曾经对申包胥说：

我必覆楚。

申包胥回答说：

我必存之。

于是，申包胥下山，去秦乞求援兵。因为不知去向的昭王的母亲是秦的公女，凭借这层关系请求援兵。但是，秦原本对楚的做法就很不满意，不肯出兵。

申包胥站在秦的宫廷前面，放声大哭，七天七夜，昼夜不停。秦哀王终于为他的真诚所感动，说"楚无道，却有如此之忠臣"，发五百乘战车救楚。

吴王阖闾在楚作战时，其弟夫概偷偷离开军营回国，自立为王，吴军只好放弃楚国，撤回国内。阖闾立即镇压弟弟的造反，后来不再亲征，派太子夫差为统帅率兵伐楚。

楚害怕吴的进攻，将首都从郢迁往都。楚是世所公认的霸主，居然被吴打得如此狼狈不堪，可见吴是何等的强大。有人把吴王阖闾或者夫差算作五霸之一，从这个气势来看，的确如此。

正如吴这个强国突然出现在楚的东部一样，在攻击楚国、全盛时期的吴国南面突然出现另一个强国。这个强国无疑就是勾践领导的越国。

从史籍上看，越国好像是突然冒出来似的，其实国家的强盛必然经过奠定基础的时期，只是没有记载于史籍。

越王勾践的先祖据说是禹的后裔，夏后帝少康的庶子，受封于会稽（今浙江省），历二十多代至允常一代。当然，这个谱系是后来编写的。越人文身断发，大概是生活在海边的部族。

沿海地区多有文身的风俗，在海边生活的人认为文身可以避免受到鲨鱼等凶猛鱼类的侵害。另外，由于长头发不方便潜水，所以剪成短发。

认为越是属于东南夷系的部族这个观点比较有说服力。一定是产生新石器时代良渚文化的部族的后裔定居在浙江沿海一带。他们登上历史舞台比吴稍晚一些。虽然大概中原文化也进入吴地，但以会稽为中心的越要比以苏州为中心的吴难以统一。因为海岸线曲折复杂、山脉逶迤连绵的地形也许更容易导致分裂，而不是统一。勾践时候的越国相当强大，勾践之后的情况就不得而知。中原各国灭亡的年代以及过程大抵都很清楚。相比之下，越国的情况模糊不清，大概勾践的王族或者大臣等分散各地，割据成众多弱小的政权吧。

战国时代，吴、越之地被楚划入自己的版图，而且楚似乎满怀信心地统治这个地方，或者楚有意识地实行将吴、越的小酋长分散的政策。

现在回到原来的话题。越国允常死后，儿子勾践即位当年，吴王阖闾就攻越。

允常是一个优秀的首领，他把难以团结的越系各部族团结起来，建设成一个具有相当实力的国家。吴之所以趁越服丧时机发兵进攻，是因为意识到越的实力令自己不得不警惕。

然而，越的新首领勾践也是一个比父亲毫不逊色的杰出人物，他出动敢死队，大破吴军。

这次作战，勾践使用一种不可思议的战法。他派出三排敢死队，走到吴军阵地前面，全部刎颈自杀。就在吴军士兵看得目瞪口呆之时，其他敢死队一拥而上，杀进敌军阵地。据说自杀的士兵其实都是囚犯，这种天方夜谭般怪异的战法真不知是否可信。不过，《史记》里明确记载。

越国是一个梦幻般出现、又梦幻般消失的不可思议的国家，不仅是这次作战，总体上说像一个童话。这个童话的主角无疑就是辅佐勾践建立霸业的范蠡。

吴的强大，伍子胥、孙武或者巫臣这些来自先进地区的人们在各个领域进行领导起到很大的作用。越国大概也是如此，恐怕就是范蠡吧。此人来历不明，后来乘舟逃往齐国，或许是齐人。

由于越国敢死队的作战，吴大败而逃。吴王阖闾负伤，不久死去。临死前把太子夫差叫到身边，对他说道："别忘了你的父亲是被勾践杀死的。"

夫差发誓三年内定报此仇。当勾践得知吴在积极备战、以图报仇时，采取先发制人的手段，主动攻吴。范蠡劝阻，但勾践不听。这次作战，越军果然大败，吴军追击，包围会稽，越王勾践的命运至此已到尽头，但是勾践使用贿赂的手段，勉强保住一命。但无论如何，这是一次屈辱的投降。

现在反过来勾践誓死要报仇雪恨。

据说吴王夫差为了不忘屈辱，时刻保持强烈的复仇之心，曾睡在薪禾上。而勾践将苦胆放在身边，饮食之时都要先尝苦胆，反躬自问"汝忘会稽之耻邪？"以叱责激励自己。这就是为报仇雪耻而自我磨砺的成语"卧薪尝胆"的由来。

吴王夫差同意勾践投降的时候，伍子胥表示反对，说道：

天以越赐吴，勿许也。

既然天将越赐给吴，就应该接受。他劝夫差消灭越国，将其吞并。但是，收受越国贿赂的大臣太宰嚭反对伍子胥的意见，认为如果越孤注一掷，拼死抵抗，吴也会损失惨重，不如让越国发誓臣服，就适可而止。

另外，民间传说，越王勾践将美女西施送给吴王夫差，其目的是为了腐蚀他，使他堕落。不过，此事在史籍上没有记载。关于西施的故事，也被搬上戏曲舞台。

吴王夫差报仇夙愿已遂，野心更加膨胀，更想给一贯蔑视他们为南方蛮夷的北方大国一点颜色看看。打败越国，获得无数的财宝，也许使夫差觉得战争是一本万利的事情，于是频繁出兵北上。伍子胥反对北伐，与夫差的关系逐渐不和。

伍子胥主张，与其把手伸得很长去讨伐北方的齐、鲁，不如彻底解决心腹之患越国。但是，大概越国在吴王宫廷内的工作十分奏效，或许西施等越国美女也对夫差不露痕迹地进行工作，吴国宫廷内逐渐形成对越有利的局面。

伍子胥出使齐国的时候，将自己的儿子托付给齐的大夫鲍氏。这引起吴王夫差的怀疑，最后赐予属镂剑逼其自杀。伍子胥自杀前，对自己的家臣留下这样的遗言：

必树吾墓上以梓，令可以为器，而抉吾眼悬吴东门之上，以观越寇之入灭吴也。

伍子胥死于吴王夫差十一年（前 485 年）。夫差频繁出兵北伐，把鲁国视为属国，让它帮忙一起伐齐。为了北伐，夫差挖掘运河，连接长江和淮河，沟通沂水和济水，从吴国首都苏州乘船可直达齐国。这在当时是一项划时代的巨大工程。然而，这些规模宏大的土木工程肯定使人民不堪重负，劳苦疲惫。伍子胥的谏言不仅仅是反对北伐，也许还包含着反对大兴土木、修建劳民伤财的大工程。

伍子胥死后的第二年，年迈的孔子结束十四年的流浪生活，回到鲁国。

当年，鲁在吴的强压下，被迫参加和齐国的作战。这时，齐悼公为鲍氏所杀，年幼的简公刚刚即位。趁对方服丧之时发兵攻打，似乎是吴的惯用手法。

吴利用新修的运河，接连不断地将精兵强将送往北面。另一方面，越一直等待着吴国内空虚的机会。

伍子胥死后第三年，诸侯在黄池会盟。黄池在今河南省，原先是宋的领地内。吴国君主原先不过是蛮夷的酋长，如今终于可以在中原诸侯中争夺盟主。夫差的踌躇满志可想而知。争夺盟主的对手自然是中原诸侯的超级大国晋定公。虽说是超级大国，其实当时掌握晋国实权的是称为“六卿”的六个贵族。

吴、晋争霸的结果如何，《史记》的记述比较混乱。在《吴太伯世家》中，吴王夫差认为“我的远祖太伯是文王的哥哥。周王室是由文王创建的，吴出于文王的哥哥的谱系，所以盟主必须是我”。

晋定公毫不相让，说道：“姬姓之中，吴不过是子爵，晋是伯爵，所以只能我是盟主。”晋强硬表示，为了成为盟主，不惜诉诸武力。吴只好让步，于是晋成为盟主。

然而，《晋世家》明确记述，定公与吴王夫差在黄池争夺盟主地位，最后拥立吴王为盟主。

将吴王阖闾算为五霸之一的根据是他攻陷南方大国楚国的首都，将夫差算为五霸之一的根据是他在黄池会盟时成为盟主。

就在志满意得的吴王夫差会盟黄池的时候，国内传来惊天动地的消息：越军入吴！

夫差简直不敢相信。夫差兵围会稽，之所以不听伍子胥的劝说，接受越王勾践的投降，是因为他认为越已经势弱力薄了。而且勾践投降以后，态度极其谦恭顺从。

夫差热衷于盟主之争，应该说是一种虚荣。成为天下霸主自然是很好的宏愿，但似乎为此抛尽了全部财产。这期间，勾践雌伏以待，时常到吴国首都向吴王问候请安。夫差认为这是勾践恭顺臣服的表现。对于勾践来说，这是一种隐蔽伪装。为雪会稽之仇，他发奋整顿内政，发展产业，增强军备，为不使吴有所觉察，勾践忍辱含恨，到吴拜见夫差。

越国对这次期待已久的报仇雪耻之战全力以赴，动员的兵力有习流两千、教士四万、君子六千、诸御一千，约五万人。吴国则没有壮丁，只有老幼，所以轻而易举地大败吴国的留守部队，抓获太子，斩杀之。

正在会盟的吴王接到这个消息，当然极力封锁，将泄漏者斩首。自己国内被敌人乘虚而入，杀掉太子，这样的事情毕竟有损盟主的尊严。

会盟结束后，夫差遣使去越请求和解。吴国北伐的精锐部队一旦回来，越军能否抵御，勾践和范蠡也没有把握，于是同意媾和。

双方媾和后，越国已经没有必要再继续伪装了，于是大张旗鼓地扩大军备。吴国也因为不断打仗，兵员消耗很大，需要让北伐疲惫困顿的军队进行休整。

四年后，越再次挥戈讨吴，在各地大破吴军，包围吴国首都长达三年。

称霸天下的吴王夫差终于阵前投降。勾践怜悯，打算接受夫差的降服，但范蠡不同意，说道：

会稽之事，天以越赐吴，吴不取。今天以吴赐越，越其可逆天乎？

虽然范蠡劝谏，勾践还是想宽恕吴王，但夫差自尽。据说他死前掩面说道：

吾无面以见子胥也！

这就是天下霸主的可悲结局。

越平定吴后，立即率兵北上，渡淮河，在徐州会诸侯，取代吴成为霸主。

接着，范蠡从这个光芒四射的舞台悄然退场。

飞鸟尽，良弓藏；狡兔死，走狗烹。

天下无鸟，好弓也会被收藏起来，不再看一眼；敏捷奔跑的兔子已经死绝，猎犬也就没有作用了，就会被杀烹煮。

越灭吴后，范蠡收拾财产，带着一族同党，乘舟浮于海，不知所向，没有归来。据说他在齐更名改姓，称鸱夷子皮，成为大贾富豪，因齐人请他出任宰相，他又把财产分给别人，悄悄去陶。陶的巨富陶朱公据说就是范蠡。这后面的内容似乎带有神话色彩。

吴、越之争就像一篇小说，可以说太小说化了，也许是后人改编的故事，但尽管其中有改编，有增添，基本骨架是不会改变的。这种现象可以解释为，包含着各个不同时代的人们的愿望所改编的各种故事，流传在漫长的历史长河中。

历朝历代的许多人共享这个故事，不仅是识字的人，通过戏曲、评书等形式，不识字的人也知道这个故事，而且人们将其作为历史，一直进行评论。

伍子胥对楚平王鞭尸三百，司马迁感叹道：

怨毒之于人甚矣哉！

而明末的异端思想家李卓吾将七天七夜哭秦廷的申包胥与鞭尸的伍子胥相提并论，赞美道：

绝孝与纯忠，惊天动地。

人们总是把烈焰般燃烧、最后熄灭的伍子胥和明哲保身、保持晚节的范蠡进行比较。一般人都景仰不仅深谙处世之道、得以享尽天年，而且成为大富豪的范蠡。这种景仰大概是由于经过改编，塑造出一个三次都大获成功的人物的缘故。但是，也有人从在自我燃烧的激情中熄灭的伍子胥身上感受到难以想象的魅力。

前面说过，殷是在远征东方时，被周乘虚而入所消灭的。同样，当一副霸主气派的吴北伐的时候，被越乘虚袭击而灭亡。人们可以从吴越的故事中看到历史模式的重演。

吴挖掘运河、沟通河川的大工程，如果仅仅从吴、越争霸战这一点来看，可以说是失败的。但是这条运河不仅为输送吴国军队，而且给后人的利用作出了贡献，从这一点来看，可以说吴国战胜了越国。

从长江到黄河的交通，除了楚国一直使用的从长江中游进入郑国的一条水路外，就是吴国开拓的从长江下游通往齐国的这条水路。

战国时代以后，中国统一，吴国比越国对中国的统一作出的贡献更大。

然而，越是海上部族，也许他们作出了我们看不见的贡献。

越平定吴以后，范蠡离开越国，去了齐国，据说是乘舟浮于海。在造船、航海技术、渔业方面，越可能发挥出巨大的作用，只是这方面的记录极为罕见。

在文化的传播和交流方面，海上之路极为重要。这条海路的开拓者只能是越民。越民在海上给我们留下了与吴修建运河相媲美的巨大遗产。

尽管没有史料的记录，越国的强大意味着海上活动也十分活跃。平定吴国以后，越国得到周王室下赐的胙，成为正式的诸侯，并被诸侯承认为霸主。沿海的国家成为霸主，使得海民的情绪异乎寻常地高涨起来。文身断发的越人在精神方面也开始蓬勃跃动，习惯于海洋生活的他们产生海上远征的强烈愿望。国家富强以后，造船的水平也随之提高。我在脑海里曾经描绘过未见于史籍的越族的海洋活动。

越灭吴是在公元前 473 年。越灭亡的准确年代不得而知，但可以推测为越大败于楚、丧失霸主威信的公元前 334 年或公元前 306 年。正是在这一百多年里，越国民心振奋激昂。

水稻种植技术传到日本据说是在公元前 400 年至公元前 300 年之间，恰好是从吴、越争霸的动乱时期至越族意气风发的时期。现在没有证据证明水稻种植技术是在这个时期从越传到日本的，但我认为这种可能性很大。

有人认为以吴、越之战作为春秋时代结束的标志，我认为应以吴、越登上历史舞台作为战国时代的开始。

晋国的分裂的确是一起历史大事件，但是我认为从一个新方向吹来风要比旧国的分裂具有更深刻的含义。

不仅仅是吴、越之地加入周王室的天下，吴的运河和越的海路更是把中国紧密地联结在一起。

中国不再仅仅是地图那样的平面化，而是形成一个具有深度的立体化的中国，于是开始了趋于统一的动向。

突如其来的出现、不知不觉的消失——吴、越的兴亡犹如一场梦幻。然而，这个短暂的历史时代依然让诗人怦然心动。

唐代大诗人李白访吴国首都苏台（姑苏台，今苏州）和越国首都越中（会稽，今绍兴），写下美丽的诗篇，至今依然为人们所喜爱。

苏台览古

旧苑荒台杨柳新，菱歌清唱不胜春。
只今惟有西江月，曾照吴王宫里人。

“吴王宫里人”，指的是越献给吴的绝代美女西施。“菱歌”，意为一边采菱，一边唱歌。

越中览古

越王勾践破吴归，义士还家尽锦衣。
宫女如花满春殿，只今惟有鹧鸪飞。

说完诗歌，下面的故事显得过于散文化。吴、越强盛的原因，也许还有该地掌握了先进技术的因素，可以将一直称为恶金的铁冶炼成钢铁。《吴越春秋》里记载有这个时代铸剑的名人的姓名，他们是越的欧冶子、吴的干将及其妻莫邪。

以前一直把中原视为先进地区，其实并非一切都先进。就炼钢技术而言，吴、越比中原先进。另外，涂釉瓷器的烧制在吴、越地区十分兴盛，其技术也比中原先进。

青铜器的技术无疑从中原传来，从出土文物可以知道，吴、越深入钻研，精益求精，制作的青铜剑尤其巧夺天工。

"越王勾践之剑"在日本也曾经展览过，令人叹为观止。这是勾践命令制作的剑。1965 年至 1966 年在湖北省江陵的望山发掘三座战国楚墓，这是从第一号墓出土的。剑刃底部铸有"越王鸠浅自作用剑"八个鸟篆铭文。

所谓"鸟篆"，就是在文字的很多地方装饰有鸟头的字体，这种字体主要使用于长江一带，似乎针对中原文化主张自己的独特性。"鸠浅"，即勾践。

剑格两面镶嵌有蓝色玻璃和绿松石，整个剑身饰有菱形暗纹，非常精美。据发掘报告称，此剑出土时极其锋利，毫无锈蚀。表面使用镀锡技术，说明当时具有极高的合金技术。

1976 年从湖北省襄阳的蔡坡十二号墓出土吴王夫差剑。发表在当年第十一期《文物》上，照片太小，铭文看不清楚，不过好像饰有菱形暗纹。

从楚国地区内的战国墓中发现明确标识勾践名字的剑和夫差的剑，十分引人注目。有人认为是吴、越相互赠送的礼品，但我感觉是公元前 4 世纪楚吞并越的时候缴获的战利品的可能性比较大。至于吴王夫差的剑，可能是先被越国获得，后来又被楚国所得。

在与勾践作战中身负重伤而死的吴王阖闾葬于海涌山，就是现在苏州郊外的虎丘。据说这座由十万人修建的坟墓造有三重铜椁，坟中埋三千把剑，以水银造池，以金银珠宝制作各种水鸟浮凫水上。

二百七十年以后，统一天下的秦始皇想得到这把宝剑，命人挖墓。但正在挖的时候，突然跑出一只老虎，于是停止发掘。海涌山从此被称为虎丘。秦始皇的盗墓留下一个大穴，后来积水，成为一口池，人们称为剑池。

秦始皇搜尽天下财富，却依然垂涎吴、越的宝剑。我在出土文物展的展馆里凝视这把宝剑的时候，感觉到越的文化比我先前的想象更加高度发达。

这把剑的形态绝非时代的终结，它具有宣告新时代开幕的强大和艳丽。

吴、越的兴亡就已经是新时代的事件，表面上看，只是区域性的事件，其实其中已经出现走向统一的胎动。这也是战国时代脉搏的跳动。

年　表

公历	王朝年号	事项
前 1751	殷	殷成立
前 1398		盘庚即位
前 1384		盘庚迁都安阳
前 1050	周	此时武王灭殷，周建国，定都镐（宗周）
		成王镇压东方之乱，建成周，实行封建制
		康王，周的鼎盛期
		昭王南巡中殁于江
		穆王与诸侯关系恶化
		共王灭密国
		懿王，王室衰微
前 841	共和元年	诸侯反，厉王逃彘，共伯和执政，《史记》从这一年编制年表
前 828	共和十四年	共和十年开始连年歉收。厉王殁。太子静即位（宣王）
前 825	周宣王三年	伐西戎
前 824	周宣王四年	伐淮夷和徐戎
前 823	周宣王五年	伐猃狁、荆蛮
前 789	周宣王三十九年	与姜戎战，大败
前 785	周宣王四十三年	宣王杀大臣杜伯
前 782	周宣王四十六年	宣王殁，子涅即位（幽王）
前 781	周幽王元年	册立姜氏（申侯之女）为王后、

		宜臼为太子
前 779	周幽王三年	宠爱褒姒
前 777	周幽王五年	废王后姜氏和太子宜臼，立褒姒为正后
前 774	周幽王八年	立褒姒之子伯服为太子
前 771	周幽王十一年	申侯联合犬戎攻宗周，杀幽王、伯服。诸侯拥立前太子宜臼（平王）
前 770	（东周）平王元年	迁都成周（洛阳）。秦列为诸侯，受封宗周之地
前 767	周平王四年	郑灭虢
前 751	周平王二十年	秦破西戎，取岐西之地
前 741	周平王三十年	楚蚡冒歿，熊通任首领
前 722	周平王四十九年	鲁隐公元年。《春秋》从此年开始纪事
前 715	周桓王五年	郑、鲁交换领地
前 710	周桓王十年	宋华督杀其君与夷等，鲁、齐、郑、陈平宋乱。齐文姜嫁鲁
前 707	周桓王十三年	桓王率诸侯军与郑战，败北
前 704	周桓王十六年	楚熊通称武王，恢复王号。楚纠集南方诸侯，伐随，盟约
前 697	周桓王二十三年	郑雍纠暗杀祭仲计划失败。厉公突往栎自立。祭仲迎昭公忽于国都新郑
前 695	周庄王二年	高渠弥射杀郑昭公，立子亹。齐襄公会盟诸侯
前 694	周庄王三年	齐襄公杀郑子亹和鲁桓公。郑公子婴（郑子）即位
前 686	周庄王十一年	齐襄公被杀
前 685	周庄王十二年	齐小白（桓公）自立，杀齐公子纠，

		管仲为宰相
前 684	周庄王十三年	楚俘蔡哀公
前 682	周庄王十五年	祭仲殁。厉公（釐王）复位
前 679	周釐王三年	齐桓公与宋、陈、卫、郑会盟，称霸
前 678	周釐王四年	曲沃武公称晋侯。楚灭邓
前 673	周惠王四年	郑厉公殁
前 672	周惠王五年	田完（陈完）亡命齐
前 667	周惠王十年	齐桓公与宋、陈、郑会盟，成伯
前 661	周惠王十六年	晋、魏灭霍
前 660	周惠王十七年	鲁庆父杀其君湣公，季孙氏之友拥立僖公杀庆父。以后三桓氏兴。狄攻卫，杀懿王。晋太子申生（献公之子）为将军
前 656	周惠王二十一年	齐桓公率诸侯侵蔡伐楚
前 655	周惠王二十二年	晋献公杀太子申生，公子重耳（文公）逃狄。晋灭虢、虞
前 652	周惠王二十五年	齐桓公与诸侯会盟洮，拥立周襄王
前 651	周襄王元年	齐桓公与诸侯会盟葵丘，成霸业。晋献公殁，国乱
前 648	周襄王四年	管仲平息周王室内讧
前 647	周襄王五年	晋饥荒
前 646	周襄王六年	秦饥荒
前 645	周襄王七年	管仲殁
前 643	周襄王九年	齐桓公殁
前 642	周襄王十年	晋公子重耳来齐
前 639	周襄王十三年	宋襄公会盟诸侯鹿上。楚俘襄公，诸侯让释放襄公
前 638	周襄王十四年	宋襄公出兵郑，与楚战败

前 637	周襄王十五年	晋惠公殁。太子圉自秦回国即位（怀公）
前 636	周襄王十六年	重耳回晋，杀怀公，即位（文公）。周王室内乱
前 635	周襄王十七年	晋文公扶持周襄王复位
前 632	周襄王二十年	晋文公率齐宋秦大胜楚于城濮，与诸侯会盟践土，成霸主
前 628	周襄王二十四年	晋文公殁。郑文公殁
前 627	周襄王二十五年	晋襄公破秦于殽
前 626	周襄王二十六年	太子商臣（穆王）杀楚成王，即位
前 624	周襄王二十八年	秦穆公破晋，获周王室承认
前 623	周襄王二十九年	楚灭江
前 614	周顷王五年	楚穆王殁，子侣（庄王）即位
前 606	周定王元年	楚庄王伐陆浑戎，问周使者“鼎轻重”
前 597	周定王十年	楚围郑，破晋援军于邲
前 591	周定王十六年	楚庄王殁，共王即位
前 589	周定王十八年	晋景公率鲁、卫、曹大胜齐
前 585	周简王元年	吴王寿梦初次入朝周
前 575	周简王十一年	晋大胜楚于鄢陵
前 557	周灵王十五年	齐灭莱夷，吞并领土
前 551	周灵王二十一年	孔子生于鲁
前 548	周灵王二十四年	吴诸樊与楚战，殁
前 546	周灵王二十六年	宋、楚、晋签订停战协定（弭兵之会）
前 536	周景王九年	郑宰相子产铸鼎成文法。齐伐燕
前 517	周敬王三年	鲁昭公讨伐三桓氏，败，亡命齐。孔子去齐
前 515	周敬王五年	吴公子光（吴王阖闾）即位

前 512	周敬王八年	吴灭徐
前 510	周敬王十年	鲁昭公殁于齐，弟定公立
前 506	周敬王十四年	吴陷落楚都郢，楚昭王逃离首都
前 505	周敬王十五年	越侵吴。楚申包胥破吴。鲁阳虎掌权
前 494	周敬王二十六年	吴王夫差降越王勾践于会稽
前 485	周敬王三十五年	伍子胥殁。齐悼公被鲍氏杀，简公即位
前 484	周敬王三十六年	吴王夫差率鲁破齐于艾陵
前 482	周敬王三十八年	吴王夫差会盟诸侯于黄池
前 481	周敬王三十九年	鲁哀公狩猎西郊获麟。孔子感动而搁笔《春秋》。齐田常杀简公，立弟平公
前 479	周敬王四十一年	孔子殁
前 473	周元王三年	吴王夫差被越王勾践包围，自尽，吴灭